GOLDMANN
ESOTERIK

Buch

Dieses Buch bietet mit seinem reichen Schatz an Informationen, Beispielen und vor allem praktischen Übungen einen wunderbaren Einstieg in die schillernde Welt des Intuitiven und Übersinnlichen. Die Autorin ermutigt dazu, verschüttete mediale Talente, die jeder Mensch besitzt, zu reaktivieren und auf ganz natürliche Weise in den Alltag zu integrieren. Sie zeigt die konkreten Entwicklungsmöglichkeiten paranormaler Anlagen auf, erläutert die Grundregeln der sensitiven Kommunikation und Interaktion sowie von medialen Sitzungen und spirituellen Führung.

Autorin

Petey Stevens hat in den USA ein weithin bekanntes Seminarkonzept zur Entfaltung übersinnlicher Wahrnehmung entwickelt, das bei vielen erfolgreich Vorurteile abgebaut und den Spaß an den eigenen intuitiven Kräften geweckt hat.

Petey Stevens

Entdecken Sie Ihre übersinnlichen Fähigkeiten

PSI, Telepathie, Levitation, Hellsehen, Zeitreisen und andere Techniken

Aus dem Amerikanischen
vom Kollektiv Druck-Reif

GOLDMANN VERLAG

Umwelthinweis:
Alle bedruckten Materialien dieses Taschenbuches sind chlorfrei und umweltschonend.
Das Papier enthält Recycling-Anteile.

Der Goldmann Verlag
ist ein Unternehmen der Verlagsgruppe Bertelsmann

Vollständige Taschenbuchausgabe März 1996
Wilhelm Goldmann Verlag, München

Originalverlag: H. J. Kramer, Tiburon, Kalifornien
Originaltitel: »What Is Your Psi-Q?
Opening up to Your Psychic Self«
Umschlaggestaltung: Design Team München
Umschlagabbildung: TIB/Wendler, München
Verlagsnummer: 12268
kf · Herstellung: Stefan Hansen
Made in Germany
ISBN 3-442-12268-6

10 9 8 7 6 5 4 3 2

Widmung

Als Salomon von seinem Lehrer gefragt wurde, womit denn seine Mutter ihren Lebensunterhalt verdiene, gab er zur Antwort: »Sie ist eine Sensitive.« Sein Lehrer fragte weiter: »Was heißt denn das?« Und Salomon antwortete ihm: »Das heißt, daß sie magische Fähigkeiten besitzt und die magischen Kräfte anderer Menschen sehen kann!«

Dieses Buch ist all jenen gewidmet, die an das Magische in sich glauben.

Vorwort der amerikanischen Herausgeber

Die Bücher, die wir veröffentlichen, sind unser Beitrag zu einer neu entstehenden Welt, deren Fundamente Zusammenarbeit, die Anerkennung menschlicher Fähigkeiten und das Wissen um die Verbundenheit aller Menschen sein werden. Unser Ziel ist es, so viele Menschen wie nur irgend möglich mit der hoffnungsvollen Botschaft von einer besseren Welt zu erreichen.

Hal und Linda Kramer

Inhalt

Übungen

Danksagungen

Eine himmlische Schar von Verwandten, Freunden, Mitarbeitern, Kollegen, Redakteuren und Herausgebern überbringt Ihnen dieses Buch mit Liebe und helfender Führung.

Ich danke meiner Mutter, Carol Renton Baldwin, deren Liebe zu mir sich in vielerlei Formen ausdrückte, als ich zu Petey heranwuchs.

Ich danke meinen vier Kindern, Heather (17), Salomon (13), Sarah (11) und Cassioppia (8). Ihr seid meine Kinder, meine Familie, meine Lehrer, meine Heiler und meine ganz spezielle Verbindung zu dem, was mir wirklich wichtig ist: Liebe.

Ich danke Binta Daffeh. Du heilst meine Umgebung und bringst so etwas wie Ordnung in unser Haus. Unsere ganze Familie liebt dich für deine Herzlichkeit.

Ich danke Mr. M. für sein Vertrauen in mich, in meine Arbeit und in Heartsong. Ohne Ihre Hilfe wäre dieses Buch nicht entstanden.

Ich danke Lisa Wolfe-Held und Mary Mentzel für die fruchtbare Zusammenarbeit. Ihr seid meine geistigen Schwestern geworden, die meinen Traum vom Heartsong Center teilen. Ich danke Judith O'Connor. Deine aufrichtige Freundschaft und deine Fähigkeit, nach den Prinzipien von Heartsong zu leben, sind für mich eine ständige Quelle der Inspiration.

Ich danke den Schülern des Heartsong Centers. Es müssen zwischen 18 000 und 20 000 Personen sein. Ihr seid Menschen unterschiedlichen Alters, unterschiedlicher Hautfarbe und Religionszugehörigkeit, Menschen mit unterschiedlichen Lebensgeschichten. Ihr seid nach Heartsong gekommen, um dort Auralesen, Selbstheilung, Rückführung in frühere Leben zu lernen. Ihr habt Kurse und Workshops besucht. Einige von euch sind lange geblieben, um sich selbst und dem Leben auf den Grund zu gehen. Ich danke euch, weil ihr mich an dem Prozeß eurer Öffnung habt teilnehmen lassen.

Ich danke allen, die mit ihren persönlichen Lebensgeschichten zu diesem Buch beigetragen haben. Für einige von euch ging es dabei um bahnbrechende Erfahrungen. Euretwegen werden unsere Leser verstehen, was es heißt, sich geistig und seelisch zu öffnen.

Ein dreifaches Hoch für Greg Armstrong, Hal Kramer und Linda Kramer. Sie haben einen großen Teil ihrer Zeit damit zugebracht, mir zu helfen und mich zu unterstützen. Ihr Beistand half mir, in Bereiche meines Geistes vorzudringen, von denen ich nicht einmal gewußt hatte, daß sie existieren. Sie waren es, die mir zeigten, wie ich meine Arbeit am sinnvollsten präsentieren konnte. Sie haben meine Wahrheit, die Wahrheit dieses Buches, ans Licht gebracht. Von der Liebe und Fürsorge, die ihr mir habt angedeihen lassen, kann ein Autor normalerweise nur träumen.

Vorwort

Haben Sie sich eigentlich schon einmal die Frage gestellt, ob Sie über magische Kräfte verfügen? Oder das Gefühl gehabt, die Gedanken anderer Menschen lesen zu können? Erleben Sie des öfteren Fälle sogenannter Synchronizität, das heißt, Sie stehen plötzlich der Person gegenüber, an die Sie gerade gedacht haben? Oder Sie finden an einem gänzlich unerwarteten Ort genau das, was Sie gesucht haben? Haben Sie jemals in sich die Fähigkeit verspürt, künftige Geschehnisse beeinflussen zu können?

Haben Sie irgendeine dieser Fragen mit Ja beantwortet, so sind Sie vermutlich ein Sensitiver. In gewissem Maß ist jeder Mensch sensitiv. Würde es Sie reizen, das tatsächliche Ausmaß Ihrer Sensitivität herauszufinden? Möchten Sie gerne wissen, welcher *Typ* von Sensitivem Sie sind? Es gibt nämlich viele verschiedene Arten von Sensitivität. Schnappen Sie sich Papier und Bleistift und machen Sie den PSI-Q-Test in Kapitel 1 dieses Buches (Zur Erklärung: »PSI« bedeutet ganz einfach »seelische Vorgänge und Fähigkeiten betreffend«). Machen Sie den Test alleine oder zusammen mit einem guten Freund. Laden Sie ein paar Bekannte zu einer PSI-Q-Party. Zeigen Sie einander Ihre Antworten und vergleichen Sie die Ergebnisse, während Sie Ihr inneres Selbst erschließen. Aber vielleicht möchten Sie ja hauptsächlich Ihre geistigen Kräfte in höchstmöglichem Maße entwickeln? Lernen Sie, wie Sie sich und Ihren Freunden helfen können durch Einsatz der wunderbaren Kräfte des Geistes. Oder ist es Ihr Wunsch, einen Beitrag zur spirituellen Entwicklung der Menschheit zu leisten? Das klingt in Ihren Ohren vielleicht ein wenig hochgegriffen, aber in Heartsong, meiner Schule, habe ich mehr als 20 000 Männer und Frauen gelehrt, genau das zu tun. In diesem Buch finden Sie die Essenz meiner erfolgreichen Lehrmethoden.

Dieses Buch macht Sie mit einer Vielfalt paranormaler Fähigkeiten vertraut, die letztlich menschliches Gemeingut sind, da sie von Geburt an Teil unserer menschlichen Natur sind. Entdecken Sie, wie scheinbar normale Gedanken, Gefühle und Empfindungen sich oft als paranormale Phänomene erweisen. Unter der Kontrolle des Bewußtseins lassen sie sich zu übersinnlichen Fähigkeiten ausbauen.

Ein Wort zur Warnung: Das Entwickeln der eigenen geistigen Fähigkeiten ist kein Gesellschaftsspiel. Hier geht es nicht um ein bloßes Vergnügen, obwohl es wahrscheinlich das spannendste Projekt ist, das wir Menschen überhaupt in Angriff nehmen können. Die Entwicklung der eigenen geistigen Kräfte und ihr verantwortungsvoller Gebrauch sind ein sehr ernstes Unterfangen, das nicht nur das Einüben dieser Fähigkeiten erfordert, sondern auch eine ganz neue Einstellung zum Leben. Echte paranormale Fähigkeiten sind weit mehr als simple Taschenspielertricks. Ihre Entstehung und Weiterentwicklung ist vielmehr das Resultat einer Lebensform, die den höchsten ethischen und spirituellen Werten verpflichtet ist. Wahrhaft sensitive Menschen produzieren sich nicht in der Öffentlichkeit. Sie bieten ein Beispiel dafür, wie weit die Entwicklung des Menschen führen kann. Dieser geistigen Haltung fühle auch ich mich verpflichtet, in diesem Geist ist das vorliegende Buch entstanden. Es ist für Menschen gedacht, die gewillt sind, ihrer Entwicklung ein beträchtliches Maß an Zeit und Kraft zu widmen. Ich kann niemandem eine besondere Belohnung versprechen. Selbstdisziplin ist der Preis, den Sie für Ihre geistige Entwicklung zahlen müssen. Und Sie gehen sich selbst und Ihrem geistigen Wachstum gegenüber eine tiefe Verpflichtung ein.

Dieses Buch gibt Ihnen mit dem Psi-Q-Test und den darin enthaltenen Übungen all die Hilfsmittel an die Hand, die Sie brauchen, um Ihre sensitive Veranlagung erkennen und entwickeln zu können. Es soll Ihnen darüber hinaus zur Verwirklichung Ihres gesamten menschlichen Potentials verhelfen. Ich möchte Sie an einem Projekt teilhaben lassen, das in mein eigenes Leben nur Klarheit und Glück gebracht hat. Arbeiten Sie mit mir an diesem Pionierwerk, entwikkeln Sie Ihr gesamtes Potential. Erweitern Sie die Grenzen Ihrer Wirklichkeit. Was gestern noch als Zauberei galt, wird heute erforscht und so zum Wissen von morgen.

Verbinden Sie Körper und Geist, schwingen Sie sich auf in neue Welten!

Petey Stevens
Albany, Kalifornien, 1988

Einführung

Sensitivität: Definition und Entmystifizierung

Jeder ist sensitiv

Intuitive Fähigkeiten sind keineswegs das Privileg einer auserwählten Minderheit, sondern Teil des universellen menschlichen Potentials. Man kann sie genauso entwickeln, wie ein Sportler oder Tänzer durch Training seine körperliche Bestform erreicht oder wie ein Intellektueller, der durch seine Studien seinen Geist schärft.

In uns allen liegt die Kraft, frei über die intuitiven Fähigkeiten der Seele zu verfügen. Geistig erwachte Menschen kannte man zu allen Zeiten und in allen Kulturen. In manchen Epochen begegnete man den Fähigkeiten Sensitiver voller Achtung und Ehrerbietung, in anderen wieder voller Angst und Haß. Zu jeder Zeit aber schrieb man den Sensitiven ungeheure magische oder paranormale Kräfte zu.

Zu den ältesten Berichten über geistige Kräfte gehören Platos Erzählungen von dem berühmten versunkenen Kontinent Atlantis. Darin heißt es, die Menschen in Atlantis seien durch eigene Schuld zugrunde gegangen, da sie ihre geistigen Kräfte mißbraucht hätten. Intuitive Fähigkeiten galten auch im alten Ägypten als selbstverständliche Tatsache, man konsultierte die Pharaonenpriester, die Zugang zur Unterwelt, der Welt der Träume und der Toten, hatten. Skrupellose Herrscher mißbrauchten oft deren Fähigkeiten, um die Menschen unterschwellig zu manipulieren. Die alten Griechen und Römer erzählen von strahlenden Göttern und Göttinnen mit übermenschlichen Fähigkeiten. Sehr wahrscheinlich waren diese Götter in Wirklichkeit hochentwickelte Sensitive, die ob ihrer Kräfte vielleicht genauso irritiert waren wie ihre Umwelt. Auch die Griechen und Römer suchten Rat und Führung bei mystischen Sensitiven oder dem Orakel. Sie glaubten, daß ihr Los von den Göttern und Göttinnen bestimmt und ihnen vom Orakel verkündet werde.

Auch Jesus Christus galt als Sensitiver. Er sagte von sich selbst, er herrsche in einem Reich, das »nicht von dieser Welt« sei. Es war das Reich seiner unsterblichen Seele. Die vollkommene Selbstbestimmtheit im Reich seiner Seele gab Jesus freien Zugang zu seinem geistigseelischen Potential. Er erlangte einen außergewöhnlichen Grad spiritueller Reife, besaß tiefgehende, vom Mitgefühl inspirierte Heilkräfte und war von unerschütterlich altruistischem Wesen. Viele Menschen liebten ihn und folgten ihm nach, und doch wurde er das Opfer derer, die seine außergewöhnlichen Fähigkeiten und seinen unabhängigen Geist nicht verstehen konnten.

Hippokrates, der Vater der Medizin – auf ihn geht der hippokratische Eid zurück –, war ein offener, praktizierender Sensitiver. So sagt er ganz eindeutig: »Ein Arzt, der nicht in der Astrologie beschlagen ist, hat kein Recht, sich Arzt zu nennen.« Er glaubte wie die meisten Sensitiven an den Grundsatz: wie im Makrokosmos, so auch im Mikrokosmos. Verstehen wir das größere Ganze, so können wir auch unser kleineres, individuelles Selbst verstehen. Eine auf den Gestirnen und auf den anderen Elementen der Natur beruhende Heilkunst wurde auch in anderen Teilen unseres Erdballs ausgeübt, und zwar von Schamanen und Medizinmännern. Afrikanische Stämme pflegten den Ahnenkult, der sich später zu den Heilritualen des Voodoo auf Haiti weiterentwickelte. Die indianischen Schamanen in Mittel- und Südamerika konnten von der Nierenschwäche bis zur Schizophrenie alles heilen. Dabei verwendeten sie Pflanzen und Kräuter, die sie unter rituellen Gebeten an die jeweiligen Geistwesen gepflückt hatten. Die Indianer Nordamerikas beteten – ähnlich wie die Griechen und Römer, deren Gottheiten Entsprechungen in der physischen Welt hatten – zum Großen Geist des Himmels und des Wassers, dem sie die Kräfte dieser natürlichen Elemente zuschrieben. Sie intonierten magische Gesänge, um mit Hilfe von Krafttieren Stärke, Schutz und Hilfe von den Geistern ihrer Ahnen zu erlangen.

Mystiker sowie geistig und seelisch Kranke, die während des Mittelalters in Europa in Kerkern, Verliesen und Gefängnissen schmachteten, waren in Wirklichkeit unverstandene Sensitive. Hexen wurden auf dem Scheiterhaufen verbrannt, später, in Salem, Massachusetts, zum Beispiel, gehängt oder ertränkt, weil man Angst vor ihren magischen Fähigkeiten hatte.

Als Abraham Lincoln Präsident war, hielt er im Weißen Haus Seancen ab, um geistige Führung in seinen täglichen politischen Entscheidungen zu bekommen. Einmal hatte er einen präkognitiven Traum, in dem er seine eigene Ermordung voraussah. Sowohl Mozart als auch General Patton glaubten, daß sie schon einmal gelebt hatten, und schrieben ihre spezielle Begabung nur den bereits in früheren Leben ausgebildeten Fähigkeiten zu.

Freud und Jung beschrieben in ihren Werken Psiphänomene. Die psychiatrischen Kliniken und Behandlungsräume der Psychologen sind voll von Menschen, die über erhebliche geistige Kräfte verfügen, ohne damit umgehen zu können.

Heute werden in aller Welt mit wissenschaftlichen Experimenten die elektromagnetischen Eigenschaften der Aura von Mensch und Pflanze untersucht und nachgewiesen. Die Kirlianfotografie – es genügt eine normale Polaroidkamera, die nur geringfügig umgeändert werden muß – liefert Fotos von der menschlichen Aura. In den USA und der UdSSR führte man Testreihen zur Psychokinese, zur Geistheilung und zu den meditativen Versenkungszuständen des Bewußtseins durch. Mit sogenannten Biofeedback-Geräten wurden die Alpha-, Beta- und Thetawellen des Gehirns gemessen. Die Patienten waren dadurch in der Lage, diese verschiedenen Zustände wiederzuerkennen, nervöse Spannungen abzubauen und so das Risiko eines Herzanfalls zu senken.

Unter dem Druck dieser Tatsachen beginnt auch die moderne Medizin, ihre skeptische Haltung zu überdenken. Eine Frage stellt sich immer wieder: Woran liegt es, daß der eine an einer Krankheit stirbt, während der andere dieselbe Krankheit überlebt? An einigen medizinischen Fakultäten untersucht man jetzt die Beziehungen zwischen Körper, Seele und Geist, um Aufschlüsse über den menschlichen Selbstheilungsprozeß zu erhalten.

Wir sind jetzt in den wohl aufregendsten Abschnitt der jüngsten Geschichte eingetreten. Shirley MacLaines Bücher, in denen sie die Erfahrungen bei ihrer geistigen Öffnung mit Transchanneling und planetarischen Kraftpunkten in Verbindung bringt, erreichten Millionenauflagen. Nancy Reagan, die Gattin des ehemaligen Präsidenten Ronald Reagan, holte in allen persönlichen Fragen immer zuerst den Rat ihres Astrologen ein, bevor sie eine Entscheidung traf. Das Fremdartige und Ungewöhnliche wird in unserer Gesellschaft schnell zum alten Hut. Kinofilme über Spuk und Besessenheit (z. B. *Poltergeist* und *Der Exorzist*) sind kulturelles Gemeingut geworden. Der Jediritter Yoda aus *Krieg der Sterne* lehrt, wie geistige Kräfte richtig zu entwickeln sind. Und in der Fernsehserie »Raumschiff Enterprise – Die nächste Generation« ist eine der wichtigsten Ratgeberinnen des Captains eine Frau mit hochentwickelten medialen Fähigkeiten.

Mehr Menschen denn je besuchen Kurse und Vorträge, um ihr intuitives Potential auszubilden. Etwas ganz Besonderes geschieht, während das neue Zeitalter heraufzieht. Viele Menschen werden Zugang zu ihrem geistigen Potential finden und ganz aus der Weisheit der eigenen Seele leben.

Der Weg in eine neue Welt

Das Ziel dieses Buches ist es, all denen zu helfen, die den aufrichtigen Wunsch verspüren, ihre latenten intuitiven Fähigkeiten vollständig zu entwickeln. Wenn Sie Verwandte oder Kollegen haben, die sich von Ihrem neuen Wissen möglicherweise bedroht fühlen könnten, dann möchte ich Ihnen in Ihrem eigenen Interesse raten, zunächst über den Weg, den Sie beschreiten wollen, Stillschweigen zu bewahren. Geben Sie sich erst als Sensitiver zu erkennen, wenn Sie genau wissen, welche Rolle diese Fähigkeiten in Ihrem Leben spielen. Fühlen Sie unterdessen bei Ihren Freunden und Arbeitskollegen vor. Fragen Sie sie zum Beispiel, was sie davon halten, daß Nancy und Ronald Reagan zum Astrologen gehen, oder wie sie über die Bücher von Shirley MacLaine denken. An den Antworten werden Sie sehr schnell erkennen, wie Ihre Bekannten über Sensitive denken. Falls sie Interesse zeigen und bereitwillig über solche Themen sprechen, dann werden Ihre Freunde wahrscheinlich genauso glücklich sein wie Sie, einen Gesprächspartner gefunden zu haben.

Wenn Sie damit beginnen wollen, Ihre intuitiven Fähigkeiten zu entwickeln, sollten Sie in Erfahrung bringen, wo es entsprechende Kurse gibt. Dort wird sich Ihnen ein neuer Freundeskreis auftun, der Ihre Interessen teilt. Kurse über Parapsychologie werden oft an Volkshochschulen angeboten. Aber auch Gesundheitsparks, Kirchen und Gruppen für Singles bieten manchmal Kurse an zu Themen wie Geistheilen, Astrologie, Handlesen, Channeling etc. Außerdem gibt es esoterische Zeitschriften, die sich mit dem New Age, Yoga, Farb-, Aroma- oder Reinkarnationstherapie und ähnlichem beschäftigen. Wenn Sie noch gar nicht mit der Materie vertraut sind, mag es Ihnen vielleicht schwerfallen, einen bestimmten Kurs auszuwählen. Setzen Sie sich ruhig mit den Herausgebern dieser Zeitschriften in Verbindung, wenn Sie Rat brauchen. Erkundigen Sie sich, wie lange die jeweiligen Lehrer schon unterrichten. Diese Zeitschriften verfügen normalerweise über gute Informationen, was Lehrer und Kurse betrifft. Sie liegen auch häufig in Restaurants, Cafés, Universitäten, Naturkostläden und Buchhandlungen aus. Buchhandlungen sind für so etwas manchmal eine wahre Goldgrube, und natürlich finden Sie dort auch gleich die passende Lektüre. Esoterische Buchhandlungen mit einem reichen Angebot an spirituellen Büchern schießen ja wie

Pilze aus dem Boden. Häufig veranstalten sie auch Lesungen mit den jeweiligen Autoren. Wenn Sie erst einmal in diesen Bereich hineingeschnuppert haben, werden Sie erstaunt sein, wie viele Menschen schon im Licht des Wassermannzeitalters leben – herzlich willkommen!

Kapitel 1

Testen Sie Ihren Psi-Q

Der Psi-Q-Test

Wie Sie den Test durchführen: Nehmen Sie ein Blatt Papier und schreiben Sie an den linken Rand die Zahlen von 1 bis 27. Notieren Sie für jede Antwort die Punkte entsprechend dem folgenden Schlüssel:

Nie:	1 Punkt
Selten:	2 Punkte
Manchmal:	3 Punkte
Oft:	4 Punkte
Immer:	5 Punkte

Nehmen Sie sich genügend Zeit, um jede Frage gewissenhaft zu beantworten. Der Test sollte etwa eine halbe Stunde dauern:

1. Führen Sie ein selbstbestimmtes, den eigenen Vorstellungen entsprechendes Leben, ohne sich von den Meinungen und Ansichten anderer Menschen übermäßig beeinflussen zu lassen?
2. Sagt man Ihnen nach, Sie hätten kein dickes Fell und Sie seien zu emotional, zu empfindlich und nicht Herr Ihrer Gefühle?

3. Haben Sie manchmal den Eindruck, über einen unerschöpflichen Vorrat an Energie zu verfügen? Sagen andere Menschen, Sie seien nervös oder hyperaktiv?
4. Kommt es Ihnen manchmal so vor, als hätten Sie eine bestimmte Situation, in der Sie sich gerade befinden, früher schon einmal erlebt, ohne sich jedoch genau erinnern zu können, wann und wie?
5. Können Sie einen Gegenstand allein mit der Kraft Ihres Geistes bewegen?
6. Sind Sie vergeßlich? Sagt man Ihnen nach, Sie seien manchmal »weggetreten«? Haben Sie hin und wieder den Eindruck, Sie befänden sich außerhalb Ihres Körpers und betrachteten sich selbst wie in einem Film?
7. Haben Sie Tagträume von vergangenen oder zukünftigen Geschehnissen?
8. Lieben Sie sich selbst und andere Menschen mit einer positiven, alles verzeihenden Haltung, die frei ist von Forderungen und Bedingungen?
9. Nehmen Sie offen Anteil am Leiden, am Schmerz, an der Begeisterung, der Freude anderer Menschen, so als ob Sie diese Gefühle selbst erlebten?
10. Leben Sie in Frieden mit sich selbst und Ihren Mitmenschen? Fühlen Sie sich eins mit dem universellen Geist?
11. Kommt es Ihnen so vor, als könnten Sie »Ärger riechen« oder den Tod vorausfühlen?
12. Hat der Klang Ihrer Stimme Einfluß auf andere Menschen? Fühlen diese Menschen sich davon gestört, besänftigt, angeregt, inspiriert?
13. Führen Sie Selbstgespräche?
14. Hören Sie Stimmen oder Musik? Sprechen Sie mit Schutzengeln, Schutzgeistern oder unsichtbaren Freunden?
15. Können Sie die Gedanken anderer Menschen wahrnehmen, als seien sie in Ihrem eigenen Kopf?

16. Träumen Sie von Ereignissen, bevor diese tatsächlich eintreten?
17. Können Sie zukünftige Ereignisse vorhersagen?
18. Haben Sie klare Einsichten über Menschen und Lebensumstände?
19. Haben Sie Erinnerungen an ein Leben in einem anderen Jahrhundert, oder steigen in Ihnen manchmal Bilder aus einem Leben in einer anderen Welt auf?
20. Haben Sie eine besondere Beziehung zu Tieren, Pflanzen und anderen Formen von Leben?
21. Können Sie Vorfälle und Geschehnisse sehen, die weit entfernt von Ihnen passieren?
22. Sind Ihr Verhalten und Ihre Stimmung starken Schwankungen unterworfen?
23. Glauben Sie, daß Sie und andere Menschen sich selbst heilen können?
24. Finden Sie Lösungen für seelische, geistige oder körperliche Probleme, ohne diese exakt durchdenken zu müssen?
25. Sagt Ihnen das Berühren eines Gegenstandes etwas über seine Geschichte, seine Besitzer oder Hersteller? Haben Sie den Eindruck, als nähmen Ihre Hände diese Informationen auf?
26. Können Sie Wasseradern oder Mineralien aufspüren?
27. Ändert sich Ihre Handschrift von einem Augenblick zum anderen?

Punktezahl und Auswertung

Ermitteln Sie Ihre Punktezahl, indem Sie die Punkte zusammenzählen, die Sie für jede Antwort notiert haben. Anhand Ihrer Punktezahl können Sie feststellen, zu welchem der vier Typen von Sensitiven Sie gehören. Haben Sie weniger als 54 Punkte, so sind Sie ein verschlossener Sensitiver. Mit einer Punktezahl zwischen 55 und 80 sind Sie ein sich öffnender Sensitiver, mit 81 bis 107 Punkten sind Sie ein erwachender Sensitiver. Wenn Sie 108 bis 135 Punkte erzielt haben, gehören Sie zu den offenen Sensitiven.

Der verschlossene Sensitive (0–54 Punkte)

Sie sind vermutlich noch nicht bereit für dieses Buch. Es ist höchst unwahrscheinlich, daß Sie in dem gegenwärtigen Stadium Ihrer Entwicklung einen Nutzen daraus ziehen können. Merken Sie sich das Buch für später vor. Kommen Sie wieder darauf zurück, wenn Sie das Gefühl haben, aufnahmebereiter zu sein. Halten Sie sich immer vor Augen, daß Sie die Fähigkeit besitzen, ein Sensitiver zu werden. Es hängt allein davon ab, wie sehr Sie es wünschen und wie offen Sie dafür sind.

Der sich öffnende Sensitive (55–80 Punkte)

Dieser Abschnitt der Entwicklung ist vielleicht der schwierigste. Sie erfahren alle schmerzhaften Aspekte einer sensitiven Veranlagung, ohne viel von ihren positiven Seiten zu verspüren. Ihre Lage ist ähnlich der eines Kindes, das den Geburtsprozeß durchläuft. Das Leiden, das Sie erfahren, kann in Marter ausarten. Verzweifeln Sie nicht, der Lohn ist Ihnen sicher! Haben Sie Vertrauen, mit Hilfe der Übungen in diesem Buch können Sie über diese Stufe hinausgelangen.

Die Schauspielerin Edith Bunker zum Beispiel war eine sich öffnende Sensitive. Sie hatte wenig Selbstvertrauen, trotzdem war sie auf stille, unaufdringliche Weise am Leben anderer interessiert. Aufgrund dieser Unsicherheit hielt sie die destruktiven, höhnisch geäußerten Ansichten ihres Ehemannes Archie, eines verschlossenen Sensitiven, meist für richtig. Aber sie konnte seine verborgene Sensitivität klar sehen. Obwohl er grob und gemein zu ihr war, empfand sie eine große Sympathie für ihn und beschäftigte sich mit seinen emotionalen Problemen, als seien es ihre eigenen.

Edith übernahm die Ansichten ihres Mannes, und bekämpfte sie doch innerlich. Sie war sich ihrer inneren Schönheit und ihres Charismas nicht bewußt und eine äußerst befangene, schüchterne Frau. Trotzdem behielten ihr Mitgefühl und ihre ethischen und humanitären Grundsätze immer die Oberhand. Sie glaubte an Gott, wie ihre Religion es sie gelehrt hatte, und bemühte sich verzweifelt, ein guter Mensch zu sein. Sie unterwarf ihr Handeln einer strengen Kontrolle, zensierte ständig ihre eigene Meinung und glich sie der Meinung anderer an. Edith war für ihre Umwelt das Salz der Erde, für sich selbst aber eine schwere Last.

Der erwachende Sensitive (81–107 Punkte)

Das beste Beispiel für diesen Typ ist Shirley MacLaine. In ihren Büchern *Tanz im Licht, Zauberspiel* und *Zwischenleben* (erschienen im Goldmann Verlag) berichtet sie über ihre Erfahrungen. Wie es für erwachende Sensitive typisch ist, dachte sie ständig über sich und ihr Leben nach. Sie hatte ihr körperliches und intellektuelles Potential bereits voll entwickelt und war daher bereit, ihr seelisch-geistiges Potential zu erforschen und zu verwirklichen. In diesem Zustand begegnete sie spirituellen Helfern und Freunden, die immer dann zur Stelle sind, wenn der erwachende Sensitive sie auf seinem anstrengenden Weg braucht. Stück für Stück erwarb sie sich so ein sicheres Wissen über ihre geistige Natur.

Alle Menschen und alle Ereignisse um sie herum halfen ihr, ihre Bewußtheit zu erwecken. Ihre Selbstverwirklichung lief mit einer unglaublichen Geschwindigkeit ab. Sie war sich jeder Erfahrung intensiv bewußt und wußte, daß jede dieser Erfahrungen einen Sinn hatte. Auch wenn ihr dieser Sinn nicht jedesmal klar war, so hatte sie doch genügend Vertrauen, um jede Erfahrung, so wie sie war, als wichtig und richtig zu betrachten. Sie wurde zur Gottheit ihrer eigenen Welt und war doch davon überzeugt, nur ein winziger Teil des großen, allumfassenden Geistes zu sein.

Der offene Sensitive (108–135 Punkte)

Der Eintritt in das Leben eines offenen Sensitiven ist die Krone der menschlichen Daseinsmöglichkeiten. Dieser alles überragende Zustand ist das höchste Ziel menschlicher Entwicklung. Auf unserer Erde gibt es nur sehr wenige echte offene Sensitive. Ein offener Sensitiver wird dieses Buch wahrscheinlich gar nicht lesen. Ich möchte diesen Zustand aber dennoch beschreiben, um auf den Idealzustand hinzuweisen, den wir alle anstreben sollten. Verzweifeln Sie nicht, weil Sie diesen Zustand noch nicht erreicht haben. Nur durch äußerst hingebungsvolles und aufrichtiges Üben gelangt man dorthin. Aber das Hinarbeiten auf diesen Zustand ist ebenso verdienstvoll und wertvoll wie dessen letztendliches Erreichen. Genießen Sie die Reise!

Mahatma Gandhi ist eines der wenigen Beispiele für einen vollkommen offenen Sensitiven unserer Zeit. Er befreite sich von der Herrschaft eines niederen Selbst und wurde zu einem der wohlwollendsten, altruistischsten und mitfühlendsten Sensitiven, die je gelebt haben. Nachdem er seiner niederen Leidenschaften Herr geworden war, verwirklichte er sein höheres Selbst in langen Stunden der Meditation außerhalb und innerhalb der Gefängnismauern. Der von ihm ins Leben gerufene gewaltlose Widerstand hatte für ihn schwere Bestrafungen zur Folge. Trotzdem war er voller Mitgefühl für die Menschen, die ihm feindlich gesonnen waren, war warmherzig, freundlich und fröhlich. Er vergab allen seinen Peinigern in dem

Wissen, daß ihnen nicht bewußt war, wieviel schlechtes Karma sie durch ihre Taten anhäuften. Er akzeptierte sich selbst als die eine, wahre Gottheit, die alle seine Reaktionen und Beziehungen zu anderen Menschen beherrschte, und er verlangte von sich selbst stets ein ethisch hochstehendes Verhalten und grenzenlose Güte. Doch er vergab sich selbst, wenn er eine menschliche Schwäche an sich bemerkte. Er verlangte nie von anderen, was er selbst nicht zu tun imstande war, und hatte auch nie das Bedürfnis, sich in den Vordergrund zu spielen. Seine Wünsche waren nicht von egoistischer Natur. Sein Ziel war vielmehr das Wohlergehen aller, und im Laufe der Jahre hatte er gelernt, seiner inneren Stimme zu vertrauen, die ihm Weisheit und Anleitung zuteil werden ließ. Diese innere Kraft ließ ihn nie im Stich. In Zeiten größter persönlicher Not bewies er, daß seine Begeisterung, seine Energie, die von einer bedingungslosen Freude genährt wurden, schier unerschöpflich waren. Er lebte die Werte, die er in seinen Reden vertrat. Er war das, was man ein spirituelles Vorbild nennt, denn andere konnten durch sein Beispiel lernen. Er legte in ihren Geist den Samen der lichten Bewußtheit.

Wie man sein geistiges Potential entwickelt

Ihr Psi-Q ist keine fixe Größe. Wenn Sie die Übungen in diesem Buch machen und sich geistig öffnen, wird Ihr Psi-Q höher werden. Vielleicht wollen Sie den Psi-Q-Test wiederholen, wenn Sie die Übungen gemacht haben. Dann werden Sie sehen, wie weit Sie in der Entwicklung Ihres geistigen Potentials vorangekommen sind.

Kapitel 2

Wie Sie Zugang zu Ihren intuitiven Fähigkeiten finden

Die in diesem Buch geschilderten Erfahrungen stammen von Mitarbeitern und Schülern des Heartsong Centers. Diese Schilderungen werden in der Hoffnung veröffentlicht, daß dadurch eventuell bestehende Ängste vor dem Prozeß der geistigen Öffnung verringert werden. In einigen dieser Berichte werden Sie sich vermutlich wiederfinden, in anderen vielleicht nicht. Jeder Mensch erlebt diesen Prozeß anders. Achten Sie beim Lesen darauf, wie es den Erzählern mit Hilfe ihrer geistigen Kräfte und der ihnen eigenen Bewußtheit gelang, Kontrolle über sich selbst und über ihr Leben zu erreichen. Genauso wie diese können auch Sie Ihren ganz individuellen Weg zur geistigen Entfaltung finden.

Heimkommen *(von Anne Loss Brooke)*

Sich seelisch öffnen heißt – heimkommen. Dieser Prozeß bedeutet, daß man vollkommen und tief mit sich selbst in Kontakt kommt. Sich öffnen und heimkommen, heim zum Selbst, zu Gott, heim zum Leben, dem Ursprung von Leidenschaft als auch von Frieden.

Heimkommen – wie oft habe ich dieses Wort gehört. Es ist ein Wort mit vielen Bedeutungen. Und jedesmal, wenn ich es höre, löst es etwas in mir aus. Irgendwo in meinen Gedanken kann ich mich an ein Zuhause erinnern. Das Gefühl, daheim zu sein, ist schwer zu fassen, wie ein ferner Traum aus meiner Vergangenheit oder wie ein vertrautes Gefühl für das Kommende, das an die Tür meines Herzens klopft. In solchen Augenblicken spüre ich ein unglaubliches Sehnen und Verlangen nach diesem »Zuhause«. Daheim ist der Ort, wo ich mich sicher und zufrieden fühle, ein Ort, wo ich entspannt genug bin, um ganz und gar die zu sein, die ich bin. Daheim ist dort, wo ich genug Vertrauen habe, Herausforderungen anzunehmen und Risiken einzugehen. Wo ich weiß, daß ich bedingungslos geliebt werde. Wo ich mein Herz öffnen und anderen voll zuhören kann. Heimkommen heißt, meine Kraft in Besitz nehmen, in Besitz nehmen, was mir von Geburt an zusteht: meine Weisheit, meine angeborene Erkenntnisfähigkeit und mein Vermögen, mir selbst als ganzem und vollständigem Individuum zu vertrauen.

Woran kann ich dieses »Zuhause« erkennen? Für mich ist es ein Gefühl von Sich-Einlassen, von Vertrauen. Es ist ein Ort, der mir vertraut ist, ob ich ihn jetzt seelisch, geistig oder einfach nur bedeutungsvoll nenne. Es ist ein Ort, den ich sehr gut kenne. Auch ein Ort, den ich vergesse. Ich vergesse, daß ich daheim bin, und deshalb muß ich mich immer wieder selbst daran erinnern, daß ich selbst mein »Zuhause« bin. »Daheim« – das ist mein wahres Ich, meine Seele.

Der Weg dorthin ist nicht leicht zu gehen, und ich habe keine Garantie, ihn zu finden. Mein Verstand und mein kultureller Hintergrund, der fast nur aus Wissenschaft und Technologie besteht, können mich von diesem Weg weglocken. Ich kann den »Heimweg« vergessen, weil ich meiner formalistischen Erziehung gehorche, die mich gelehrt hat, den Verstand ohne das Fundament einer im Selbst verankerten Intuition zu gebrauchen. Wenn ich mich wirklich an das »Zuhause« erinnere, dann sehe ich, daß ich bereits dort bin, wenn es mir gelingt, die künstliche Trennung zwischen mir und anderen zu beseitigen. Sobald ich das vergesse, muß ich weiter durch die Bereiche meiner geistigen Verdunkelungen irren, bis ich wieder an den Ort dieser Erinnerung gelange. Für diese Reise ins »Zuhause« braucht man viel Mut. Der Weg ist verschlungen und holprig. Positive und negative Erlebnisse können den Pfad verbergen. Manchmal muß ich meinen normalen, alltäglichen Verstand loslassen, um dorthin zu kommen. Anfangs hatte ich damit Probleme. Ich brauchte erst eine dieser Lektionen, wie sie das Leben so oft erteilt, um mich vom rationalen Denken zu lösen und zu lernen, einfach nur ich selbst zu sein. So begann meine Reise »nach Hause«. Ich mußte erst aus den gewöhnlichen Ordnungen herausfallen, die Pfade meiner alltäglichen Ansichten verlassen, bevor ich den Prozeß der spirituellen Entwicklung und des Heimkommens akzeptieren konnte.

Mein spiritueller Weg begann mit einem Sturz. Ich traf keine bewußte Wahl, diese immaterielle Welt zu betreten. Ich lebte damals weit draußen auf dem Land in Down East in Maine. Ich war Töpferin von Beruf und hatte mir mit einigen abenteuerlustigen Freunden ein kleines Haus auf einem Stück Land nördlich von Machias eingerichtet. Unser Leben war hauptsächlich geprägt von der Sorge um Nahrung, Kleidung und Unterkunft, da die Winter in Maine sehr hart sind. So mußte ich eines Tages im Herbst als Schiffsköchin auf einem Fischkutter anheuern, der vor den Küsten von Cap Codes kreuzte.

Der Dezember ist in Neuengland so ziemlich der kälteste Monat des Jahres. Ich trug Gummihandschuhe und Ölzeug sowie Stiefel, die mir bis weit über die Knie reichten, um bei diesem Wetter überhaupt arbeiten zu können. Es war schon dunkel, als wir mit unserem Kutter bei Niedrigwasser anlegten. Ich schnappte mir einen Korb Hummer und steuerte auf die kleine Eisenleiter zu, um die fünf Meter bis zum Pier hinaufzuklettern. Mein Gleichgewichtssinn war durch die vielen Monate auf See gut entwickelt, und ich war nicht einmal besonders müde nach dieser viertägigen Tour. Kurz zuvor hatte ich allerdings schwere Alpträume gehabt, und häusliche Sorgen beschäftigten mich fast ununterbrochen.

Hummer sind kalt, wenn sie aus dem Meer kommen, und sie sind ganz schön schwer. Ich schwang mir einen Korb voll auf die Schulter. Ihre blaugrünen Körper lagen dicht beisammen. Langsam und vorsichtig stieg ich die Leiter hinauf. Ich nahm zwei Sprossen, hob den

Korb nach und nahm wieder zwei Sprossen. Oben, am Ende der Leiter, wuchtete ich den Korb ächzend auf den Pier. Froh, es geschafft zu haben, faßte ich mit den Händen, die noch immer in den Handschuhen steckten, nach der obersten Sprosse, um mich selbst auf den Pier zu ziehen.

Bis heute begreife ich nicht, was dann geschah. Aus einem seltsamen, mir nicht bewußten Grund, entschloß ich mich, loszulassen. Ich war nicht ausgerutscht, und ich hatte auch nicht danebengegriffen. Ich ließ einfach los. Und in diesem Augenblick war ich nicht mehr in meinem Körper. Ich schwebte in der Luft, empfand eine unglaubliche Ruhe und eine heftige Neugier. Im Gefühl völliger Zeitlosigkeit gefangen, sah ich meinem Körper zu, wie er hinunterstürzte. Ich war zufrieden, entspannt und äußerst aufmerksam. Wenn der Körper, der da hinunterstürzt, überlebt, so dachte ich, gehe ich wieder hinein, wenn nicht, dann eben nicht. Weder empfand ich bei diesem Gedanken Furcht, noch klammerte ich mich an das Leben.

Einige Zeit später – es hätten Monate oder auch Jahre sein können, denn ich hatte jegliches Zeitgefühl verloren – sah ich, wie mein Körper auf den Wassertank des Schiffes aufschlug. Mein total schlaffer physischer Körper landete halb auf einem alten Reifen, halb auf einer Stange, die auf den Tank geschweißt worden war, um Rettungsleinen daran festzumachen. Der Körper, mein Körper, schlug auf dem Tank auf. Durch die Wucht des Aufschlags prallte er noch einmal ein Stück zurück. In dem Augenblick, als ich diesen Rückprall wahrnahm, verband ich mich wieder mit meinem Körper. Ich war bei vollem Bewußtsein und hatte nur ein paar Quetschungen. Aber mir war klar, daß meine Welt von nun an eine ganz andere sein würde.

Wenn ich irgendeine Erfahrung mache, dann wird sie irgendwo in meinem Gehirn gepeichert. Mein Blick auf das Leben verändert sich dadurch. Ich bin ein konzeptbildendes Wesen, und ich wachse und entwickle mich weiter, indem ich aus meinen Erfahrungen ein System, einen Raster, bilde. Wenn eine Erfahrung nicht in dieses System paßt, dann sucht mein Gehirn im kollektiven Computer immer weiter und weiter, um eine Stelle zu finden, wo diese neue Tatsache eingeordnet werden kann. Als ich meinem Körper bei seinem Sturz zusah, gab es keine passende Datei, um dieses Erlebnis abzuspeichern. Ich hatte keine Erklärung dafür, noch konnte ich mich bewußt an einen ähnlichen Vorgang erinnern. Nach diesem Ereignis war mir klar, daß es eine andere Welt – vielleicht sogar viele andere Welten – gab, die neben meiner gewohnten existierten. Die meiste Zeit in meinem Leben hatte ich die Welt durch ein winziges, enges Fensterchen betrachtet. Es war ein herber Schock, sie nun durch einen größeren Rahmen zu sehen.

Wir Menschen machen uns bestimmte Vorstellungen von der Welt und richten dann unsere Entscheidungen danach aus. Damals hätte ich mich dafür entscheiden können, dieses Erlebnis – ich war außerhalb meines Körpers gewesen! – zu ignorieren. Wie man solche Erfahrungen vor sich selbst verbirgt, wußte ich nur zu gut. Wie eine Muschel einen eingedrungenen Fremdkörper mit einer harten Perlmuttschicht isoliert, so hätte auch ich dieses Erlebnis, dieses Samenkorn einer neuen Bewußtheit unter einem dicken Wall von Leugnungen ersticken können. Ich hätte meine Angst und meine Fragen vor mir und vor der Welt hinter einer harten und glatten Oberfläche verstecken können. Ich hätte mir einen Fachmann suchen können, der mir erklärt, das alles sei nur ein Traum gewesen, und ich solle mir keine Gedanken machen. Ich wußte aber, daß mein Erlebnis der reinen Wahrheit entsprach. Und diese Wahrheit konnte durch nichts je weggeredet werden. Um dieser Wahrheit den gebührenden Respekt zu erweisen, unternahm ich meine ersten, tastenden Schritte auf der Suche nach meinem Weg »nach Hause«.

Die einen sagen, Wissen sei eine Folge des Verstehens, die anderen hingegen meinen, Handeln und Erfahrung seien der Schlüssel zur Erleuchtung. Ich behaupte, die beiden gehen Hand in Hand. Verstehen, nur um zu verstehen, führt zu nichts, und Handlungen, denen das bewußte Element fehlt, schaffen Berge, die man manchmal wieder versetzen muß. Was ist der Sinn meiner Erfahrungen, wie kann ich das in mir vorhandene Verständnis der Welt in Frage stellen, damit ich frei werde in meinen Entscheidungen?

Meine Berührung mit der »anderen Welt« veranlaßte mich, die Suche nach meinen intuitiven Fähigkeiten aufzunehmen. Ich brauchte unbedingt eine Möglichkeit, anderen diese Erfahrung mitzuteilen. Hellsehen war für mich ein gutes Mittel, in diese neue Realität tiefer einzudringen. Ich fand die verschiedenen »Techniken« bald sehr hilfreich. In der Trancearbeit lernte ich, auf meine innere Stimme zu hören, eine gute Möglichkeit, eine praktische und bewußte Beziehung zu meiner Spiritualität herzustellen.

»Achte auf deine festen Vorstellungen vom Leben. Schau dir die Bilder an, nach denen du dich richtest. Stell fest, was für dich aktuell ist und was der Vergangenheit angehört. Schau nach, wann und wo du zum ersten Mal gelernt hast, so zu sein. Und nun spreng das Bild. Jag es in die Luft. Spreng es in tausend Stücke. Hol Atem und laß es gehen. Atme deine eigene Energie ein. Laß los, was nichts mit dir zu tun hat.« Ich fand mich in Berkeley, Kalifornien, wieder. Ich saß in einem Anfängerkurs über Hellsehen und Heilen in Heartsong – ein himmelweiter Unterschied zu meinem gewohnten Alltagsleben als Töpferin und Fischerin in Neuengland. Ich saß also dort und lernte, die Welt zu erkennen, die ich selbst geschaffen hatte, und die Verantwortung für diese Welt zu übernehmen.

Mit der Neugierde eines Fährtensuchers machte ich mich an meine »Heimreise«, an das Öffnen hin zu meinem höheren Selbst. Sich öffnen ist ein individueller Vorgang, der auf viele verschiedene Arten vor sich gehen kann. Ich brauchte auf meinem Weg die Verbindung mit einer Gruppe oder einem Lehrer, die mir beistehen konnten, während ich mich ins Unbekannte hinauswagte. Dieser Öffnungsprozeß zwang mich, für mich selbst einzustehen und um Hilfe bitten. Es war eine Zeit, in der ich einerseits aufhören mußte, alles zu kontrollieren, andererseits lernen mußte, die Verantwortung für mein Leben und meine Anschauungen zu übernehmen. Mich öffnen hieß gleichzeitig lernen, auf das höhere Selbst in einer mir gemäßen Form zu hören. Und so saß ich in Heartsong, ging jeden Tag in Trance, öffnete die Energiezentren meines Körpers, lernte, meine Atmung und Aufmerksamkeit zu fokussieren und das Schwingungsniveau meines Körpers zu erhöhen.

Ich lernte, auf meine Anschauungen zu achten. Zum ersten Mal wurde mir bewußt, daß ich alles, was in meinem Leben geschah, selbst hervorrufen konnte. Daß die Art, wie ich über Dinge dachte und meine Aufmerksamkeit ausrichtete, dafür verantwortlich war. War mein Denken von Angst und Sorge ausgefüllt, erlebte ich die Welt entsprechend. War ich voller Vertrauen, voll kreativer Gedanken und auf die Erweiterung meines Selbst konzentriert, so boten sich aufregende Möglichkeiten in Hülle und Fülle. Ich lernte zu meditieren und in Trance zu gehen, auf die Stimme meines höheren Selbst hören, die mir Rat erteilte. Mein visuelles Zentrum öffnete sich, ich fing an, Farben und Auren zu sehen. Wenn ich die Aura anderer Menschen las, konnte ich Bilder empfangen, die für sie bedeutungsvoll waren. Neben diesen Informationen war auch die Interaktion zwischen mir und den anderen Klienten selbst ein wichtiger Teil des Auralesens. Ich lernte, in einer Art und Weise zu sprechen, die für mein Gegenüber wertvoll war und ihm half, auf der Ebene des Herzens zu kommunizieren.

Es war ein tiefgehender Lernprozeß, andere Menschen in ihrer Eigenheit wahrzunehmen, ohne über sie zu urteilen. Ich entwickelte Liebe und Mitgefühl für die Menschen, deren Aura ich lesen sollte. Unsere Beziehungen waren offen und ehrlich. Niemand sah sich genötigt, eine Maske aufzusetzen. Da intuitive Informationen sehr direkt und wahr sind, fiel es mir manchmal nicht leicht, den Menschen mitzuteilen, was ich sah. Ich hatte mich aber verpflichtet, ebenso aufrichtig wie behutsam zu sein. Was diese Aurareadings für beide Seiten zu einer positiven und heilsamen Erfahrung machte, war der Wunsch, in jedem Verhaltensmuster – wie destruktiv es sich auch äußern mochte – die darin verborgene Möglichkeit zur Entwicklung zu sehen.

Diese Lernprozesse waren keineswegs immer nur angenehm. Sie waren wirklich, und meine Lehrer halfen mir, wirklich zu werden. Für mich bedeutet »Wirklichsein«, daß man offen, aufrichtig und voller Mitgefühl ist. Als ich diese Lektionen lernte, war ich manches Mal zornig oder auch verzweifelt. Es gab Zeiten, da haßte ich es, schon wieder in einem Reading zu sitzen und mit meinen Konzepten konfrontiert zu werden. Oftmals konnte ich die Rückmeldungen, die ich bekam, nicht aushalten, weil ich wieder einmal einsehen mußte, daß ich in einem bestimmten Bereich vollkommen blind gehandelt hatte. Das waren die schwierigeren Etappen meiner Reise. Die gute Seite daran war, daß ich bald wirkliches Vertrauen gewann in den Lernprozeß und in die Führung, die ich dabei erhielt. Dieses Vertrauen konnte entstehen, weil die Entwicklung meiner Person nur auf meinen eigenen Bildern, nur auf meiner eigenen Intuition beruhte. Niemand schrieb mir vor, was ich zu sagen oder zu glauben hatte, als sich mein intuitives Auge öffnete. Ich sprach über das, was ich sah. Wenn ich bei einem Reading hängenblieb, nicht fähig war, etwas zu sehen oder zu sagen, zeigte mir einer der Lehrer, wie ich die hinderliche Vorstellung loslassen und weitermachen konnte. Der Lehrer sorgte dafür, daß die Informationen für die Person, deren Aura gerade gelesen wurde, klar herauskamen und so in Worte gefaßt waren, daß sie dieser Person in ihrem Lernprozeß nutzen konnten. Nach jedem Reading setzten sich die Beteiligten mit Ausnahme des Klienten mit dem Lehrer zusammen. Er half uns, unsere Schwierigkeiten in Worte zu fassen und auszuräumen. Diese Treffen waren manchmal recht lustig, manchmal flossen Tränen, aber immer waren sie sehr hilfreich und wichtig. Ich lernte, über meine Verhaltensweisen und Konzepte zu lachen. Meine Hingabe und die Anleitung, die ich erhielt, machten mir es möglich, zu wachsen und mich zu verändern.

Zusätzlich zu den Readings gab es Informationsabende, das heißt Sitzungen, die allein der eigenen Weiterentwicklung dienten. Ich saß dort in Trance, zusammen mit einer großen Gruppe fortgeschrittener

Schüler. Ich öffnete mein drittes Auge und betrachtete die Informationen, die kamen, wenn der Lehrer über Themen wie Aura, Geerdetsein oder die Neigung, in Beziehungen die Opferrolle einzunehmen, sprach. Familienstrukturen, Selbstverantwortung, Konfliktbereiche, der Unterschied zwischen Liebe und Sympathie, bewußtes Leiten von Energie in die emotionalen Zentren – über all das und noch viel mehr wurde gesprochen und diskutiert. Ich lernte, die Wahrheit zu fühlen, so daß ich schließlich auch die geringste Lüge spüren konnte. Ich entwickelte Vertrauen in meine Wahrnehmung und den Mut, meine Ideen und Träume nicht aufzugeben, auch wenn jemand anderer Meinung war. Allmählich erkannte ich, wann ich in meinen Reaktionen auf einen bestimmten Menschen mein inneres Gleichgewicht verlor, was vielleicht daran lag, daß es mir an Verständnis mangelte. Ich lernte Methoden kennen, die mir halfen, tiefer zu sehen und in meinem Leben zu wachsen. Das Spannende an diesen Lernprozessen war, daß sie mit meinem Weg »nach Hause« zusammenfielen. Ich wurde fähig, meine Intuition zu gebrauchen und mich bewußt mit meinem höheren Selbst zu verbinden. Ich hatte die gleichen Empfindungen wie damals, als ich während des Vorfalls nach dem Fischen aus meinem Körper trat. Ich fühlte mich mit Gott verbunden, mit einer Wesenheit, die zugleich ich selbst und mehr als ich selbst ist. Ich machte die aufregende Entdeckung, daß ich mich mit dieser Energie durch Hellsehen und Trance bewußt verbinden konnte.

Hellsehen und alle damit zusammenhängenden Phänomene haben einen schlechten Ruf. Angst, falsches Verständnis und Mißbrauch paranormaler Fähigkeiten sind wohl die Gründe dafür. Für mich ist Hellsehen einfach nur ein Mittel, um mich an meinen Weg »nach Hause« zu erinnern und ihn dann zu gehen. Es ist eine Methode wie jede andere, die für jeden zugänglich ist, der sie zu erlernen wünscht. Hunderte von Readings und die Arbeit mit Menschen verschiedenster Altersgruppen und unterschiedlichster Herkunft haben mir gezeigt, daß jeder Mensch von Geburt an intuitive Fähigkeiten besitzt. Sie haben ihren Ursprung in unseren intuitiven Zentren und können wie ein Muskel trainiert werden.

Den Ausdruck »Hellsehen« habe ich bloß der Einfachheit halber gebraucht. Sie können es als Schwingung, als Gebet oder als Meditation auffassen. Worum es tatsächlich geht, ist intuitive Wahrnehmung. Wenn wir uns diese Wahrnehmung als Schwingung vorstellen, können wir allmählich verstehen, daß diese Schwingung unsere Sehweise verändern kann – wie das eben beim Hellsehen der Fall ist. Sie kann auch unsere gefühlsmäßige Wahrnehmung beeinflussen, was man als Hellfühlen bezeichnet. »Hört« jemand die Gedanken anderer Menschen, Musik oder andere Töne, so wird das als Hellhören bezeichnet. Ich selbst bin stark hellsichtig und hellfühlend. Ich lernte aber auch, meine Hellhörigkeit durch Übung zu entwickeln. Alle diese Techniken sind Schwingungen oder Kanäle, über die die Sprache der intuitiven Wahrnehmung läuft. Jede einzelne dieser Techniken kann man entwickeln.

Um diese Fertigkeiten weiter auszubilden, mußte ich mein Leben genau untersuchen. Bereit sein, mich selbst voll zu erfahren, sowohl meine Freude als auch meine Trauer kennenzulernen. Ich mußte darauf achten, wo ich mir selbst weh tat und wo ich anderen unbewußt Schmerz zufügte. Meine Hellsichtigkeit half mir, mit diesen Verletzungen klarzukommen, sie nicht weiterzugeben. Ich lernte, mit mir und mit anderen auf neue Weise umzugehen, Mitgefühl und Nichtbeurteilen von Menschen zum Grundpfeiler meiner Handlungen zu machen. Genau das ist die Arbeit des Heimkommens. Es ist die Mühe, die auf die bloße Absicht folgt, und nur dieser lang andauernde Prozeß gibt einem tatsächlich die Chance der Veränderung. Doch das braucht Zeit – viel Zeit, um die alten Lerninhalte außer Kraft zu setzen und Raum zu schaffen für neue Möglichkeiten.

Ein wesentliches Merkmal der spirituellen Entwicklung ist ihre Nichtumkehrbarkeit. Sich öffnen heißt erwachen. Jetzt, wo ich endlich erwacht war, konnte ich meine Augen nicht mehr vor dem Leben verschließen, konnte nicht mehr in den Schlaf meiner Unbewußtheit zurückfallen. Es war, als habe ich mich entschieden, aufrichtig zu sein. Sobald ich diese Entscheidung getroffen hatte, wurde jede kleine Lüge zu einem häßlichen Fleck in meinem Bewußtsein. Ich begann, aufrichtig mit den Menschen zu kommunizieren, und konnte kaum fassen, was dann geschah: Wenn ich aufrichtig kommunizierte, reagierten die Leute darauf. Sie teilten mir ihre Lebensgeschichte mit. Wir schufen ein Kommunikationsnetz, mit dem wir uns gegenseitig bereicherten. Ich war fasziniert vom gegenseitigen Austausch, von der Fähigkeit der Menschen, sich auszudrücken und mit anderen in Verbindung zu treten. Ich verstand auch, daß Kommunikation viele Formen hat und nicht nur zwischen Menschen möglich ist. Meine Erfahrungen mit dem Hellsehen reizten mich, mehr über Wahrnehmung und Kommunikation zu erfahren.

Ich ergänzte die Trancearbeit durch Arbeit mit dem Körper, begann eine vierjährige Ausbildung in Körpertherapie und betrieb daneben noch Improvisationstheater und Tanz. Durch das Tanztraining begriff ich, daß Bewegung auch eine Art von Kommunikation ist. Ich nahm Gesangsunterricht und erforschte, wie man mit Hilfe des Klanges Energien durch den Körper leitet. Allmählich sah ich meine Umgebung nur noch aus Schwingungen und Wellen bestehend – Wellen, die sich vor- und zurückbewegten, die harmonisch oder disharmonisch aufeinander reagierten. Ich suchte nach Möglichkeiten, mit diesen Wellenmustern zu spielen und sie wieder abzuschütteln. Durch Tiefenmassage wurde mir die Existenz von alten Gewohnheitsmustern bewußt, die im Gewebe meines Körpers wie eine Erinnerung im Gehirn gespeichert waren. Die kreative Arbeit mit Tanz und Theater erweckte meine Spontaneität. Vor jeder Therapiesitzung steigere ich durch Meditation meine Empfänglichkeit für Schwingungen, so daß ich auf andere besser reagieren kann. Und indem ich selbst Workshops leite, kann ich auch anderen oft helfen, einen Weg in ihr Herz zu finden, den Ort der Selbsterkenntnis.

Bei der Arbeit mit großen Gruppen ist Hellsichtigkeit äußerst nützlich. Als Gruppenleiterin weiß ich, daß es im Gruppenprozeß und auch bei mir selbst manchmal zu psychischen Blockierungen kommen kann. In diesem Fall muß ich dann sofort meine erstarrten Schwingungen lösen, um zu erkennen, welches der nächste Schritt ist, um die Gruppe gut zu leiten. Wenn ich mich in dieser Weise öffne, vertraue ich mir selbst vollständig. Nur dann mache ich die Erfahrung, daß etwas, das größer ist als ich selbst, mir seinen Rat erteilt. Die Resultate sind oft überraschend und wundervoll. Letztlich kann man wohl sagen: Hellsichtigkeit ist Freude. Die Grundlagen sind schnell erlernt und auch sofort einsetzbar. Hellsichtigkeit führt direkt zum eigenen Selbst. Eine Gruppe kann lernen, sich auf eine gemeinsame Schwingung einzustimmen und ein wunderbares Gefühl von Verbundenheit und Einklang zu entwickeln. Hellsichtigkeit ist ein Mittel, schöpferisch zu werden. Man visualisiert, was man im Leben gerne sein möchte, und läßt es allmählich Wirklichkeit werden.

Als ich mein Leben selbst in die Hand nahm, machte ich eine der paradoxesten Erfahrungen in meinem ganzen Entwicklungsprozeß. Ich mußte einsehen, daß nicht alles meiner Kontrolle unterstand. Es gab Kräfte in der Natur, die meinem Willen nicht gehorchten. Ich mußte achtsam sein und ihnen zuhören. Oft hoffte ich, daß mir nur noch eine weitere Lektion, Erfahrung oder Information fehlte, um endlich ans Ziel zu gelangen und vollkommen frei zu sein. Aber die Wirklichkeit sah anders aus. Der Öffnungsprozeß führte mich einfach immer weiter auf meinem Weg. Ich mußte einsehen, daß der Sinn des Lebens darin besteht, seinen Weg zu gehen und offen zu sein für alle Erfahrungen, die dabei auf einen zukommen. Dieser Prozeß hat mein Leben nicht vollkommen gemacht, aber er kann einem die Kraft und die schöpferische Intelligenz geben, die man braucht, um der Schönheit eines freien Lebens gewachsen zu sein.

Nach den Jahren des Lehrens und Lernens wurde es Zeit für mich, mein Wissen ins Alltagsleben, in ein Leben in der »normalen« Welt zu integrieren. Ich verließ Berkeley und ging in eine Gegend, wo man mit Energiearbeit und neuen Denkweisen noch nicht so vertraut war. Das war eine gute, aber auch harte Erfahrung für mich. Im örtlichen

CVJM-Heim gab ich öffentliche Kurse in Bewegung und Visualisierung und stellte fest, daß es den Leuten gefiel. Menschen, die bisher nur in der Kirche, wenn der Pfarrer davon sprach, eine Gotteserfahrung gemacht hatten, erzählten jetzt, wie sie auf ihren eigenen, inneren Gott lauschten. Durch die Arbeit mit Trance und Bewegung hatten ältere Frauen plötzlich die Möglichkeit, ihre körperlichen Schmerzen zu lindern. Ich sah, daß spirituelle Techniken auch auf Menschen übertragbar sind, die sich nicht mit der New-Age-Bewegung identifizieren. Es bedurfte nur der Bereitschaft, neugierig zu sein, zu entdecken und Spaß zu haben. Humor und Lachen herrschte in diesen Kursen, während die Teilnehmer ein tieferes Verständnis ihrer selbst entwickelten. Meine Lehrmethoden verfeinerten sich. Ich wurde fähig, in meinen persönlichen Beziehungen ein Klima der Vertrautheit zu entwickeln. Ich entdeckte, daß es echte Vertrautheit mit einem anderen Menschen erst geben kann, wenn man mit sich selbst völlig vertraut ist. Der Ort, wo ich damals wohnte, war von herrlichen Wäldern und Seen umgeben, und ich fühlte mich schon durch die vielen Aufenthalte im Freien wie neugeboren. Ich schätzte sehr die Möglichkeit, mit der Natur, den Tieren und den Bäumen Zwiesprache halten zu können, in Einklang zu sein mit meiner Umwelt. Durch reines Zuhören erfuhr ich, wie sehr ich mit der Erde verbunden war.

So viele neue Erfahrungen, und jede Erfahrung ein weiterer Schritt auf meinem Weg »nach Hause«! Mit jedem dieser Schritte in die Welt war mein Wissen gewachsen. All das geschah, als ich begann, in mich hineinzuhören und auf das zu reagieren, was ich hörte. Als ich mich geistig öffnete, konnte ich nicht länger so tun, als existierten keine anderen Realitäten. Wenn ich wirklich offen war, nahm ich andere Energien wahr, die bereit waren, mir zu helfen, wenn ich sie darum bat. Diese Erfahrung und dieses Wissen prägten mich, und sie zu vergessen und zu verleugnen hätte unweigerlich Leiden erzeugt. Ich konnte nicht so tun, als wüßte ich nichts über die Kommunikation mit dem höheren Selbst und mit den Menschen, sei es nun auf materiellem oder immateriellem Wege. Ich konnte mir auch nicht länger einreden, ich wüßte nicht, was passiert, wenn die Menschen dazu aufgefordert werden, den Weg in ihr Herz zu suchen. Oft genug hatte ich miterlebt, wie sich Menschen erst ihrem Innersten näherten und dann sich selbst näher kamen. Wieder gab es für mich eine Menge zu lernen. Ich wollte unbedingt alles, was ich erfahren hatte, in die Praxis umsetzen und fragte mich, wie sich das mit meinem Leben vereinbaren ließe.

Ich trat daher in eine Phase der Meditation ein. Ich wollte mich selbst vollständiger erkennen und sehen, wie ich mich in dieser Welt bewege. Ich bekam die Botschaft, daß meine Hellsichtigkeit die Brücke zwischen den metaphysischen und den praktischen Realitäten meines Lebens sein sollte. Es war meine Aufgabe, mit Menschen zu arbeiten, die noch keine bewußte Beziehung zu ihrem Unterbewußtsein aufgenommen hatten. Dafür brauchte ich ein noch größeres Spektrum an Techniken und Methoden. Ich mußte lernen, auf der verbalen Ebene vollständiger zu kommunizieren. So begann ich eine Ausbildung in Familientherapie und absolvierte ein Fortgeschrittenenprogramm zum Thema Gruppenprozesse und Kommunikationstechniken. Persönliche Beziehungen, unzählige Telefonate und das zähe Festhalten an meinem Wunsch, Spiritualität und Alltag zu verbinden, halfen mir, meinen Traum zu verwirklichen. Allmählich bildeten die vielen Fäden ein einheitliches Gewebe. Die Erkenntnisse aus der Familientherapie waren nur eine Wiederholung dessen, was ich schon gelernt hatte. Das Modell der Familientherapie, so wie ich es verwende, berücksichtigt in erster Linie Dinge wie familiäre Traditionen – Verhaltensmuster, die von einer Generation zur nächsten weitergegeben werden, obwohl sie schon längst nicht mehr zweckmäßig sind. Genau das hatte ich in der Trancearbeit gelernt – die eigenen Prägungen anzusehen und herauszufinden, woher sie stammen. Mit Hilfe der Familientherapie konnte ich mich aus diesen familiären Mustern lösen. Das heißt, ich war fähig, selbständig zu sein und mich als von den anderen getrenntes Individuum zu empfinden.

In Heartsong hingegen hatte ich gelernt, die Verantwortung für meine Ansichten vom Leben zu übernehmen und nur jene beizubehalten, die zu mir paßten. Das sind die zwei Seiten derselben Medaille. Jede lehrte mich, allein zu sein und mit diesem Alleinsein umgehen zu können. Ich entdeckte, daß Alleinsein in Wirklichkeit bedeutet, »All-Eins« zu sein mit mir selbst, mit Freunden und geliebten Menschen.

Das Seltsame am Alleinsein ist, daß es einer der Orte ist, wo »ich war und doch nicht war«. Das Akzeptieren meines Alleinseins führte dazu, daß sich meine Kontakte zu anderen Menschen erweiterten. Hatte ich früher nur mit Therapiegruppen gearbeitet, so sollte ich nun in einem Team von Gruppenleitern tätig werden, wo ich lernte, Kurse effizient und in echtem Teamgeist zu gestalten. In diese Arbeit kann ich mein Wissen über die Beziehungen zwischen Körper, Geist und Seele einbringen. Neue Herausforderungen warten auf mich, und der Gedanke, sie anzunehmen, hat etwas leidenschaftlich Erregendes für mich. Das Wichtigste aber ist, daß mich jede neue Etappe ein Stück weiterbringt auf meinem Weg »nach Hause«.

Kapitel 3

Erkennen Sie Ihre geistig-seelischen Fähigkeiten

Ihre essentielle Energie/Ihre spirituelle Farbe

Sensitive können alle Schwingungsarten von Energie wahrnehmen und erfahren. Alles in diesem Universum besteht aus Energie, die auf verschiedenen Frequenzen schwingt. Alle Formen des Lebens, Orte und alle materiellen Objekte sind aus winzigen Energiequanten zusammengesetzt, die sich voneinander klar durch ihr energetische Schwingung unterscheiden.

Der menschliche Körper, Autos, Häuser, Kleider, Krankheiten – all das besteht aus langsam schwingender Energie auf der physikalischen Ebene. Jede Energie, die materielle Objekte bildet, kann mit den fünf Sinnen wahrgenommen werden. Nichtmaterielle, psychische Energie schwingt sehr schnell und kann mit den psychischen Sensoren wahrgenommen werden. Alle Gedanken, Gefühle und geistigen Bilder werden von der Seele erfaßt und haben für sie denselben Realitätswert wie Autos, Geld und Häuser. Die Seele sieht diese Bilder als Teil der wirklichen Welt an. Offene Sensitive erleben und sehen ständig sowohl die materielle als auch die geistige Welt. Der Mensch besitzt potentiell die Fähigkeit, sich diese beiden Welten anzueignen.

Sensitive können die Energie, die sie umgibt, entschlüsseln, deuten und umformen. Verstandesbetonte Sensitive »wissen« diese Energie einfach. Hellsichtige können sie sehen, Hellhörige hören und Hellfühlende sie fühlen. Offene Sensitive können sich frei in allen Dimensionen der Wirklichkeit bewegen, da sie ihre eigene Energie von jeder anderen unterscheiden können. Sie wissen genau, welche Gedanken, Meinungen, Gefühle, Ideen, Urteile und Überlegungen die ihren sind und welche nicht. Dieses Erkennen der eigenen Energie garantiert die Unabhängigkeit, die Freiheit des Willens und die Sicherheit des Betreffenden im Verlauf des Öffnungsprozesses.

Die folgende Übung wird Sie mit Ihrer eigenen essentiellen Energie vertraut machen, so daß Sie sie von fremder Energie unterscheiden können. Achten Sie während der Übung darauf, wie Sie seelische Botschaften empfangen. Wissen, sehen, hören, fühlen Sie die Information? Suchen Sie nach Abschluß der Übung in der Farbkarte, die der Anleitung folgt, die entsprechenden Farben oder Eigenschaften, die Sie während der Übung wahrgenommen haben. Manche Menschen nennen ihre essentielle Energie auch ihre spirituelle Farbe.

Übung zur essentiellen Energie

1. Setzen Sie sich aufrecht auf einen Stuhl mit gerader Lehne. Schließen Sie die Augen. Die Hände und die Füße dürfen sich nicht berühren.
2. Vergessen Sie alle Erwartungen, die Sie in bezug auf diese Übung haben.
3. Achten Sie auf Ihre Atmung. Stellen Sie sich beim Einatmen vor, wie Sie die ganz persönliche, essentielle Energie Ihrer Seele durch den Mund einatmen. Beschließen Sie, mit jedem Ausatmen fremde Energie loszulassen und fortzuschicken. Atmen Sie sich selbst ein, atmen Sie alle anderen aus. Atmen Sie noch mehr sich selbst ein und alle anderen aus. Atmen Sie weiter ein und aus, füllen Sie Ihren Brustkorb und leeren Sie ihn wieder. Atmen Sie ein und aus, füllen Sie Ihren Unter-

leib, leeren Sie ihn wieder. Atmen Sie ein und aus, atmen Sie Ihre essentielle Energie in Ihre Beine und Füße, atmen Sie alle fremde Energie aus. Atmen Sie mehr von sich selbst in Ihre Arme, atmen Sie alle anderen aus Ihren Armen und Händen heraus. Atmen Sie nun Ihre essentielle Energie in den Kopf und atmen Sie jede fremde Energie heraus.

4. Haben Sie eine Farbe *gesehen* oder in Ihrem Geist *intuitiv* wahrgenommen? Wenn ja, welche? Haben Sie Worte *gehört*, die eine Farbe beschrieben? Ein bestimmtes Gefühl, einen bestimmten Bewußtseinszustand *empfunden*? Wenn ja, was haben Sie gefühlt?
5. Halten Sie Ihre essentielle Energie mit dem Atem fest und beschließen Sie, von jetzt an nur noch Ihre eigene essentielle Energie in sich aufzunehmen. So werden Sie fähig, sich selbst zu erkennen, und es wird Ihnen immer leichterfallen, Sie selbst zu sein.
6. Wenn Sie Ihre essentielle Energie erfahren, werden Sie feststellen, daß Sie nicht Ihr Körper, nicht Ihr Auto, nicht Ihr Haus, nicht Ihre Gedanken oder Gefühle sind. Sie sind auch nicht das, was andere von Ihnen denken oder sagen. Sie sind Seele, ein göttliches, unsterbliches Wesen, ein bewußtes Energiewesen in einem Meer von Energie, dessen Gesamtheit der allumfassende Geist des Universums ist. Sie sind die Gottheit in Ihrem persönlichen Universum, an einem bestimmten Punkt der Zeit, von allen anderen Energiewesen durch die Schwingungen Ihrer eigenen essentiellen Energie klar unterschieden.
7. Beenden Sie die Übung, und öffnen Sie Ihre Augen. Wenn Sie eine Farbe gesehen haben, entnehmen Sie der folgenden Tabelle die Bedeutung dieser Farbe, der Farbe Ihrer essentiellen Energie.

Farbtafel

Farbe	Farbton	Charakteristische Eigenschaften
Gold	Weißgold Gelbgold Rotgold	Höchste Energie Höchste Intelligenz Höchste Liebe
Weiß	Weiß	Reinheit
Violett	Lavendel Violett Lila Flieder	Selbstwertgefühl Begeisterungsfähigkeit Hohes Streben Spiritualität
Purpurrot	Dunkles Purpur Indigo Purpurrot Helles Purpur	Dogmatismus Religiosität Mitgefühl Mitgefühl
Blau	Dunkelblau Königsblau Himmelblau Silberblau	Fanatismus, Ernsthaftigkeit Hingabe, Würde Klarheit Gewißheit
Grün	Dunkelgrün Tannengrün Hellgrün Türkis	Gier, Eifersucht Wachstum Ruhe, Friedfertigkeit Humor, Spielfreude
Gelb	Senf Ocker Gelb Hellgelb	Feigheit, Manipulation Intellektualität, Rationalisierung Intelligenz, Auffassungsgabe Weisheit, Licht
Orange	Dunkles Orange Orange Helles Orange Pfirsich	Hysterie, Mißtrauen Kreativität Vitalität, Heilkraft Fördernde Liebe

Rot	Weinrot Rot Rosa Hellrosa	Negative Gefühle, Haß, Ärger Leidenschaft, Angeregtsein Hoffnung, Zuversicht, Heiterkeit Liebe
Braun	Dunkelbraun Braun Hellbraun Kupfer	Negativität, Boshaftigkeit Geerdetsein Erdverbundenheit Harmonie mit der Erde
Schwarz	Schwarz Dunkelgrau Grau Silber	Extreme Negativität, erstarrte Energie Depressivität, Apathie, Verlorenheit Verwirrung Kraft

Der psychische Energiekörper

Jeder Mensch besitzt neben seinem physischen auch noch einen psychischen Energiekörper. Edgar Cayce, das berühmte amerikanische Medium, sprach von diesem als dem zweiten oder dem Astralleib. In Rußland wird dieser zweite Körper auch bioplasmatischer Körper genannt. Der psychische Energiekörper besteht aus speziellen Energiemustern, deren Aufgabe darin liegt, die Erfahrungen und Wahrnehmungen eines Menschen zu steuern, zu organisieren, sie weiterzuleiten und auszudrücken. Der indischen Mystik zufolge besteht dieser Energiekörper aus den folgenden Teilen: der Aura mit ihren Begrenzungen, den Energiezentren oder Chakren und dem System der Energiekanäle oder Nadis.

Sensitive sind offen und empfänglich für das gesamte Energiespektrum des Energiekörpers. Der geistig wahrnehmende oder Wissenstyp erkennt Abläufe durch seine grundlegende, energetisch geladene

Intuition. Hellsichtige vermögen die Aura und die Chakren zu sehen. Auch symbolische Bilder bestimmter Erfahrungen, die in der Aura und den Chakren gespeichert sind, nehmen sie visuell wahr. Hellhörende hören die im Energiekörper gespeicherte Beurteilung einer Erfahrung, während Hellfühlige eine klare Empfindung von dieser Energie haben.

Versuchen Sie, sich während der Lektüre der folgenden Ausführungen über den Energiekörper vorzustellen, daß Sie tatsächlich einen zweiten Körper besitzen, der allein aus psychischer Energie besteht. Dieser Körpr enthält Farben und Symbole und bewegt sich ähnlich wie eine Amöbe. Er wird von einer Art Haut begrenzt, fast wie der physische Körper. Durch seine Gliedmaßen und durch sein Rückgrat gehen energetische Bahnen, die an das Nervensystem oder an den Blutkreislauf erinnern. Die Chakren sind mit den Rückenmarkkanälen verbunden. Sie ähneln dem Drüsensystem des menschlichen Körpers. Für das persönliche Wohlbefinden ist das reibungslose Funktionieren der einzelnen »Organe« des Energiekörpers genauso wichtig wie das reibungslose Funktionieren der Organe des physischen Körpers.

Die Aura

Die Aura ist ein magnetisches Energiefeld, das vom physischen Körper ausströmt und ihn umgibt. Sie enthält Ihre persönlichen Stimmungen, Neigungen, Probleme und Erfahrungen. Sie ist identisch mit dem Fluidum, das von Ihrer Seele ausgeht, wechselt Farbe und Gestalt entsprechend der Art und Weise, wie Sie die täglichen Erfahrungen handhaben, festhalten oder loslassen. Ihre Aura kann nur mit Ihrer eigenen Energie arbeiten. Wenn Sie fremde Energien, Meinungen oder Ansichten in die Aura aufnehmen, blockieren Sie damit die Entwicklung Ihres höchsten geistigen Potentials. Statt mit der eigenen geistigen Entwicklung befaßt sich Ihr Bewußtsein dann mit der

Entwicklung fremder Geistesinhalte – die aber liegt nicht in Ihrer Macht. Sie sollten sich nur um Ihre eigene Aura kümmern, und um Wohlergehen zu erreichen, sollte Ihre Aura einzig und allein mit Ihrer eigenen Energie aufgeladen sein.

Die Auragrenzen

Die Auragrenzen bestimmen, wo Sie aufhören und der Rest der Welt anfängt. Man kann sie erspüren, indem man sich vorstellt, die essentielle Energie sei am Rand der Aura einfach etwas dichter. Ähnlich wie ein Spinnennetz werden dann die Auragrenzen die Energien, die Sie umgeben, an Ihr Bewußtsein melden. Wenn Sie das Gefühl haben, andere Menschen rücken Ihnen zu dicht auf den Pelz, dann nehmen Sie in diesem Moment die Energie von deren Gedanken und Gefühlen direkt an den Rändern Ihrer Aura wahr. Die Beziehung des eigenen Raumes zu den Aktivitäten anderer Menschen kann unterschiedlich aussehen: Vielleicht haben Sie manchmal das Gefühl einer heimlichen Invasion oder glauben, plötzlich überfallen zu werden. Vielleicht empfinden Sie aber auch eine ehrliche, wohlmeinende Anerkennung für den anderen. Die Empfindungen wechseln mit den persönlichen Erfahrungen im Leben. Die Auragrenzen sind halbdurchlässig wie die Zellwände im menschlichen Körper, so daß Austausch und Nähe möglich sind. Die Auragrenzen sind beweglich; je nach Ihren Gedanken, Gefühlen und Haltungen weiten oder verengen sie sich. Fühlt man sich bedroht, so rücken sie ganz nah an den Körper heran. Fühlt man sich sicher, dehnt sich die Aura aus. Ohne Auragrenzen könnte man nie ein korrektes Bild seiner selbst gewinnen, die eigene Aura wäre hoffnungslos vermischt mit der anderer Menschen. Fremde Gedanken, Bilder und Gefühle würden zu Bestandteilen des eigenen geistigen Raumes, man würde zum Träger fremder Stimmungen, zum Subjekt fremder Erfahrungen, zum ausführenden Organ fremder Überzeugungen.

Übung zur Aura und ihren Grenzen

1. Setzen Sie sich auf einen Stuhl mit gerader Lehne. Schließen Sie die Augen. Die Hände und die Füße dürfen sich nicht berühren.
2. Richten Sie die Aufmerksamkeit auf den Atem. Stellen Sie sich vor, wie Sie beim Einatmen Ihre essentielle Energie durch den Mund aufnehmen und beim Ausatmen alle fremden Energien loslassen. Fühlen Sie, wie Sie Ihre ureigenste Energie in sich aufnehmen, wie diese die Beine, die Arme, den Kopf, den ganzen Körper ausfüllt. Sie sind erfüllt von Ihrer eigenen Energie. Atmen Sie alle fremden Energien aus. Füllen Sie Ihren gesamten Körper nur mit sich selbst.
3. Atmen Sie weiter Ihre essentielle Energie ein. Erlauben Sie ihr, sich um Ihren ganzen physischen Körper herum auszubreiten und sich bei jedem Atemzug einen Zentimeter weiter auszudehnen. Atmen Sie weiterhin jede Art von fremder Energie aus. Atmen Sie sich Zentimeter um Zentimeter in Ihre Aura hinaus, bis sie sich einen guten halben Meter über Ihren physischen Körper hinaus ausgedehnt hat. Atmen Sie ständig essentielle Energie ein und fremde Energie aus.
4. Atmen Sie am Rand der Aura mindestens zehnmal in diese Stelle hinein, bis Sie eine dichte Begrenzung geschaffen haben. Wie sieht diese Begrenzung aus? Welche Bilder ruft sie hervor? Hören Sie Töne oder Worte in Ihrem Kopf? Wie fühlt sich diese Begrenzung an? Glauben Sie fest daran, daß diese Grenzen auch nach Abschluß der Übung noch vorhanden sind!
5. Beenden Sie die Übung.

Kennen Sie Ihren sensitiven Typ?

Man unterscheidet vier Haupttypen von Sensitiven: den geistig Wahrnehmenden oder Wissenstyp, den Hellsichtigen, den Hellhörenden und den Hellfühligen. Der Wissenstyp weiß einfach, ohne daß er eine Begründung oder Erklärung liefern könnte, wie er zu seinem Wissen gekommen ist. Manchmal wird der Wissenstyp auch als »Intuitiver« bezeichnet. Hellsichtige sehen geistige Bilder in ihrem Inneren. Diese Bilder sind manchmal so klar und deutlich wie eine Fotografie, dann wieder so unbestimmt wie eine flüchtige Skizze. Hellhörende empfangen Informationen in Form von Wörtern, oft sogar in ganzen Sätzen. Hellfühlige können Emotionen spüren, sie empfangen Informationen als deutliche körperliche Empfindungen.

Für die nächste Übung braucht man einen Partner. Für die erste Durchführung dieser Übung sollten Sie einen ruhigen, nur mit Kerzen erhellten Raum wählen. (Wenn Sie einmal weiter fortgeschritten sind, können Sie solche Aurareadings vermutlich auch unter sehr viel ungünstigeren Umständen durchführen.) Machen Sie die Übung zu einer Tageszeit, zu der Sie und Ihr Partner vor Störungen sicher sein können. Sie werden körperliche von psychischen Gefühlen und Empfindungen trennen und unterscheiden können. Versuchen Sie nicht, Ihre Erfahrungen irgendwie zu interpretieren. Seien Sie einfach offen und empfänglich für alle Eindrücke, die Sie erhalten. Beobachten Sie nur Ihre psychische Sensitivität.

Übung zum Erforschen der sensitiven Veranlagung

1. Sie sitzen einander auf Stühlen gegenüber. Jeder atmet seine essentielle Energie ein. Wechseln Sie einander bei der Ausführung der folgenden Anweisungen ab.
2. **Intuition:** Stellen Sie sich vor, Sie seien ein Kristallradio, das

Informationen über die Aura Ihres Partners empfängt. Erzählen Sie Ihrem Partner alles, was in Ihrem Geist auftaucht. Jede Farbe, jede Information, die Sie empfangen, betrifft Ihren Partner. Während dieser Übung wollen Sie einfach nur wissen. Tauchen irgendwelche anderen Informationen, Bilder, Worte oder Empfindungen auf, so ignorieren Sie diese. Entdecken Sie Ihr tatsächliches Wissen über die Aura Ihres Partners. Wie groß ist sie? Wo hört sie auf? Um Vertrauen in diesen Vorgang zu bekommen, muß man ihn nur akzeptieren. Wenn sich Zweifel erheben, atmen Sie Ihre essentielle Energie vermehrt in den Kopf und atmen dann die Zweifel aus.

3. **Hellsichtigkeit:** Schließen Sie Ihre Augen und stellen Sie sich vor, daß sich Ihr Partner mitten in Ihrem Kopf befindet und zwar dergestalt, wie er Ihnen gegenübersitzt. Stellen Sie sich weiter vor, daß Ihr Partner von einer Aura umgeben wird. Sagen Sie ihm, was Sie sehen. Welche Farben und Formen? Wo endet die Aura? Hat die Aura Grenzen? Nicht jeder ist hellsichtig, obwohl diese Fähigkeit entwickelt werden kann. Wenn Sie nichts sehen, dann sind Sie blockiert. Sie können diesen Block mit Ihrem Atem und Ihrer essentiellen Energie auflösen. Auch bei diesem Prozeß entsteht Vertrauen durch Akzeptieren. Lassen Sie es einfach geschehen. Atmen Sie Ihre essentielle Energie so lange in den Kopf, bis Sie etwas sehen können. Vielleicht ist es nur eine Farbe oder ein symbolisches Bild – zum Beispiel ein See und sein Ufer oder eine Wolke mit unscharfen Rändern. Diese Bilder symbolisieren dann die Aura Ihres Partners. Ihre hellsichtige Veranlagung wird sich Schritt für Schritt entwickeln, wenn Sie die Übungen in diesem Buch der Reihe nach durchführen. Jedes Bild, das Sie sehen, hat eine Bedeutung. Nach Abschluß dieser Übung können Sie mit Ihrem Partner dieser Bedeutung nachgehen, indem Sie sich gegenseitig Ihre Bilder beschrei-

ben und darüber sprechen. Einmal sah ich bei einem solchen Aurareading das Bild eines Baumes und erwähnte dies meiner Klientin gegenüber. Da ich keine Deutung für das Bild hatte, versuchte ich auch nicht, es zu erklären. Als ich dann den Baum beschrieb, begann meine Klientin zu weinen. Vor dem Hause ihrer Großmutter stand ein großer Baum, auf den sie als Kind immer hinaufgeklettert war, um von dort oben die Gegend zu beobachten. Ihre Großmutter war gerade gestorben, und sie mußte oft an sie denken. Wenn Sie die Bedeutung eines Bildes nicht kennen, so beschreiben Sie es nur so exakt wie möglich.

4. **Hellhörigkeit:** Schließen Sie Ihre Augen und hören Sie auf die Worte und Gedanken in Ihrem Kopf. Was sagen sie über Ihren Partner? Sprechen Sie alles aus, was in Ihrem Geist auftaucht. Stimmen zu hören heißt nicht, verrückt zu sein! Viele von uns bekommen ihre Informationen durch Worte und Aussagen, die sie in ihrem Kopf vernehmen. In diesem Buch wird von Ihnen lediglich verlangt, bewußt auf diese Worte zu hören. Teils sind diese Worte Ihre eigenen Gedanken und bestehen aus Ihrer essentiellen Energie, teils handelt es sich um die Gedanken Ihres Partners, dann sind sie Ausdruck seiner essentiellen Energie. Andere wiederum sind Stimmen aus Ihrer Kindheit und stellen die Energien Ihres Vaters, Ihrer Mutter oder eines Lehrers dar. Die Stimmen klingen wie die Stimmen der Menschen, deren Energie Sie hören. Stimmen zu verstehen ist der Anfang. Sie stehen in einem Prozeß der Öffnung und des Wachstums. Haben Sie Vertrauen zu sich selbst!
5. **Psychometrisches Hellfühlen:** Lenken Sie Ihre Aufmerksamkeit in die Innenseite Ihrer Hände. Reiben Sie sie aneinander, um sich ihrer bewußt zu werden. Stehen Sie nun auf und fühlen Sie mit einer Hand die Aura Ihres Partners. Beginnen Sie in etwa einem halben Meter Entfernung von

Ihrem Partner und führen Sie die Hand dann immer näher an ihn heran. Spüren Sie etwas? Was fühlen Sie, wenn Sie die Hand in etwa fünf Zentimeter Entfernung am Rückgrat Ihres Partners entlangführen? Fühlen Sie einige Punkte deutlicher als andere? Empfinden Sie bestimmte Emotionen wie Angst, Aufregung, Freude? Wenn Sie hellfühlig veranlagt sind, dann sind alle Empfindungen, die Sie in diesem Moment haben, die der anderen Person. Sprechen Sie mit Ihrem Partner offen über das, was Sie empfunden haben.

6. Tauschen Sie nun die Rollen und wiederholen Sie die Schritte von 1 bis 5. Sie werden sehr schnell herausfinden, wie Sie Informationen empfangen und welche Art psychischer Wahrnehmung in Ihnen am stärksten ausgeprägt ist. Die Unmittelbarkeit der Wahrnehmung dient dabei als Indikator. Je schneller Sie eine Information empfangen, um so ausgeprägter ist Ihre Sensitivität auf diesem Gebiet. Machen Sie sich keine Sorgen, wenn Sie zwar hören, aber nicht sehen, fühlen oder intuitiv wahrnehmen können. Mit der Zeit werden Sie alle diese Fähigkeiten entwickeln. Zunächst geht es darum, herauszufinden, welche Art der Energiewahrnehmung bei Ihnen bereits ausgeprägt ist. Mit der Zeit werden sich auch auf den anderen Gebieten Fortschritte einstellen.
7. Beenden Sie die Übung.

Der Energiekreislauf

In unserem Energiekörper zirkuliert die Energie in einer Art Kreislaufsystem, das vielfältige Aufgaben erfüllt. Es dient der persönlichen Sicherheit, hilft uns bei der Orientierung in der Welt und reinigt unsere Aura, indem es Energieüberschüsse und Fremdenergie abführt. Diese Reinigung geschieht über das Erdungsband. Dieses Erdungsband ist einfach ein Energiestrahl oder eine Energiebahn, die vom unteren Ende der Wirbelsäule bis zum Mittelpunkt der Erde reicht und uns mit dem Planeten Erde verbindet. Es ist die bewußte Bindung der Psyche an ihre eigene Wirklichkeit.

Der Energiefluß

Das gesamte Universum – die materielle wie die geistige Welt – besteht aus Energie. Diese beiden Welten sind miteinander verbunden und bilden einen riesigen Körper, einen riesigen Ozean aus Energie, und jeder einzelne ist darin wie eine Zelle, wie ein Fisch. Während unser Fuß die Erde berührt, durchmessen wir zugleich die Dimensionen von Seele und Geist. Unser physischer Körper lebt von der Nahrung, die wir in der materiellen Welt zu uns nehmen, und unser Energiekörper lebt von der Energie, die innerhalb der geistigen Welt fließt.

Das Energiekreislaufsystem besteht aus Energiekanälen. Die Hauptbahnen folgen – räumlich gesehen – den größeren Knochen des Körpers. Energiekanäle befinden sich außerdem in Armen und Beinen, entlang der Wirbelsäule und schließlich im Kopf. Der Mensch kann seine Energie bewußt zirkulieren lassen, ihre Farbe und somit seine geistige Verfassung bestimmen, oder – anders ausgedrückt – seine Stimmungen und Handlungen selbst beeinflussen. Es zirkuliert ständig Energie in Ihrem Körper. Warum sie nicht bewußt kontrollieren? Welche Farbe auch immer Sie der Energie geben, die Sie in Ihrem Körper fließen lassen, seien Sie sich der unerschöpflichen Ursprünge Ihrer Lebensenergie bewußt – der Erde und des Himmels. Das bewußte Fließenlassen der Energie wird von ganz klaren Empfindungen begleitet. Zirkuliert sie langsam, werden Sie ein Kribbeln spüren, so als sei Ihr Fuß eingeschlafen. Ein Gefühl von großer Hitze rührt von einem plötzlichen Energiestoß – dem sogenannten Kundalini-Erlebnis – her. Ebensogut können aber Empfindungen von Kühle und Entspanntheit, z. B. in den Beinen oder entlang der Wirbelsäule, auftauchen. Die folgende Übung hilft Ihnen, sich zu erden und die Energie fließen zu lassen.

Energieflußübung I

1. Setzen Sie sich aufrecht auf einen Stuhl, die Hände und die Füße berühren sich nicht.
2. Atmen Sie einige Minuten lang tief ein und aus, und füllen Sie Ihre Aura mit Ihrer essentiellen Energie. Lenken Sie dabei Ihre Aufmerksamkeit auf das untere Ende der Wirbelsäule. Stellen Sie sich vor, wie Ihre essentielle Energie eine goldene Kugel mit einem Band daran bildet. Schicken Sie sie wie einen Energiestrahl von der Wirbelsäule durch die vielen Schichten von Erde, Gestein, Wasser, Kristall und Lava zum Erdkern hinab. Spüren Sie, wie die magnetische Kraft der Erde Kugel und Band anzieht. Wenn die goldene Kugel die Erdmitte erreicht, verschmilzt sie mit dem Kern. Nehmen Sie Veränderungen in Ihrem Körper wahr? Fühlen Sie sich schwerer oder fester? Verspüren Sie am Ende Ihrer Wirbelsäule die Verbindung zur Erdmitte?
3. Betrachten Sie Ihr Erdungsband! Wie sieht es aus? Nehmen Sie störende Gedanken oder Gefühle wahr? Haben Sie Angst? Sie sollten sich auf jeden Fall erden, auch wenn Ihnen das Ganze seltsam vorkommt.
4. Lassen Sie das Erdungsband so, wie es ist. Richten Sie Ihre Aufmerksamkeit jetzt auf die Fußsohlen. Nehmen Sie durch Ihre Füße rosafarbene Energie aus der Erde auf. Lassen Sie diese Energie durch die Beine ins Becken aufsteigen, und halten Sie sie dort für einen Augenblick.

5. Richten Sie nun Ihre Aufmerksamkeit auf den Scheitelpunkt des Kopfes. Nehmen Sie durch diesen Punkt die blaue Energie des Kosmos auf, und lassen Sie sie an der Außenseite der Wirbelsäule ins Becken hinabsinken.
6. Verschmelzen Sie irdische und kosmische Energie im Becken miteinander. Lassen Sie sie dann an der Innenseite der Wirbelsäule aufsteigen und durch den Scheitelpunkt austreten. Fühlen Sie das Strömen der Energie: die Erdenergie durch die Füße hinauf, die kosmische Energie vom Scheitelpunkt hinunter ins Becken, wo sie miteinander verschmelzen. Wiederholen Sie diesen Vorgang mehrmals und geben Sie sich der Strömung des Universums hin. Wie teilt sich Ihnen die Energie mit? Nehmen Sie sie intuitiv wissend, sehend, hörend oder fühlend wahr? Welche Eindrücke und Wahrnehmungen fallen Ihnen auf? Halten Sie diesen Energiefluß zehn Minuten lang aufrecht.
7. Öffnen Sie die Augen, wenn Sie die Übung beenden wollen. Sie sind jetzt mit der Quelle Ihrer essentiellen Energie verbunden und im Planeten Erde verankert. Sie können nun jederzeit und überall neue Kräfte schöpfen, indem Sie sich erden und Energie zirkulieren lassen. Aber das ist noch nicht alles. Sie haben soeben den ersten Schritt getan, Ihr höheres Selbst bewußt zu kontrollieren. Die Kontrolle über die innere, psychische Welt – das bewußte Lenken der essentiellen Energie – ist nicht leicht zu erlangen, aber der Anfang ist gemacht.
8. Beenden Sie die Übung.

Führen Sie diese Erdungsübung täglich durch. Ich selbst mache sie jeden Tag dreimal, und zwar jeweils zehn bis zwanzig Minuten lang: morgens nach dem Aufstehen, nachmittags und abends vor dem

Schlafengehen. Sorgen Sie für Ihren Geist ebenso gut wie für Ihren Körper.

Durch das Dunkel zum Licht *(von Vesela Shivick)*

Es war an einem Samstag, kurz nach meinem neunundzwanzigsten Geburtstag. Ich hörte Radio und studierte so nebenbei die Stellenanzeigen. Damals war ich nämlich gerade auf Jobsuche. Ich achtete kaum auf das Programm, zu sehr war ich damit beschäftigt, die Zeitung durchzublättern. Doch plötzlich erregte die Stimme einer Frau meine Aufmerksamkeit. Sie sprach über ihre schwierige Jugend. Ich stellte das Radio etwas lauter und hörte gebannt zu, denn die Erfahrungen dieser Frau ähnelten meinen eigenen.

Aus meiner heutigen Sicht weiß ich, daß es eine höhere Macht war, die mich so mit meiner spirituellen Lehrerin bekannt machte. Die Frau im Radio war Petey Stevens. Sie erzählte von ihrem inneren Öffnungsprozeß und interpretierte die Träume und Erfahrungen von ratsuchenden Hörern. Nachdrücklich forderte sie alle ihre Zuhörer auf, nach Heartsong zu kommen, in die Schule, die sie gegründet hatte.

Zu dem Zeitpunkt, als ich Petey über ihren eigenen Weg sprechen hörte, hatte ich mich schon damit abgefunden, daß ich mit meiner Sensitivität anscheinend ziemlich allein dastand. Außer meiner Mutter kannte ich niemanden, der sich auf die tägliche Herausforderung durch seine Intuition eingelassen hätte. Wir waren es schon gewöhnt, daß man uns »zu empfindlich, zu emotional, zu reizbar« nannte. Eine im übrigen für uns recht wertlose Äußerung, da sie nichts an unserer natürlichen Reaktion auf die Welt änderte. Gleich nach der Radiosendung mit Petey fuhren David, mein Mann, und ich nach Albany, um Heartsong zu besichtigen. Zu diesem Zeitpunkt wollte ich noch keinen Kurs machen, sondern mich erst einmal in die Materie einlesen. Aus dem riesigen Bücherangebot im Heartsong-Buchladen wählte ich Peteys *Opening up to your psychic self*. Auf der Rückfahrt las ich

David laut aus dem Buch vor. Noch am selben Abend probierte ich einige der vorgeschlagenen Meditationsübungen aus. Ich hielt mich genau an Peteys Anweisungen, schrieb meine Eindrücke in mein Tagebuch und ging dann ins Bett. David blieb noch auf, um zu arbeiten. Ich hatte schon eine gute Stunde geschlafen, als ich plötzlich wieder erwachte. Ich lag auf einem Futon am Boden. Mir gegenüber sah ich eine durchsichtige, grüne Schlange, die langsam auf mein Bett zukroch! Ich hatte panische Angst und öffnete den Mund, um zu schreien. Mit einem Schlag befand ich mich wieder in meinem Schlafzimmer. Mir war, als sei ich eben aus einem Traum erwacht. Ich rannte ins Wohnzimmer zu David. Er sollte mich beschützen, mich beruhigen. In seinen Armen fühlte ich mich bald wieder sicher. Nie, nie wieder würde ich mich mit solchen Dingen beschäftigen!

Ich war christlich erzogen worden und dachte deshalb in den traditionellen Schemata: Schlange gleich Versuchung, Abgesandter des Teufels, Gefahr, das Böse. Ich fürchtete, durch mein Interesse an spirituellen Phänomenen von der verbotenen Frucht gegessen zu haben, und verlor die Lust, mich weiter mit dieser beängstigenden Welt zu befassen. Wenn ich auch Peteys Buch daraufhin nicht mehr anrührte, meine Reise nach innen hatte unwiderruflich begonnen. Von einer unsichtbaren Macht wurde ich tiefer in mich hineingeführt, damit ich die wahre Bedeutung der Schlange verstehen lernte.

Jetzt, wo ich diese Zeilen schreibe, bin ich noch immer überwältigt von den vielen verschiedenen Erfahrungen, die mein neunundzwanzigstes Lebensjahr prägten, das Jahr meiner Saturnwiederkehr, wie diese Periode der Transformation in der Astrologie bezeichnet wird. Ich war eine »erwachende Sensitive«, und Belehrungen wurden mir in den mannigfaltigsten Formen zuteil – durch Bücher, Freunde, Visionen und vor allem durch Petey und Heartsong. Ich habe mich entschlossen, hier über meine Schlangenerfahrungen zu berichten, um Ihnen zu zeigen, daß auch Sie Ihrem geistigen Entwicklungsprozeß vertrauen können, auch wenn der Weg zunächst verwirrend und beängstigend erscheint.

Mein höheres Selbst hatte mich damals nicht nur mit Petey zusammengeführt, es hatte auch meine äußere Welt zerstört. Ich war Englischlehrerin an einer Oberschule und stand plötzlich verständnislos vor den Trümmern meiner kurzen Karriere. War ich früher fähig gewesen, in der Klasse ein Klima von Freude, Harmonie und Lerneifer zu schaffen, war mir das jetzt unmöglich. Irgend etwas stimmte nicht. Mit einem Mal war ich nicht mehr die passionierte Lehrerin von früher, die ihren Schülern etwas vermitteln konnte. Es kam, wie es kommen mußte: Ich verlor meine Stellung. David und ich führten eine gute, eine liebevolle Ehe, aber das genügte mir nicht. Ich wußte nicht, wie ich meine innere Leere ausfüllen sollte, und fühlte mich nutzlos und überflüssig.

Durch eine Reihe von scheinbar zufälligen Ereignissen stieß ich schließlich auf die Bücher von Shirley MacLaine und Shakti Gawains *Leben im Licht*. Es erwachte auch mein Interesse am Tarot. Mir wurde klar, daß ich meinen Beruf aufgeben mußte, obwohl ich noch nicht so recht wußte, wie es dann weitergehen sollte. Sicher war nur, daß ich David liebte und daß ich meinen Weg in mir selbst suchen mußte. Ich las alle esoterischen Bücher, die mir in die Hände fielen, und machte einige Kurse in Heartsong. Satan hin oder her – die grüne Schlange konnte auch ein Symbol für all das Negative sein, das ich in meiner aus den Fugen geratenen Welt erfuhr.

Ich bat um Rat und Hilfe, und mein Inneres antwortete. In den Meditationskursen lernten wir, Energien in verschiedenen Farben durch unseren Energiekörper zirkulieren zu lassen. Als ich eines Abends zu Hause wieder mit den verschiedenen Farben experimentierte – eine Hausaufgabe unserer Gruppenleiterin –, sah ich in Trance eine blaue Wolke, die sich in eine Schlange verwandelte. Ich bekam Angst und wollte schon wieder aus der Trance herausgehen, aber dann erinnerte ich mich an das, was ich über archetypische Bilder und innere Visionen gelesen hatte. Und all das sagte mir, wie wichtig es sei, meiner Angst ins Gesicht zu sehen. Ich blickte unentwegt auf die Schlange. Langsam veränderte sich ihre Gestalt, und sie wurde zu einem Strauß blauer Blumen. »Na also!« sagte ich mir. »Schau deiner Angst ins Gesicht, und sie wird zu einem Geschenk.« Ich glaubte, daß der Blumenstrauß für mein inneres Wachstum stand und mir das baldige Aufblühen meiner geistigen Kräfte ankündigte.

Einige Wochen später sah ich im Traum wieder eine Schlange. Die Szene spielte sich in meinem früheren Mädchenzimmer ab. Meine große Schwester war bei mir, und wir unterhielten uns wie immer. Sie ging ins Bad, um sich die Zähne zu putzen, während ich auf meinem Bett liegenblieb. Plötzlich fühlte ich, daß mir Gefahr drohte, und mein Herz begann heftig zu klopfen. Da sah ich auch schon, wie eine silberne Schlange am Bettpfosten heraufkroch. Voller Angst wollte ich weglaufen, war aber unfähig, auch nur einen Finger zu rühren. Ich schloß die Augen und machte mich auf einen schmerzhaften Biß gefaßt. Die Schlange aber berührte nur meine Stirn mit ihrer Zunge. Zu meiner Überraschung empfand ich keinen Schmerz. Im Gegenteil, die Berührung mit dem Tier fühlte sich kühl, weich und erstaunlich beruhigend an. Dann erwachte ich.

Petey gratulierte mir herzlich zu meinem Traum. Sie sagte, ich hätte eine initiatorische Erfahrung gemacht und mein drittes Auge beginne sich zu öffnen.

Kurz darauf sah ich noch einmal eine Schlange, diesmal während der Meditation. Ich saß auf dem Sofa und las die *Gespräche mit Seth* von Jane Roberts. Ich war gerade bei einer Stelle, wo Seth eine Meditation vorschlägt. Man solle sich vorstellen, auf einer Bühne zu stehen – die Lichter gehen aus, und man bleibt im Dunkeln stehen. Sinn dieser Übung ist es, sich auf das innere Leben zu konzentrieren, das man in dieser Dunkelheit erfährt. Ich führte die Übung wie beschrieben durch und verharrte dann in ruhiger, empfangsbereiter Stimmung. Und das Drama begann. Eine schwarze Schlange glitt von hinten um das Sofa herum. Als sie sich unmittelbar vor mir befand, richtete sie sich auf. Ihr Kopf befand sich auf gleicher Höhe mit meinem. Sie war einfach riesig – eine schwarze Kobra, die eine Zeichnung auf der Kehle hatte, einen roten Punkt in einem weißen

Dreieck. Sie sah düster und bedrohlich aus. Diesmal fürchtete ich mich zu sehr und konnte der Konfrontation nicht standhalten. Wie unter einem Zwang öffnete ich die Augen und ging aus der Trance heraus.

Ich war vor Entsetzen wie gelähmt und fragte mich verwirrt, weshalb ich immer wieder Visionen von Schlangen hatte. Ich hatte geglaubt, daß meine letzte Schlangenvision mir endgültig die Angst vor diesem Archetypus genommen hatte. Daher bat ich Freunde und Lehrer in Heartsong um Rat. Sie sagten mir, daß die Schlange mein Verbündeter sei, mein Krafttier. Sie würde immer wieder kommen, so lange bis ich all ihre Lehren in mich aufgenommen hätte. Nur Vertrauen in meinen eigenen Weg könne mir dabei helfen.

In der nächsten Meditationssitzung sah ich die schwarze Kobra wieder. Sie kroch von hinten an mir hinauf, schlüpfte in mich hinein und stieg dann entlang meiner Wirbelsäule in meinen Kopf.

Kurze Zeit nach diesem Erlebnis besuchte ich einen Kongreß für ganzheitliches Dasein in San Francisco. Im Rahmen einer Vorlesung über die praktische Bedeutung schamanistischer Techniken in der heutigen Zeit nahm ich an einer Meditation teil, die zwei der Vortragenden leiteten. Ihre Namen waren James Swan und Lewis Mehl. Meine damaligen Erfahrungen möchte ich hier anhand eines Tagebuchauszuges wiedergeben.

> Mein Blick geht hinaus über den See, zu den Bergen und zum Himmel. Jetzt erscheinst du hinter meinem Rücken.
>
> Hinauf... durch das Steißbein, durch die Wirbelkanäle, dein Kopf verbindet sich mit meinem Kopf.
>
> Wir sind eins, du und ich.
>
> Wir gleiten in den See... Kühle... Frische.

Ich freue mich an der Kraft meiner Arme... meiner Beine.

Mit dir geht es so leicht... Schwimmen... leicht und anmutig.

Schlängeln... Vibrieren... Treiben.

In dieser Nacht hörte ich mir während der Meditation ein Tonband mit Trommelmusik an. Dabei sah ich mich selbst, wie ich im Wüstensand lag. Eine riesige Klapperschlange kroch auf mich zu und verschluckte zuerst meinen Kopf, dann den ganzen Körper, bis ich schließlich an ihrem Schwanzende stückweise wieder auftauchte.

Mit jeder dieser Erfahrungen begriff ich die Lehren der Schlange besser. Während der verschiedenen Etappen meines geistigen Weges besuchte mich die Schlange immer wieder und lehrte mich, was ich über mich selbst wissen mußte. Die Schlange half mir zu sehen, daß ich eine tief verwurzelte Angst vor dem Leben hatte, weil ich mein eigenes inneres Selbst nicht respektierte. Auf die Herausforderungen und die Angebote des Lebens reagierte ich nicht aus meiner Mitte heraus, sondern nur mit Hilfe von Ideologien und angelernten Verhaltensmustern, die ich blind übernommen hatte: Hoffnungen und Ängste meiner Familie, Erwartungen der Lehrer, Ansprüche der Angehörigen. Nun war es an der Zeit, mein innerstes Selbst, meine Integrität, meine Seele zu respektieren, ohne meine Gefühle für andere dabei zu vergewaltigen. Heute akzeptiere ich mich selbst, führe ein authentisches Leben und bin nicht mehr von der Meinung meiner Außenwelt abhängig.

Als damals die Schlange meine Stirn, mein drittes Auge küßte, war das die Antwort auf meine Wünsche, auf meine Sehnsucht nach einer klaren, inneren Vision. Immer wieder zeigte mir die Schlange, daß meine Ängste nichts weiter waren als Möglichkeiten zu innerem Wachstum. Ich mußte ihnen nur offen ins Gesicht sehen, von der Mitte meines Herzens aus. Wie oft hatte ich mich vor anderen Menschen gefürchtet, weil mein Ego mir angst machte. Weil ich an anderen Menschen gesehen hatte, daß man seine Kraft mißbrauchen kann, hatte ich Angst, meine Kraft einzusetzen. Wenn ich in meinem Körper, in meiner Wirbelsäule Schutz suchte, wies mich die Schlange an, meine Kraft zu gebrauchen, mir selbst zu vertrauen und mich zu lieben. Sie zeigte mir, wie ich ein Leben voller Freiheit, Schönheit und Kreativität führen konnte, wie ich sicher und ohne Furcht die Meere der inneren und äußeren Welt durchfahren konnte. Dann verschluckte mich die Schlange und würgte mich wieder heraus, um mir zu zeigen, daß das Leben ein beständiger Kreislauf der Erneuerung ist – Geburt, Tod, Wiedergeburt. Sobald ich nicht mehr an meinen überlebten Erwartungen hing, würde ich mich wieder neu dem Leben hingeben können. Die Schlange ist, wie Joseph Campbell sagt, die »furchterregende Erscheinungsform nicht beherrschter psychischer Energien«.

Meine Verbündete, die Schlange, half mir, meine wirklichen inneren Bedürfnisse zu erkennen und zu befriedigen. Mit jeder Lektion, die ich von der Schlange lernte, wurde meine Welt erfüllter und erregender. David und ich haben durch diese gemeinsame Reise nach innen unser Leben verändert. Wir arbeiten nicht mehr wie die Verrückten, um einen gewissen finanziellen Standard aufrechtzuerhalten, der bestenfalls dazu geeignet war, die anderen von unserem Wert zu überzeugen, unseren Bedürfnissen aber keinesfalls entsprach. Wir leben jetzt in der Natur, so wie wir es uns immer gewünscht haben, und nehmen uns Zeit für uns und unsere persönlichen Neigungen. Ich verdiene meinen Lebensunterhalt durch das Unterrichten aufgeweckter Vorschüler. Ansonsten widme ich mich meinen Interessen: Schreiben und Lesen. Wir beide arbeiten weiter an unserer geistigen Entwicklung und versuchen täglich von neuem, auf diesem wunderbaren Planeten Weisheit und Liebe Wirklichkeit werden zu lassen.

Unlängst fanden wir bei einem Spaziergang eine junge Klapperschlange tot auf der Straße. David begrub sie voller Ehrfurcht zwischen den Bäumen. Und auf einmal verstand ich, daß der Kreis sich geschlossen hatte. Wir haben alle unsere alten Hüllen abgeworfen, um uns der Sonne mit unserer neuen Haut zu zeigen – voller Vertrauen in das Werden und Vergehen der Natur.

Chakren

Die Chakren sind Energiezentren und die eigentlichen Wurzeln der menschlichen Persönlichkeit und Ausdruckskraft, die Zentren der individuellen Erfahrungswelt. Im Energiekörper des Menschen gibt es sieben Hauptchakren und vier Nebenchakren. Mit ihrer Hilfe kann der Mensch seine Eindrücke ordnen, seine psychischen Fähigkeiten organisieren und seine geistige Natur besser verstehen. Die Chakren ergänzen sich in ihrer Wirkungsweise, so daß Sie als psychisches Wesen nicht nur überleben, sondern auch fühlen, kommunizieren, sehen, wissen können. So haben Sie all Ihre psychischen Ausdrucksmöglichkeiten stets zur Verfügung. Sein Chakrasystem zu erforschen ist dasselbe, wie eine Wissenschaft oder eine Sportart gründlich zu erlernen. Die Chakren arbeiten intrapersonal auf individueller Ebene, interpersonal auf zwischenmenschlicher Ebene (Beziehungen zu den Chakren anderer Menschen) und transpersonal von Seele zu Seele. Jedes Chakra gleicht einem Energiekegel, der an einer bestimmten Stelle des Körpers plaziert ist. Das spitze Ende wurzelt in der Wirbelsäule, wo alle Nervenenden zusammenlaufen. Die Chakren funktionieren ähnlich wie ein Computerprogramm. Sie senden, empfangen und ordnen energetische Informationen. Jedes Chakra hat physiologische Entsprechungen, das heißt typische körperliche und psychische Störungen ebenso wie psychische Fähigkeiten. Die sieben Hauptchakren sorgen dafür, daß der Körper funktioniert. Ihre Aufgaben sind die Erhaltung des Lebens, das ganze Feld der Gefühle, Kraft, Neigungen, Kommunikation, Phantasie und des Wissens. Die Nebenchakren in Ihren Händen haben Sie während der Auraübung bereits eingesetzt. Lesen Sie die Beschreibung der Chakren und ihrer

Funktionen gut durch. Nehmen Sie sich für jedes Chakra einen Augenblick Zeit, und achten Sie dabei auf Ihre Gedanken und Empfindungen. Welche der Informationen ist besonders wichtig für Sie? Oder verwirrend? Lesen Sie die folgende Übersichtstafel und schließen Sie erste Bekanntschaft mit Ihren Chakren.

Übersichtstafel zu den Chakren

Erstes Chakra (Zentrum der Lebenserhaltung)
Lage: Unteres Ende der Wirbelsäule
Aufgabe: Aussenden, Empfangen und Verarbeiten von Informationen, die zum Erhalt des Lebens wichtig sind, Erden
Physiologische Entsprechungen: Eierstöcke, Hoden, Plazenta, Blase, Anus, Dickdarm
Körperliche Störungen: Blasenprobleme, Dickdarmprobleme, Störungen in den Fortpflanzungsorganen bei Mann und Frau, Störungen der Harnwege, Harnverhaltung, Hefepilzinfektionen, Hüftprobleme
Psychische Störungen: Unbewußte Unfallneigung, abhängiger Charakter, Identitätskrisen, Nervosität, schwache Persönlichkeit
Psychische Fähigkeiten: Erden

Zweites Chakra (Gefühlszentrum)
Lage: Mitte des Unterleibes
Aufgabe: Aussenden, Empfangen und Verarbeiten von Emotionen, Empfinden von Gefühlen
Physiologische Entsprechungen: Darm, Blinddarm, Nieren, Milz, Bauchspeicheldrüse, Langerhans-Inseln
Körperliche Störungen: Anämie, Allergien, Diabetes, Durchfall, Zwölffingerdarmgeschwüre, Hypoglykämie, Nierenprobleme, Leukämie, Probleme mit Bauchspeicheldrüse, Milz und Lendenwirbelsäule, prämenstruelles Syndrom

Psychische Störungen: Autismus, Überanpassung, Depression, Unterdrückung von Gefühlen, Hysterie, Impotenz, Frigidität
Psychische Fähigkeiten: Hellfühligkeit

Drittes Chakra (Kraftzentrum)
Lage: oberhalb des Nabels
Aufgabe: Erzeugung und Verteilung der persönlichen Energie; Kraftübertragung
Physiologische Entsprechungen: Nebennierenrinde (Adrenalinerzeugung), Solarplexus, autonomes Nervensystem, Magen, Leber
Körperliche Störungen: Absorptionsprobleme, Störungen des Adrenalinhaushaltes, Arthritis, Anorexia nervosa, Krebs, Koordinationsprobleme, Leberstörungen, Multiple Sklerose, Fettleibigkeit, vorzeitiges Altern, Magenprobleme
Psychische Störungen: Suchtneigung, katatone Schizophrenie, überängstliche Persönlichkeitsstruktur, manische Depression, zwanghaftes Verhalten, Schlafstörungen
Psychische Fähigkeiten: Déjà-vu-Erlebnisse, Kraftübertragung, Telekinese, Psychokinese, außerkörperliche Erfahrungen, Zeitreisen

Viertes Chakra (Herzzentrum)
Lage: in der Mitte des Brustkorbs
Aufgabe: Ausgleich, Liebe zu sich selbst
Physiologische Entsprechungen: Thymusdrüse, Herz, Gefäßsystem, Lungen, Atmungsorgane, Immunsystem
Körperliche Störungen: Schwächung des Immunsystems, Herz- und Kreislaufbeschwerden, hoher Blutdruck, Lungenkrebs, Atembeschwerden, Lungenkrankheiten, Thymusstörungen, Rükkenschmerzen (oberer Rücken), Gefäßkrankheiten
Psychische Störungen: Entfremdungsphänomene, mangelnde Kontaktfähigkeit, selbstzerstörerisches Handeln, Selbstmord

Psychische Fähigkeiten: Zuneigung, Mitgefühl, bedingungslose Liebe und Hingabe

Fünftes Chakra (Zentrum der Kommunikation)
Lage: in der Kehle
Aufgabe: Kommunikation, Aussenden, Empfangen und Verarbeiten von Botschaften
Physiologische Entsprechungen: Schilddrüse, Nebenschilddrüse, Lymphsystem, Stammhirn, Kehle, Ohren, Mund, Zähne
Körperliche Störungen: Krebs, Ohren- und Gehörprobleme, gestörtes Lymphsystem, Schulter- und Nackenbeschwerden, Störungen im Mund- und Rachenraum, Krankheiten von Schild- und Nebenschilddrüsen, Sprechstörungen, Zahnprobleme, Halsbeschwerden
Psychische Störungen: mangelnde verbale Ausdrucksfähigkeit, Logorrhoe, schwaches auditives Gedächtnis, Stottern
Psychische Fähigkeiten: Hellhören, olfaktorische Sensitivität, Klangheilung, innere Stimme, Telepathie

Sechstes Chakra (Drittes Auge)
Lage: in der Stirnmitte
Aufgabe: Visionen und mentale Bilder senden, empfangen und verarbeiten
Physiologische Entsprechungen: Zirbeldrüse, Kleinhirn, linke Gehirnhälfte, zentrales Nervensystem, Augen, Nebenhöhlen
Körperliche Störungen: Hirntumore, Krebs, Störungen des zentralen Nervensystems, Augen- und Sehprobleme, Nebenhöhlenbeschwerden
Psychische Störungen: Extreme Verwirrungszustände, fixe Ideen, mangelnde Konzentrationsfähigkeit, Debilität, Leben in einer Scheinwelt, Paranoia, schlechtes visuelles Gedächtnis, Psychosen, Schizophrenie, ernsthafte Entwicklungsstörungen
Psychische Fähigkeiten: Wahrträume, Intuition, Vorhersagen, Hell-

sichtigkeit, vorgeburtliche Erinnerung, Kommunikation mit Tieren oder Pflanzen

Siebtes Chakra (Kronenchakra, Zentrum der Weisheit)
Lage: Schädelkrone
Aufgabe: Antennenfunktion
Physiologische Entsprechungen: Hypophyse, Großhirn, rechte Gehirnhälfte
Körperliche Störungen: Haarausfall, Hirntumor, Krebs, Epilepsie, Migräne, Parkinsonsches Syndrom, Störungen der Hypophysenfunktion
Psychische Störungen: extreme Leichtgläubigkeit, schwaches Gedächtnis, Alpträume, gespaltene Persönlichkeit
Psychische Fähigkeiten: Transchanneling, Geistheilen, Intuition, Weisheit, mediale Veranlagung

Handchakren
Lage: auf der Innenseite jeder Hand
Aufgabe: Fähigkeit zum Channeling
Physiologische Entsprechungen: Hände, Finger, Handgelenke
Körperliche Störungen: Sehnenscheidenentzündung, Arthritis
Psychische Störungen: Kleptomanie
Psychische Fähigkeiten: Kreativität, Psychometrie, Wünschelrutengehen

Fußchakren
Lage: linkes und rechtes Fußgewölbe
Aufgabe: Verbindung mit der Erde, Erdenergie aufnehmen
Physiologische Entsprechungen: Zehen, Füße, Fußgelenke
Körperliche Störungen: Klumpfuß
Psychische Störungen: mangelnde Selbständigkeit
Psychische Fähigkeiten: Erdverbundenheit

Übung zu den Chakren

1. Setzen Sie sich auf einen bequemen Stuhl und schließen Sie die Augen. Die Hände und Füße berühren sich nicht.
2. Atmen Sie ein bis zwei Minuten lang Ihre essentielle Energie ein.
3. Erden Sie sich, indem Sie Ihre essentielle Energie in den Beckenraum hineinatmen. Verdichten Sie Ihre essentielle Energie zu einer goldenen Kugel. Stellen Sie sich vor, daß ein Ring aus Energie diese Kugel umgibt. Wenn Ihr Beckenraum völlig ausgefüllt ist, sinken Kugel und Ring zum Mittelpunkt der Erde hinunter. Zum Energiezirkulieren benützen Sie goldfarbene Erdenergie und silberfarbene Energie aus dem Kosmos. Richten Sie Ihre Aufmerksamkeit auf die Fußsohlen. Lassen Sie die goldfarbene Erdenergie durch die Fußsohlen bis ins Becken aufsteigen. Ziehen Sie durch den Scheitelpunkt Ihres Kopfes silberfarbene, kosmische Energie in den Beckenraum hinunter. Dort verschmelzen die beiden Energieformen miteinander.
4. Jetzt steigt die dadurch entstandene Energie an Ihrer Wirbelsäule hinauf. Halten Sie die Energie beim ersten Chakra an der Wirbelsäulenbasis an. Dort entstehen alle zur Lebenserhaltung nötigen Energien. Verbinden Sie das kegelförmige erste Chakra fest mit den Rückenmarkkanälen. Lassen Sie die Energie der Erde und des Kosmos hindurchströmen. Auf diese Weise wird das Chakra gereinigt und energetisch geladen.
   Übernehmen Sie jetzt die volle Verantwortung für die Erhaltung Ihres Lebens und für Ihr erstes Chakra. Sagen Sie laut: mein Chakra der Lebenserhaltung. Was wissen Sie über Ihre Art der Lebenserhaltung? Was sehen, hören, fühlen Sie?

5. Richten Sie Ihre Aufmerksamkeit nun auf die Mitte des Unterleibes, dorthin, wo das zweite Chakra liegt. Verbinden Sie dieses Chakra wieder mit Ihren Rückenmarkkanälen und durchfluten Sie es mit der Energie. Reinigen und laden Sie es. Nehmen Sie es in Besitz, übernehmen Sie die Verantwortung für Ihre Emotionen und Ihr zweites Chakra. Sagen Sie laut: mein Gefühlschakra! Welche Informationen erhalten Sie?
6. Konzentrieren Sie sich jetzt auf eine Stelle, die etwa drei Fingerbreit oberhalb des Nabels liegt. Hier finden Sie Ihr drittes Chakra. Führen Sie die Reinigung durch wie oben beschrieben. Sagen Sie laut: mein Kraftzentrum! Übernehmen Sie die Verantwortung für Ihre Kraft und Ihr drittes Chakra. Was empfinden Sie?
7. Richten Sie Ihre Aufmerksamkeit nun auf Ihr Herzzentrum. Reinigen und laden Sie es wie beschrieben. Übernehmen Sie die Verantwortung für Ihre eigene Liebesfähigkeit. Sagen Sie laut: mein Herzchakra! Was sehen, hören, fühlen Sie, wenn Sie sich selbst annehmen?
8. Konzentrieren Sie sich jetzt auf das Halschakra. Führen Sie die Reinigung durch und übernehmen Sie die Verantwortung für die Art und Weise, in der Sie sich mit anderen austauschen. Sagen Sie laut: mein Kommunikationszentrum! Welche Informationen erhalten Sie?
9. Nun wandert Ihre Aufmerksamkeit zur Stirn, dorthin, wo das sechste Chakra liegt. Nehmen Sie es wie die vorigen in Besitz. Übernehmen Sie die volle Verantwortung für Ihre Visionen. Sagen Sie laut: mein Visionszentrum! Was wissen, hören, sehen, fühlen Sie?
10. Konzentrieren Sie sich zum Schluß auf das Kronenchakra, das am Scheitelpunkt des Kopfes liegt. Verbinden Sie jetzt Ihr Kronenchakra fest mit den Energiekanälen im Rücken. Reinigen und laden Sie das Kronenchakra. Übernehmen Sie

die Verantwortung für Ihre Weisheit. Sagen Sie laut: mein Weisheitschakra! Welche Informationen erhalten Sie?
11. Öffnen Sie die Augen und beenden Sie die Übung.

Die Aufgabe eines Schamanen *(von Roderick Clayton)*

Lange Zeit stand für mich fest, daß der ganze Bereich der Parapsychologie ein einziger Tummelplatz für Wahrsager und Scharlatane ist. Mit dieser Ansicht habe ich mir selbst sehr viel Leid verursacht – angefangen beim Mißbrauch von Alkohol und Drogen, um mit meinen »abnormalen«, untrainierten Wahrnehmungen fertig zu werden, über die Angst, verrückt zu werden, bis hin zum recht schmerzvollen, weil unverstandenen Pendeln zwischen extremen Gefühlslagen, die am Anfang jeder neuen Bewußtheit stehen.

Wie alle Kinder lebte ich in einer magischen Welt. Als ich dann in das Alter kam, wo man es eigentlich schon »besser weiß«, sah und hörte ich aber immer noch Dinge, die andere Menschen nicht wahrnahmen. Recht schnell begriff ich, daß es besser war, darüber nicht zu sprechen. Nabelschau war nicht unbedingt meine Sache. Wenn es Streß gab, suchte ich mir ein schönes Plätzchen – außerhalb meiner selbst. Als ich dann zum ersten Mal etwas über Astralprojektion hörte, wußte ich sofort, daß ich genau das seit meiner Kindheit getan hatte.

Sensitivität und religiöse Erfahrung sind für mich untrennbar verknüpft. Im Laufe der Jahre hatte ich viele Bücher über Schamanismus gelesen. Meistens stammten sie aus der Feder von Ethnologen, die das Phänomen des Schamanismus gerne als Aberglauben und Hexerei abtaten. Aber selbst in solchen Berichten konnte ich die Beschreibung einer mir wohlvertrauten Erfahrungswelt wiedererkennen. Mittlerweile weiß ich, daß es sich hier um einen schamanistischen Bewußtseinszustand handelt, den man auch als Astralreise bezeichnen kann.

Ich fühlte mich unwiderstehlich angezogen von Lebensstil und Gesellschaftsform solcher Völker wie den Kwakiutl, Inuit oder Siberern, die den nordpazifischen Raum bevölkern. Der Weg des Schamanen schien mir jedoch nur dann gangbar, wenn man tief in der jeweiligen Kultur verwurzelt ist. Also zog ich den Schluß, daß für mich als Westler dieser Weg der Gotteserfahrung nicht in Frage kam.

Später entdeckte ich – glücklicherweise –, daß meine Folgerung nicht richtig war. Sicher kann der Schamanismus nicht isoliert von seiner jeweiligen Kultur bestehen, aber das bedeutet doch nur, daß man *seine Kultur so umformen* muß, daß der Schamane einen anerkannten Platz in ihr hat. Dazu muß bei den Menschen der Wunsch nach Heilung stärker sein als das scheinbar so bequeme Ableugnen bestimmter Fähigkeiten. In der Nachkriegsgeneration scheinen aber derartige Tendenzen zu bestehen.

Eine Zeitlang arbeitete ich ehrenamtlich bei einem Notruftelefon. »Fibeln zur Selbstmordverhütung« gab es keine, aber wir lernten schnell, uns auf uns selbst zu verlassen. Die meisten Hilfesuchenden waren in großer seelischer Not, wären aber wohl kaum freiwillig zu einem Therapeuten gegangen. Es war eine riesige Verantwortung für mich, der erste und vielleicht einzige verfügbare Ansprechpartner zu sein für Menschen, die sich mit schwerwiegenden Problemen herumschlugen. Die Leute, die bei uns anriefen, hatten nicht nur emotionale Probleme. Oft ging es auch um Krankheit, Armut, Obdachlosigkeit oder Konflikte mit dem Gesetz.

Meine spirituellen Helfer zeigten mir, daß ich nicht analytisch vorgehen sollte, sondern meine Intuition einsetzen und dem Gesang ihrer Herzen lauschen mußte, wenn ich den Ratsuchenden wirklich helfen wollte. Eine innere Stimme sagte mir, daß man nicht nur die einem anvertrauten Geheimnisse für sich behalten, sondern vor allem von Herzen, voller Mitgefühl und ohne Rücksicht darauf handeln sollte, was man von dem anderen und seinen Problemen hält. Ich begriff, daß Helfen ein Privileg ist und keine Last.

An einem Sonntagabend im Sommer – ich war damals dreiunddreißig Jahre alt – saß ich draußen und bewunderte den Vollmond. Da flog ein Falke mit gespreizten Schwingen vor der Mondscheibe hin, und ich spürte seine Lust am Gleiten. Er redete mich an: Ich bin dir gesandt worden. Hast du Fragen? Ich betrachtete ihn einfach als schöne Vision und ließ ihn ziehen. Aber in der folgenden Zeit kehrte er ständig wieder – zuerst nur in meinen Träumen, dann auch, wenn ich wach war. Und jedesmal sagte er mir: Ich bin keine Vision, ich bin dein Krafttier. Es hat lange gedauert, bis du mich endlich gesehen hast. Ich bin hier, um dir Botschaften von Gott zu überbringen und um dich daran zu erinnern, wie sehr Gott dich liebt und über dich wacht. Von dieser Zeit an war der Falke mein treuer und stets willkommener Gefährte, obwohl er manchmal recht streng sein konnte.

Einige Jahre später hatte ich das große Glück, meine erste spirituelle Lehrerin zu treffen. Von ihr lernte ich einige Rituale, mit deren Hilfe ich jederzeit Kontakt zu meinem Krafttier, zu den vier Winden und anderen totemistischen (»verwandten«) geistigen Führern aufnehmen konnte. Dann führte sie ein Reinigungsritual durch, um den verlorenen Sohn, der nun heimkehren wollte, mit seinen geistigen Schutzmächten zu versöhnen. Seit dieser Zeit führe ich diese einfachen Zeremonien zweimal am Tag durch, und ich ernte reichen Lohn dafür.

Lange Jahre arbeitete ich freiwillig in einer Notfallklinik, die bei öffentlichen Veranstaltungen, meistens Rockkonzerten, unentgeltlich die ärztliche Betreuung übernahm. Zu meinen Aufgaben gehörte es unter anderem, mit Leuten, die LSD oder weiß Gott was geschluckt hatten, zu reden, um sie wieder zu beruhigen. Mit der Zeit konnte ich an der Aura sehen, was die Leute genommen hatten. Ich war sehr überrascht, als ich feststellte, daß viele der Ärzte und Krankenschwestern diese Methode durchaus nicht seltsam fanden!

Ich habe bei diesen Gesprächen mit Menschen, die unter Drogeneinfluß ausgeklinkt waren, immer wieder festgestellt, daß die Betreffenden völlig in sich selbst gefangen sind. Ich versuchte dann, in den Menschen hineinzugehen, ihn sozusagen in seinem Innersten aufzusuchen und ihm einen Ausweg aus seiner Verstrickung zu zeigen. Oft war ich selbst dabei nicht stark genug geerdet, was zur Folge hatte, daß sich zwar der Betreffende wieder fing, ich dafür aber auf seinem schlechten Trip war. Doch allmählich lernte ich, wie man psychische Energie leitet, ohne sie in sich aufzunehmen. Ich kann jetzt Menschen helfen, sich zu erden, wenn sie selbst dazu nicht in der Lage sind, ohne meine emotionale Stabilität zu verlieren.

Von der Rettung von Menschenleben einmal abgesehen, besteht für mich der Nutzen der medizinischen Notfallarbeit darin, daß ich sofort, sozusagen auf Befehl, einen klaren Geisteszustand herbeiführen kann, auch wenn ich noch so müde und durcheinander bin. Zuerst glaubte ich immer, das sei nur auf einen krisenbedingten Adrenalinstoß zurückzuführen, mittlerweile weiß ich aber, daß es sich hier um einen Bewußtseinszustand handelt, der dem ähnelt, den Schamanen erleben, wenn sie plötzlich die Energie sehen können und jeden Schmerz vergessen.

Meiner Meinung nach läßt sich wahre Hingabe nicht daran messen, welches Quantum Energie man in eine Sache hineinsteckt, sondern daran, wieviel Energie daraus in die übrigen Lebensbereiche wieder zurückfließt. Ich fand meinen Platz im Leben dadurch, daß ich versuchte, anderen Menschen zu helfen und sie zu heilen. Von da an hatte ich für immer das Bestreben, in einer Familie zu leben, die ein langes Stück Weges gemeinsam gegangen ist und es mit allen Gefahren und Mühen gemeinsam aufgenommen hat.

Vor einigen Jahren machte ich – wie Millionen meiner Zeitgenossen – eine Entziehungskur. Die meisten werden meiner Ansicht wohl zustimmen, daß dies eine unvergleichliche Chance für ein geistiges Erwachen ist. Aus all den bruchstückhaften spirituellen transzendenten Erfahrungen, die ich im Laufe der Jahre gemacht hatte, war mir nun die Fähigkeit erwachsen, mit meinem Leben klarzukommen. Meine spirituelle Öffnung war jetzt endgültig eine »beschlossene Sache«.

Mir dämmerte, daß Drogen nicht der richtige Zugang zur Astralebene sind. Ich benutzte die Drogen zwar weniger, um den Kontakt herzustellen, als um mich darauf einzustimmen, war aber mittlerweile vollkommen abhängig geworden. Mir fiel wieder ein, was ich früher über die Erreichung schamanistischer Bewußtseinszustände gelesen hatte und daß hierzu in erster Linie Meditation und Ritual nötig sind und erst in zweiter Linie Drogen. So benutzten zum Beispiel die Jivaro und viele sibirische Stämme nur Tabak als »Rauschmittel«.

Bevor ich mich entschloß, »clean« zu werden, machte ich noch eine Phase mit derartigen Schmerzen und Schwierigkeiten durch, daß ich nur noch sterben wollte. Da erschien wieder mein Falke und sprach sehr ernst zu mir: Ich weiß, was du vorhast, aber ich gebe dir meine Erlaubnis nicht. Du hast deine Aufgabe noch nicht erfüllt. Er redete ungewöhnlich sanft mit mir, verzichtete sogar darauf, mich an meine Verantwortung gegenüber meinem kleinen Sohn zu erinnern.

Mein Leben ist jetzt ruhiger, angenehmer geworden. Manchmal vermisse ich fast ein bißchen die Aufregung von früher. Meinen Lebensunterhalt verdiene ich nun schon seit fünfundzwanzig Jahren als Programmierer. Die meisten Programmierer und Ingenieure würden – wider besseres Wissen – nie zugeben, daß verzwickte technische Probleme nie logisch gelöst werden. Aber die linke Gehirnhälfte ist schon gewaltig überfordert, wenn sie nur ein simples Computerprogramm auf einmal speichern soll, und wenn man nicht seine Intuition hätte, wäre man ganz schön aufgeschmissen.

Zur Zeit bin ich eifrig dabei, in den Heartsong-Seminaren zu lernen, wie man Auren und Chakren sieht, und stelle fest, wie schön es ist, wenn man mit neugewonnenen Freunden reden kann, die denselben Weg eingeschlagen haben. Heartsong gefällt mir vor allem deswegen, weil es keine Kultstätte und auch kein Ort des Rückzugs für Leute ist, die mit dem Leben nicht fertig werden. Es ist vielmehr eine Heimat für alle, die als offene Sensitive in der Welt leben wollen. Heartsong verkörpert für mich die Idee der »neuen, intakten« Familie. In dieser Familie fühlt sich jeder einzelne persönlich dafür verantwortlich, daß man einander auf eine Art und Weise liebt, die Wohlergehen und Offenheit fördert, statt Probleme zu verschärfen. Ich stehe noch immer in engem Kontakt mit meiner ersten Lehrerin, die ich zuvor schon erwähnt habe. Ihr weiter Geist schützt mich davor, allzu engstirnig zu werden.

Ich glaube, jetzt auch die geheimnisvolle »Aufgabe«, von der mein Krafttier gesprochen hat, besser zu verstehen und zu erfüllen. Diese Aufgabe besteht für mich im Entwickeln und im Anwenden meines geistigen Potentials. Ich weiß, daß dies *in der Welt* geschehen muß, und nicht irgendwo in der Einsamkeit der Wüste.

Man kann seine sensitiven Fähigkeiten zwar trainieren und weiterentwickeln, man darf dabei aber ihren eigentlichen Ursprung, Gott, nicht vergessen. Nicht jeder ist ein großer Seher oder Heiler, aber jeder hat eine Aufgabe und wird gebraucht. Wenn die Religion einen Sinn haben soll, muß sie in der wirklichen Welt für wirkliche Menschen dasein. Diejenigen, die an religiösen Dingen kein Interesse haben, können trotzdem von spirituellen Gemeinschaften profitieren, und viele Nichtchristen engagieren sich in den etablierten Kirchen, um Rat und Hilfe anzubieten. Selbst unter Therapeuten herrscht weitgehend Einigkeit darüber, daß die moderne Psychotherapie in einer Sackgasse steckt. Sie kostet viel zuviel und hilft nur sehr wenigen Menschen. Oft ist sie nur ein Zeitvertreib für gut Betuchte. Unterdessen brauchen aber ganz gewöhnliche Menschen mehr denn je leicht zugängliche und praktikable Methoden, um mit ihren Problemen fertig zu werden. Geistheilung ist hier die einzig wirksame Möglichkeit.

Das Modell Familie/Gemeinschaft/Stamm kann mithelfen, eine neue Kultur hervorzubringen, in der, so hoffe ich, echte Heilung einen Platz hat. Aber noch liegt ein langer Weg vor uns. Noch immer gibt es auf diesem Gebiet viele Modeerscheinungen, viel Überflüssiges. Aber es gibt auch schon den fruchtbaren, vielleicht noch etwas dünnen Boden, auf dem Spiritualität und Schamanismus gedeihen können.

Ich wäre dankbar, wenn mein Leben in diesen neuen Familien und Stämmen, die aus alten Traditionen schöpfen und ihr Wissen weitergeben, einen Beitrag liefern könnte, diesen fruchtbaren Boden zu bereiten.

Kapitel 4

Sensitive Kommunikation und Interaktion

Der Energiekörper wird vervollständigt durch ein spezielles Kommunikationssystem, eine Sprache aus Symbolen, Bildern und Empfindungen. Wenn Sie die vorausgegangenen Übungen absolviert haben, haben Sie diesen Bereich der psychischen Energie bereits kennengelernt. Die Aura repräsentiert Ihre persönliche Wirklichkeit, und die Grenzen der Aura umreißen den Teil der Wirklichkeit, über den Sie frei bestimmen können. Die Chakren hingegen stellen die tieferen Wurzeln des Verhaltens und der Persönlichkeit dar. Das Erdungsband steht für die Verpflichtung dem eigenen Leben gegenüber.

Mentale Bilder

Die Sprache der Sensitiven ist symbolhaft, sie verwendet mentale Bilder. Diese mentalen Bilder stehen als Symbole für eine bestimmte Erfahrung. Jedes dieser Bilder ist in sich vollständig, erfährt aber auch eine gewisse Tönung durch die Gedanken und Gefühle, die in einer bestimmten Lebenssituation oder während einer bestimmten Erfahrung auftauchen. Als Kind nimmt man eine ungeheure Flut von Bildern in sich auf, in der sich alle Erfahrungen einschließlich der Art, in der man sie wahrgenommen hat, widerspiegeln. Die mentalen Bilder sind die Informationsspeicher des Energiekörpers. Aus ihnen beziehen wir alle unsere Verhaltensweisen im späteren Leben.

Übung zum Sehen mentaler Bilder

1. Setzen Sie sich auf einen bequemen Stuhl mit gerader Lehne. Die Hände und die Füße berühren sich nicht.
2. Atmen Sie Ihre essentielle Energie ein. Atmen Sie jede fremde Energie ohne Zwang aus. Atmen und reinigen Sie den ganzen Körper: Rumpf, Glieder, Kopf, die Chakren und die Aura samt ihren Grenzen.
3. Atmen Sie dann Ihre essentielle Energie in den Beckenraum, und lassen Sie das Erdungsband entstehen. Wenn Sie die goldene Kugel mitsamt dem Erdungsband spüren, lassen Sie sie zum Mittelpunkt der Erde hinuntergleiten. Sie sind jetzt geerdet.
4. Lassen Sie Ihre Energie zirkulieren. Richten Sie die Aufmerksamkeit auf die Fußsohlen und ziehen Sie Ihre essentielle Energie in den Beckenraum hinauf. Ziehen Sie gleichzeitig Energie durch den Scheitelpunkt hinunter ins Bekken. Lassen Sie die kosmische Energie und die Energie der Erde im Becken miteinander verschmelzen. Lassen Sie die Energie auf diese Weise fünf bis zehn Minuten frei fließen, ehe Sie weitermachen.
5. Richten Sie jetzt all Ihre Aufmerksamkeit genau auf den räumlichen Mittelpunkt Ihres Kopfes. Hier finden Sie Ihre seelische Bewußtheit. Sie erscheint als bläulich-weißes Licht.
   Achten Sie auf Ihren inneren Bildschirm. Er befindet sich unmittelbar vor Ihnen, mitten in Ihrem Kopf. Der Bildschirm ist gänzlich durchlässig und durchsichtig und hat ein eigenes Erdungsband.
6. Blicken Sie auf den Bildschirm. Projizieren Sie einen großen, leuchtend hellroten Apfel darauf. Schauen Sie den Apfel an. Betrachten Sie jede Kleinigkeit, als läge der Apfel

wirklich vor Ihnen. Dann lassen Sie den Apfel durch das Erdungsband am Bildschirm verschwinden.

7. Visualisieren Sie jetzt eine Blume, eine hellrote Rose. Betrachten Sie ihre Farbe. Liegen Tautropfen auf den Blättern? Betrachten Sie jedes Detail ganz genau, bis Sie die Rose beinahe riechen können. Dann lassen Sie das Bild der Rose durch das Erdungsband am Bildschirm verschwinden.
8. Stellen Sie sich zum Schluß ein Glas Wasser vor. Wie weit ist es gefüllt? Sind Eiswürfel darin? Bekommen Sie Durst? Betrachten Sie wieder jedes Detail. Lassen Sie das Bild durch das Erdungsband verschwinden.
9. Lassen Sie den Bildschirm durch sein eigenes Erdungsband verschwinden, ähnlich wie eine ausziehbare Leinwand.
10. Beenden Sie die Übung.

Manche Bilder, besonders die positiven, werden problemlos im Gedächtnis gespeichert. Negative Bilder konservieren eine Angst oder ein Trauma, mit dem man zum Zeitpunkt des Erlebens nicht umgehen konnte. Sie sind in den Chakren traumatisch gebunden. Die elektromagnetischen Energieströme erstarren wie in einem Schock und bleiben so lange in diesem Zustand, bis man fähig ist, dieses Trauma aufzulösen. Traumatisch besetzte Bilder scheinen aus zwei Teilen zu bestehen – dem Erstbild, das entsteht, wenn man zum ersten Mal eine bestimmte negative Erfahrung macht, und den Verstärkungsbildern, das heißt jenen Erfahrungen, die das Erstbild bestätigen. Phantasiearbeit, Analysen, Gespräche mit Freunden oder Therapeuten sowie bewußtes Träumen – all dies hilft, mentale Bilder zu verarbeiten. Beispielsweise können Sie träumen, einen Drachen im Kampf zu besiegen oder den Nobelpreis zu bekommen. Durch einen solchen Traum, der Ihnen Selbstbestätigung gibt, kann die negative Besetzung eines mentalen Bildes gelöscht werden.

Der Vorgang der Bildverarbeitung selbst ist recht einfach. Das Bild wird zuerst von einem Chakra erfaßt. Dann wird die Energie des Bildes in eine Farbe umgewandelt, die in ihrem Charakter der vorherrschenden Emotion des Bildes entspricht. Jedes Chakra hat seine spezifische Art, Energie zu entschlüsseln. Die sieben Chakren sind für den Energiekörper das, was die fünf Sinne für den physischen Körper sind.

Siebtes Chakra: Sie wissen intuitiv von dem Energiebild.
Sechstes Chakra: Sie sehen das Energiebild.
Fünftes Chakra: Sie hören die Energie.
Viertes Chakra: Sie sind eins mit der Energie.
Drittes Chakra: Sie erfahren die Kraft des Energiebildes.
Zweites Chakra: Sie fühlen die Energie.
Erstes Chakra: Sie werden durch das Energiebild unterstützt.

Dann steigt das Bild durch die Rückenmarkkanäle hinauf in den Kopf und wird im Gedächtnis gespeichert. Jeder Mensch, mag er sich nun seiner sensitiven Fähigkeiten bewußt sein oder nicht, liest und entschlüsselt automatisch und unbewußt Bilder, die in seinem Energiekörper verarbeitet und eingeordnet werden. Derjenige, der diesen Prozeß bewußt kontrollieren kann, ist ein Sensitiver.

Übung zum Verarbeiten von Erstbildern

1. Setzen Sie sich auf einen bequemen Stuhl mit gerader Lehne. Die Hände und die Füße berühren sich nicht.
2. Atmen Sie Ihre essentielle Energie ein. Atmen Sie jede fremde Energie ohne Zwang aus. Atmen Sie und reinigen Sie den ganzen Körper: Rumpf, Glieder, Kopf, die Chakren und die Aura samt ihren Grenzen.

3. Atmen Sie dann Ihre essentielle Energie in den Beckenraum, und lassen Sie das Erdungsband entstehen. Wenn Sie die goldene Kugel mitsamt dem Erdungsband spüren, lassen Sie sie zum Mittelpunkt der Erde hinuntergleiten. Sie sind jetzt geerdet.
4. Lassen Sie die Energie frei fließen. Richten Sie die Aufmerksamkeit jetzt auf die Fußsohlen, und lassen Sie Ihre essentielle Energie in den Beckenraum aufsteigen. Ziehen Sie gleichzeitig Energie durch den Scheitelpunkt Ihres Kopfes ins Becken hinunter. Lassen Sie die kosmische Energie und die Energie der Erde im Becken miteinander verschmelzen. Geben Sie sich dem Energiefluß einige Minuten lang hin, bevor Sie weitermachen.
5. Richten Sie jetzt all Ihre Aufmerksamkeit genau auf den räumlichen Mittelpunkt Ihres Kopfes. Dort finden Sie Ihre seelische Bewußtheit. Sie wird Ihnen als bläulich-weißes Licht erscheinen. Achten Sie auf Ihren inneren Bildschirm. Er befindet sich direkt vor Ihnen, mitten in Ihrem Kopf. Der Bildschirm ist vollkommen durchlässig und transparent. Er hat ein eigenes Erdungsband.
6. Visualisieren Sie auf dem Bildschirm ein genaues Abbild Ihres Energiekörpers mit Aura, Auragrenze und Chakren. Die Chakren sind mit Ihren Rückenmarkkanälen verbunden. Betrachten Sie die Leitungsbahnen Ihres Energiekörpers. Bitten Sie darum, daß ein bestimmtes negatives Bild aus Ihrer Kindheit sichtbar wird. Irgendwo in den Leitungsbahnen wird sodann ein schwarzer Fleck erscheinen. Höchstwahrscheinlich liegt er in oder nahe bei einem der Chakren.
7. Visualisieren Sie, wie der schwarze Fleck in das nächstliegende Chakra und von dort aus die Rückenmarkkanäle entlangwandert. Durch diese Kanäle wandert er zum Mittelpunkt des Kopfes, bis er auf dem Bildschirm erscheint.

Was sehen Sie? Wer ist auf dem Bild? Warum wurde das Bild damals in oder nahe bei diesem Chakra abgelegt? Bilder werden in oder nahe demjenigen Chakra gespeichert, dessen Erfahrungsbereich mit dem Inhalt der Erfahrung korrespondiert. Bilder des ersten Chakra haben mit der Lebenserhaltung zu tun, die des zweiten Chakra mit Gefühlen und Sexualität. Im dritten geht es um Kraft, im vierten um Liebe, im fünften um Kommunikation, im sechsten um klare Wahrnehmung und mentale Bilder, im siebten schließlich um Weisheit.

8. Was wissen, sehen, hören oder fühlen Sie, wenn Sie dieses Bild aus Ihrer Kindheit betrachten? Hier setzt die persönliche Kontrolle über die negative, traumatische Besetzung des Bildes ein. Lassen Sie einfach die Farbe und die damit verbundenen negativen Gefühle der damaligen Erfahrung durch das Erdungsband verschwinden. Waschen Sie die Farbe und die ganze emotionale Last dieses Bildes einfach ab. Jetzt ist nur noch ein Schwarzweißbild übrig. Verbannen Sie jetzt alle verbalen Äußerungen, die mit dem Bild zusammenhängen, aus Ihrem Geist. Jetzt verschwinden auch alle Graustufen aus dem Bild. Als letztes löschen Sie dann noch die Umrißlinien, die das sichtbare Bild selbst repräsentieren. Zum Schluß lösen Sie auch noch den Rahmen um das Bild auf, so daß nur noch der völlig leere Bildschirm zurückbleibt.
9. Visualisieren Sie jetzt ein goldenes Herz auf dem Bildschirm. Es bedeutet, daß Sie sich selbst verzeihen, an diesem Bild festgehalten zu haben, und daß Sie Ihrem Energiekörper verzeihen, daß er Ihnen dabei geholfen hat. Stellen Sie sich vor, wie das goldene Herz vom Bildschirm durch Ihre Energiekanäle an die Stelle wandert, wo vorher der schwarze Fleck war. Sie ersetzen das alte, negative Bild durch ein positives, heilsames Symbol.

10. Lassen Sie alle Bilder auf dem inneren Bildschirm durch das Erdungsband verschwinden. Zum Schluß löst sich auch der Bildschirm auf.
11. Beenden Sie die Übung.

Energetische Botschaften

Sensitive können einen energetischen Austausch zwischen ihren Chakren spüren. Nehmen zwei Menschen miteinander Kontakt auf, stellt ein Energiestrahl von Chakra zu Chakra eine energetische Verbindung zwischen ihnen her, über die dann Botschaften ausgetauscht werden. Diese Beziehungen können gesund, klar und offen, aber auch ungesund, belastend und in der Absicht aufgenommen sein, andere zu beeinflussen und zu manipulieren. Die folgende Übersicht zeigt einige typische Kommunikationsformen zwischen Chakren sowie deren Bedeutung auf. Jedoch gibt es weitaus mehr Möglichkeiten, als hier aufgeführt werden können.

Übersicht über mögliche energetische Botschaften

Chakra	gesendete Botschaft	korrespondierende Botschaft
7	Ich besitze dich. Vereinigen wir uns in Weisheit.	Besitze mich. Ja.
6	Ich sehe dich. Ich sehe, was du siehst. Ich sehe für dich.	Beachte mich. Schau, was ich sehe. Sieh für mich.

5	Telepathische Botschaft Ich möchte dir etwas sagen. Ich möchte für dich sprechen. Hör mir zu. Ich sage, was du hören möchtest. Laß uns miteinander sprechen.	Telepathische Botschaft Sag mir etwas. Sprich für mich. Ich höre dir zu. Sag mir, was ich hören möchte. Ja.
4	Ich liebe dich. Ich liebe dich.	Liebe mich. Ich liebe dich.
3	Ich kontrolliere deine Energie. Gib mir Kraft.	Sag mir, was ich tun soll. Nimm Kraft von mir.
2	Fühl meine Emotionen. Ich begehre dich.	Ich spüre deine Gefühle. Begehre mich.
1	Ich beschütze dich. Halt mich am Leben. Erde mich.	Beschütz mich. Ich halte dich am Leben. Ich erde dich.

Vielleicht können Sie die Energiebündel sehen. Das wäre der direkte, der objektive Weg. Vielleicht hören Sie auch die Botschaft, die gesendet wird, oder Sie spüren die begleitenden Gefühle, wenn sich ein Energiestrahl mit einem Chakra verbindet. Bei einem plötzlichen Schmerz im Herzchakra kann es sein, daß jemand einen Sympathiestrahl abtrennt. Verspürt man ein warmes Gefühl, so schickt jemand vielleicht gerade einen Sympathiestrahl. Körperliche Empfindungen in den Chakrazonen werden oft durch das Abtrennen oder Ankoppeln von solchen Energiestrahlen verursacht.

Übung zur Kommunikation mit Energiestrahlen

1. Setzen Sie sich auf einen bequemen Stuhl mit gerader Lehne. Die Hände und die Füße berühren sich nicht.
2. Atmen Sie Ihre essentielle Energie ein. Atmen Sie jede fremde Energie ohne Zwang aus. Atmen Sie und reinigen Sie den ganzen Körper: Rumpf, Glieder, Kopf, die Chakren und die Aura samt ihren Grenzen.
3. Atmen Sie dann Ihre essentielle Energie in den Beckenraum, und lassen Sie das Erdungsband entstehen. Wenn Sie die goldene Kugel mitsamt dem Erdungsband spüren, lassen Sie sie zum Mittelpunkt der Erde hinuntergleiten. Sie sind jetzt geerdet.
4. Lassen Sie Ihre Energie jetzt frei zirkulieren. Richten Sie die Aufmerksamkeit auf die Fußsohlen, und lassen Sie Ihre Energie in den Beckenraum aufsteigen. Ziehen Sie gleichzeitig die Energie durch den Scheitelpunkt hinunter ins Becken. Lassen Sie die kosmische Energie und die Energie der Erde im Becken miteinander verschmelzen. Lassen Sie die Energie auf diese Weise fünf bis zehn Minuten frei fließen, ehe Sie weitermachen.
5. Richten Sie jetzt all Ihre Aufmerksamkeit genau auf den räumlichen Mittelpunkt Ihres Kopfes. Hier finden Sie Ihre seelische Bewußtheit. Sie erscheint als bläulich-weißes Licht. Achten Sie auf Ihren inneren Bildschirm. Er befindet sich unmittelbar vor Ihnen, mitten in Ihrem Kopf. Der Bildschirm ist gänzlich durchlässig und durchsichtig, er hat ein eigenes Erdungsband.
6. Visualisieren Sie nun auf Ihrem Bildschirm sich selbst und eine Person, die Sie fast jeden Tag sehen. Beobachten Sie, wie die Energiestrahlen zwischen Ihnen beiden eine Verbindung herstellen. Welche Chakren sind durch Energiestrahlen

miteinander verknüpft? Benützen Sie die Übersichtstafel, um die Verbindungen zu entschlüsseln.
7. Lösen Sie die Bilder auf dem Schirm auf und lassen Sie den Schirm durch sein eigenes Erdungsband verschwinden.
8. Beenden Sie die Übung.

Spirituelle Führung *(von Lynda Loss Caesara)*

Mein spirituelles Erwachen bestand nicht in einem einzigen spektakulären Ereignis. Vielmehr handelte es sich um einen Prozeß, um viele einzelne kleine Geschehnisse von unterschiedlicher Bedeutung. Aber jedes dieser Geheimnisse war ein Glied in der Kette von Ereignissen, die dieses Erwachen bewirkten, und daher wichtig und bedeutsam. Als Kind wies ich keine Anzeichen von überdurchschnittlicher Sensitivität auf. In meiner Familie besaßen alle ganz gute sensitive Fähigkeiten, auch wenn man ihnen nicht immer traute. Ich verließ mich einfach auf meinen »Bauch« und besaß eine ausgesprochene Sensitivität für die Gefühle anderer Menschen. Da das bei allen in meiner Familie so war, hielt ich Hellfühligkeit für eine ganz normale Sache. Später in Heartsong erfuhr ich, daß Hellfühligkeit, also die Fähigkeit, die Emotionen anderer Menschen zu erspüren, eine »übersinnliche« Fähigkeit ist, die man nutzen, entwickeln und bewußt einsetzen kann.

Diese »übersinnliche« Fähigkeit beeinflußte mein Leben stärker, als mir bewußt war. Ich entdeckte, daß ich mit meinen Händen etwas Gutes bewirken konnte. Die Menschen mochten es, wenn ich sie berührte und massierte. Ich besaß ein intuitives Gespür dafür, was ihnen half. Und ich selbst brauchte einfach körperlichen Kontakt und sinnliche Erfahrungen.

Die Menschen fragten mich von sich aus, ob ich sie nicht massieren könne. Im Rahmen eines Austauschprogramms kam ich nach Mexiko. Dort begegnete ich einem sogenannten *huesero*, was soviel wie Knochenmann heißt. Sein Name war Don Fidel Ruiz Lopez. Don Fidel erlaubte mir, ihm bei der Arbeit zuzuschauen. Sechs Monate lang verbrachte ich jeden Nachmittag bei ihm. Wenn er einen Patienten bei sich hatte, sah ich bei der Behandlung zu. Die übrige Zeit saß ich im Hof seines Hauses und studierte »das Buch«. Das Buch, ein dicker Band über frühe Behandlungsmethoden körperlicher Krankheiten, wurde von *huesero* zu *huesero* weitergegeben. Nach drei Monaten war ich trotz meiner recht mageren Spanischkenntnisse soweit mit dem Buch vertraut, um zu erkennen, daß Don Fidel mehr oder weniger unbelesen war und seine Art der Behandlung eine ganz andere als die im Buch beschriebene.

Don Fidels Behandlungsmethode bestand im Schröpfen, Massieren, dem Ausführen von Handbewegungen und der Verabreichung verschiedener Kräutermedizinen. Außerdem nähte er Wunden und renkte Knochen wieder ein. Die Aufgabe eines *huesero* wie Don Fidels lag in der Behandlung von äußeren Verletzungen. Frauenleiden, innere Krankheiten und psychische Probleme wurden von extra dafür ausgebildeten Heilern behandelt.

Don Fidel war in der Nachbarschaft, im *barrio*, hoch geachtet. Nebenbei betrieb er in seinem Haus eine kleine Weberei, und soweit ich ihn verstand, besaß er auch etwas Land. Seine Familie und einige bezahlte Arbeiter waren damit beschäftigt, Garn mit Indigo zu färben, das dann auf zwei großen Webstühlen zu Tuch verarbeitet wurde. Das Geräusch der Schiffchen hallte den ganzen Tag über durchs Haus.

Don Fidel hatte seine Ausbildung von einem Onkel bekommen, einem berühmten *huesero*, der überall in Mexiko Vorträge hielt. Die Patienten meines Gastgebers waren Indios und Latinos. Jeder Patient bezahlte nur eine geringe Summe für die Behandlung. Einer von ihnen vertraute mir einmal an, daß so viele Leute zu Don Fidel kämen, weil die approbierten Ärzte so häufig amputierten.

Eine der wichtigsten Einsichten, die ich Don Fidel verdanke, ist, daß Heilen und Spiritualität untrennbar miteinander verbunden sind. In seinem Behandlungszimmer stand auf der einen Seite ein Tisch, auf der anderen ein Altar. Bevor er einen schwierigen Fall behandelte, betete er um göttliche Führung. Nur wenn er nach seinen Gebeten die innere Gewißheit hatte, dem Patienten helfen zu können, nahm er die Behandlung auf. Im anderen Fall drückte er dem Patienten sein Bedauern aus, ihm leider nicht helfen zu können, und empfahl ihn an einen anderen *huesero*.

Als ich wieder am College war, probierte ich mein neues Wissen an jedem aus, der mich nur ließ. Ich wechselte mein Hauptfach und entschloß mich, gründlich die Praxis der Massage zu erlernen.

Noch während meiner Collegezeit las ich einen merkwürdigen Artikel über das Ende des gegenwärtigen Zeitalters. Der Verfasser behauptete, daß nur diejenigen überleben würden, die ihr Schwingungsniveau auf eine bestimmte Ebene brächten. Mir war zwar nicht klar, was mit Schwingungsniveau gemeint war, aber ich wußte, daß ich auf jeden Fall überleben wollte. Dieser Wunsch reifte in mir zum festen Entschluß. Als ich später die Macht des gezielten Wünschens kennenlernte, wurde mir klar, welchen Einfluß diese Entscheidung auf mein Leben ausgeübt hatte.

Nach dem College verspürte ich den starken Drang, nach Kalifornien zu gehen. Jedesmal wenn ich in Gedanken erwog, in Florida zu bleiben, war ich nahe an einem Weinkrampf. Also ging ich mit 400 Dollar in der Tasche und einem Freund an meiner Seite nach Kalifornien. Nach einem ereignisreichen Sommer und einer Reihe von bemerkenswerten Vorfällen kam ich dann auf die Massageschule. Dort traf ich meinen ersten Körpertherapeuten, Lauren Berry, mit dem ich dann über acht Jahre zusammenarbeitete.

Kurz nachdem ich eine eigene Massagepraxis eröffnet hatte, erzählten mir einige Patienten, sie würden während der Behandlung einen farbigen Lichtschein um meine Hände sehen. Das brachte mich ziemlich aus der Fassung. Es war mir gar nicht recht, wenn jemand an mir etwas sah, was ich selbst nicht begriff. Da ich diese Dinge nun genauer erforschen wollte, meldete ich mich am Berkeley Psychic Institute an, wo ich zunächst ein Jahr lang einmal die Woche in die Anfängerkurse ging. Dann war ich soweit, daß ich in die Fortgeschrittenengruppe überwechseln konnte. Dort traf ich Rick Stevens. Er erzählte mir, daß er und seine Frau jetzt eine eigene Schule eröffnet hätten. Ihr Programm gefiel mir, und so absolvierte ich im Sommer 1976 als erste Kursteilnehmerin das Intensivprogramm von Heartsong.

In Heartsong beschleunigte sich meine spirituelle Entwicklung ganz erheblich. Meine erste Einsicht war, daß der Grad meiner Sensitivität meiner eigenen Einschätzung entsprach. Ich sah oder hörte überhaupt nichts. Nur auf dem Gebiet der Hellfühligkeit war ich einigermaßen fortgeschritten. Meine Sensitivität in emotionalen Dingen war tatsächlich paranormal, und durch die Massagearbeit war ich darin noch weiter gekommen.

Als ich anfing, mich mit dem ganzen weiten Feld der emotionalen Erfahrungen auseinanderzusetzen, begriff ich erst richtig, wie real dieser Bereich tatsächlich ist und wie sehr er mich beeinflussen kann. Eines Abends kam ich in bester Laune von einem Kurs nach Hause. Es war sehr lustig gewesen, und ich war durch all die neuen Erfahrungen irgendwie aufgedreht. Aber kaum war ich durch die Tür getreten und hatte meinen Freund begrüßt, als ich auch schon in Tränen ausbrach. Ich mußte weinen, obwohl ich genau wußte, daß ich mich sehr gut fühlte. Und plötzlich begriff ich: Mein Freund war nicht in der Lage, seine eigene Traurigkeit auszudrücken, und als ich hereingekommen war, hatte ich sie unbewußt wahrgenommen und für ihn zum Ausdruck gebracht. Hätten wir über die Möglichkeit eines solchen Phänomens nicht gerade im Kurs gesprochen, so hätte ich mich wahrscheinlich für launisch gehalten und für das Opfer eines plötzlichen Stimmungswechsels.

Zur selben Zeit hatte ich ein ähnliches Erlebnis in einem Drugstore. Ich ging an einem Bücherständer mit lauter romantischen Liebesromanen vorbei und spürte auf einmal die sehnsüchtigen Gefühle, die diese Art von Lektüre erzeugt. Gerade eben hatte ich noch an eine Zahnbürste gedacht. Von diesem Wechsel meiner Stimmung überrascht, sah ich auf und bemerkte den Bücherständer. Ich wollte der Sache auf den Grund gehen und machte ein kleines Experiment. Befand ich mich innerhalb eines Umkreises von etwa einem Meter um den Bücherständer, so nahm ich diese romantisch-sehnsüchtigen Gefühle wahr. Stand ich außerhalb dieses Bereichs, so spürte ich nichts. Um diesen Bücherständer herum schien es tatsächlich ein emotionales Feld zu geben. Sollte so etwas möglich sein? Wenn ja, so unterlag ich andauernd dem Einfluß fremder Emotionen und bemerkte es vielleicht nicht einmal. Diesen Gedanken empfand ich als ziemlich schockierend, und mir dämmerte, daß es eine schwierige Angelegenheit sein würde, mich vor den Gefühlen anderer abzuschotten.

Ich mußte unbedingt lernen, mit meinen sensitiven Fähigkeiten richtig umzugehen. Und ich mußte lernen, wie man zur Ebene der Geistwesen eine Beziehung entwickelt. Schon bei Don Fidel hatte ich ja gesehen, daß das Gebet in der Arbeit des Heilers an erster Stelle steht. Zu seiner Art des Betens gehörte auch das Warten auf eine Antwort. Ich war protestantisch erzogen worden, und die Idee der Existenz von Geistwesen war mir absolut fremd. Der Protestantismus kennt ja nicht einmal Heilige. Obwohl ich mich im Kirchenleben aktiv engagiert hatte, hatte ich bisher nie viel gebetet. Das war einfach nicht meine Art.

Und nun meditierte ich auf einmal über den Gedanken, daß Gott ein aus vielen kleinen individuellen Bewußtheiten zusammengesetztes Bewußtsein sei und man mittels Gebet zu jeder dieser individuellen Bewußtheiten Kontakt aufnehmen und mit ihr kommunizieren könne. Als praktisch veranlagter Mensch entschloß ich mich zu einem Versuch. Wenn das mit dem Beten funktionierte, dann sollte mir die ganze Philosophie gleichgültig sein, dann würde ich eben einfach beten.

Gegen Ende meiner Zeit in Heartsong machte ich eine Erfahrung, die meinen Glauben an eine spirituelle Führung und die Kraft des Gebetes zementieren sollte. Ich war dort schon lange nicht mehr Schülerin, sondern gab selbst hin und wieder Kurse. Damals löste ich mich gerade aus einer langjährigen, äußerst schwierigen Beziehung. Mir war bewußt geworden, daß ich in mir selbst und in meiner Art, Beziehungen zu gestalten, einige radikale Veränderungen vornehmen mußte.

Ich begann damit, mehrmals am Tag voller Hingabe das folgende Gebet zu wiederholen: »Ich erhalte alle Arten von Segnungen, die mir das Universum geben kann.« Dieses Gebet war sorgfältig durchdacht. Denn ich mußte lernen, etwas anzunehmen, und aufhören, ganz willkürlich und irrational zu bestimmen, von wem ich etwas annahm und von wem nicht. Oft genug war ich bisher auf Menschen hereingefallen, die nur Unheilsames geben konnten, und hatte mich vor denen verschlossen, die heilsame Gaben für mich gehabt hätten. Ich befreite mich auch von der irrigen Ansicht, daß nur Menschen etwas geben können. Wenn Tiere und Pflanzen eine Gabe für mich hätten, so würde ich diese in Zukunft auch annehmen. Ich faßte den Entschluß, künftig nur Heilsames anzunehmen und alles Schädliche zurückzuweisen. Jeder Form des Mißbrauchs wollte ich ein klares Nein entgegensetzen können.

Meine nächste Beziehung zu einem Mann sollte genau meinen Vorstellungen entsprechen. Solange dies nicht der Fall war, wollte ich lieber als Single leben. Ich stellte eine Liste der Eigenschaften zusammen, die ich mir bei einem Mann wünschte. Sie umfaßte unter anderem die folgenden Punkte: 1. Er ist genau der Richtige für mich. 2. Er übertrifft meine kühnsten Erwartungen. 3. Er ist viel besser, als ich zu träumen gewagt hätte. 4. Ich nehme ihn an, wenn er kommt. 5. Ich durchlaufe alle notwendigen Entwicklungsschritte, damit dieser Mann in mein Leben treten kann. Mit dieser Aufstellung trat ich an die Geistwesen heran und bat sie zumindest einmal am Tag aufrichtig um Hilfe.

Das Versprechen, mich weiterzuentwickeln, hatte Folgen, die all meine Erwartungen übertrafen. Alles was geschah, geschah so schnell und war so ganz anders als mein bisheriges Leben, daß ich glaubte, in einer Achterbahn zu sitzen. Ich fühlte mich von Geistwesen umgeben, die ich scherzhaft meine »Peanuts« nannte. Sie ließen mir in allen Wechselfällen des Lebens ihre Führung angedeihen. Als die »Achterbahnzeit« wieder vorbei war, konnte nichts mehr meinen Glauben an ihre Existenz erschüttern.

Mein Leben wurde immer reicher und erfüllter. Ich legte mir ein Pferd, eine Katze, einen Jagdhund und ein Haus in den Hügeln zu, wo ich mit dem Pferd leben konnte. (Und das Ganze war nicht einmal so teuer.) Wunder wurden einfach selbstverständlich. Einmal überschlug ich mich im stärksten Verkehr mit meinem Auto, und weder ich noch sonst irgend jemand wurde dabei verletzt. Die ganze Zeit über fühlte ich mich von guten Geistern beschützt. Mir wurde durch diesen Unfall klar, daß für meine weitere Entwicklung im wahrsten Sinne des Wortes das Unterste zuoberst gekehrt werden mußte, um mich aus alten Verhaltensmustern zu befreien.

Ich fühlte mich zu Dingen hingezogen, an die ich vorher nie gedacht hatte. Ich machte ein zehntägiges Vipassana-Retreat. In meinem ganzen Leben hatte ich nie länger als zehn Minuten am Stück meditiert, und nun saß ich hier zehn Tage lang zehn Stunden täglich. Das war eine unschätzbare Erfahrung für mich.

Die Geistwesen waren ständig zur Stelle, um mich zu führen und zu schützen, auch wenn das nicht immer so ablief, wie ich es mir vorstellte. Einmal mußte ich meine »Peanuts« sehr um Verzeihung bitten. Mein Auto wollte nicht mehr, und so brachte ich es in die nächste Werkstatt. Der Mechaniker knöpfte mir achtzig Dollar ab und sagte, wenn der Wagen jetzt noch immer nicht richtig liefe, könne ich mich schon mal auf ein paar hundert Dollar Reparaturkosten einstellen. Der Motor machte noch immer Mucken, aber ich wollte unbedingt einen Freund besuchen, der fünfzig Meilen weit weg wohnte. Natürlich war ich mir nicht ganz sicher, ob das Auto die

Fahrt überstehen würde, und so fragte ich die Geistwesen, ob ich fahren sollte. Sie sagten ja.

Nun, mitten auf der Fahrt gab mein Wagen den Geist auf, und das in einer Gegend, die nicht gerade vertrauenerweckend aussah. Es war finster, ich verfluchte die Geistwesen und versuchte, das Auto alleine wieder zum Laufen zu bringen. Da bemerkte ich zwei Männer, die in meine Richtung kamen. Ich hielt mich ganz still in der Hoffnung, daß sie mich nicht sehen würden. Aber zu meinem Entsetzen sahen sie mich nicht nur, sondern kamen auch noch näher und fragten mich, ob ich Probleme hätte. Sie erklärten sich bereit, den Wagen anzuschieben und gingen auch sofort ans Werk. Dabei riefen sie mir zu, ich solle den Wagen doch in eine Seitenstraße lenken. Sofort bekam ich panische Angst und entgegnete, daß ich die Hauptstraße auf keinen Fall verlassen wolle. Sie aber meinten, daß sie es nicht gerade darauf abgesehen hätten, überfahren zu werden. Zähneknirschend gab ich nach. Innerlich wünschte ich die Geistwesen noch einmal zur Hölle, sie hatten mir da ja ganz schön etwas eingebrockt. Als das Schieben nichts half, öffneten die beiden Männer die Motorhaube und entdeckten, daß sich ein Zündkabel gelöst hatte. Sie machten es wieder fest, und der Motor sprang problemlos an. Ich dankte den beiden recht herzlich und setzte meine Fahrt fort. Unterwegs entschuldigte ich mich kleinlaut bei meinen Helfern. Ich war ziemlich sicher, daß sie mich für eine reichlich komische Nudel hielten. Sie hatten mich tatsächlich nicht im Stich gelassen, auch wenn ich dabei Blut und Wasser hatte schwitzen müssen.

Zu dieser Zeit fing ich auch an, mich mit christlicher Mystik auseinanderzusetzen, und trat einer freikatholischen Kirche bei. Es war ein bedeutsamer Schritt für mich, eine Braut Gottes zu werden, eben jenes Gottes, den ich lebendig in mir wußte. Zehn Tage darauf traf ich meinen späteren Ehemann, anderthalb Jahre nachdem ich angefangen hatte zu beten.

Rückblickend muß ich sagen, daß meine »Achterbahnfahrt« eigentlich gar keinen so ungewöhnlichen geistigen Entwicklungsprozeß darstellt. Ich zog um, hatte einen Unfall, meine gewohnte Welt wurde auf den Kopf gestellt, ich machte einige intensive Erfahrungen, fand meinen Lebenspartner, kaufte mir ein Haus, heiratete und bekam Kinder. Das Tempo der Fahrt hat sich seitdem nicht verlangsamt, und ich kann mir auch nicht vorstellen, daß das je der Fall sein wird. Ich habe mittlerweile nur gelernt, mit dieser Geschwindigkeit zurechtzukommen.

Ritual, Spiritualität und eine intuitive Sichtweise sind die Grundpfeiler meines Lebens geworden. Ich war und bin nicht überdurchschnittlich sensitiv. Jeder Mensch, den ich je getroffen habe, ist in dieser Hinsicht mindestens genauso begabt wie ich. Der Unterschied liegt nur darin, daß ich fünfzehn Jahre meines Lebens an der Entwicklung meines Talents gearbeitet habe. Der bewußte Umgang mit Energie läßt sich lernen, wenn man regelmäßig und ausdauernd übt. Zu meinem täglichen Stundenplan gehören Gebet und positives Denken. Channeling und bewußtes Wahrnehmen von Energie sind wichtige Elemente meiner Arbeit, wenn ich jemanden massiere oder ein Aurareading durchführe. Auch habe ich mir gewisse regelmäßige Rituale angeeignet, die von der indianischen Kultur beeinflußt sind. Sie helfen mir, meinen Kontakt zur Schwingungsebene aufrechtzuerhalten, und versorgen mich mit Energie.

Geistige Führung kommt nicht in Form spektakulärer Visionen oder als für andere hörbare Stimme zu mir. Normalerweise sagt mir eine klare Empfindung im Bauch, was ich tun soll. Wenn ich diese Empfindung mißachte, geistert sie so lange im Hintergrund meines Bewußtseins herum, bis ich sie beachte oder bis die Gelegenheit endgültig verpaßt ist. Erst nach langen Jahren des Übens konnte ich diese feinen Signale verstehen.

Seit ich Achtsamkeit, Spiritualität und den bewußten Umgang mit Energie zu einem festen Bestandteil meines Lebens gemacht habe, ist mein Dasein sehr angenehm. Mehr kann ich zu diesem Thema nicht sagen. Mein Leben ist nicht immer leicht. Aber es ist interessant, bedeutungsvoll und oft auch recht vergnüglich. Ich habe Menschen um mich, die ich gerne mag und die mir wichtig sind. Und mir ist niemals langweilig.

Wenn Sie nach einer Möglichkeit suchen, Ihr Leben zu ändern oder zu bereichern, dann sollten Sie vielleicht versuchen, Ihr höheres Selbst bewußt zu entwickeln. Das Ergebnis nämlich ist der Mühe wirklich wert.

Energetische Dynamik und Interaktion

Gewöhnlich beobachten schon ganz kleine Kinder energetische Vorgänge. Das Haus, in dem ein Kind lebt, ist wie eine riesige Schule, wo es Methoden und Formen der Kommunikation erlernt, die sowohl physischer als auch psychischer Natur sind. Als Erwachsener neigt man dann dazu, all seine Kommunikationsformen nach diesem ursprünglichen Modell vorzunehmen und so das alte Familienszenario ständig wiederzubeleben.

Mit der Zeit entsteht daraus ein Gewebe energetischer Botschaften und Bilder, das die normalen Verhaltensmuster prägt. Wenn Sie vom ersten Chakra die energetische Botschaft »Rette mich« aussenden, erwarten Sie gewöhnlich, daß irgend jemand sich Ihrer Probleme annimmt. Es gibt auch Botschaften, die Ihnen eine negative Herzensbotschaft vermitteln wie »Du bist schlecht« und so Ihr Selbstbewußtsein zerstören. In einigen Familien lernen die einzelnen Mitglieder, sich gegen die Botschaften der anderen abzuschirmen. So gibt es zum Beispiel Ehemänner, die sich taub stellen, wenn sie mit ihrer Frau sprechen. Die Kinder eines solchen Paares werden diesem Muster folgen und Botschaften ihres fünften Chakras nur an Menschen aussenden, die für diese Botschaften unempfindlich sind. Oder sie wählen den umgekehrten Weg und schirmen sich gegen solche Botschaften ab. Ein anderer, häufig auftauchender Vorgang ist das Senden von negativer Energie über die Chakraverbindungen. Energetisch sieht dies aus wie ein kleiner Ball von dunkler Energie, der dazu dient, die

Aufmerksamkeit des Empfängers auf seine drängendsten inneren Probleme zu lenken. Wenn Sie schon von früher Kindheit an solche Botschaften empfangen haben, so werden Sie sich im Erwachsenenleben unfehlbar Menschen suchen, die die gleiche Art von Botschaft aussenden.

Sie können diese negativen Beziehungsmuster verändern, wenn Sie die Art und Weise, in der Sie energetische Botschaften senden oder empfangen, beziehungsweise die Beschaffenheit der Bilder selbst ändern. Dazu müssen Sie zunächst in Ihre Kindheit zurückkehren, um die damaligen Beziehungen innerhalb Ihrer Familie genau zu untersuchen. Denn diese Beziehungen haben Sie geprägt, solange Sie quasi noch »programmierbar« waren.

Übung zur Familiendynamik

1. Setzen Sie sich auf einen bequemen Stuhl mit gerader Lehne. Die Hände und die Füße berühren sich nicht.
2. Atmen Sie Ihre essentielle Energie ein. Atmen Sie jede fremde Energie ohne Zwang aus. Atmen Sie und reinigen Sie den ganzen Körper: Rumpf, Glieder, Kopf, die Chakren und die Aura samt ihren Grenzen.
3. Atmen Sie dann Ihre essentielle Energie in den Beckenraum und lassen Sie das Erdungsband entstehen. Wenn Sie die goldene Kugel mitsamt dem Erdungsband spüren, lassen Sie sie zum Mittelpunkt der Erde hinuntergleiten. Sie sind jetzt geerdet.
4. Lassen Sie Ihre Energie jetzt frei fließen. Richten Sie die Aufmerksamkeit auf die Fußsohlen, und lassen Sie Ihre essentielle Energie in den Beckenraum steigen. Ziehen Sie gleichzeitig Energie durch den Scheitelpunkt Ihres Kopfes hinunter ins Becken. Lassen Sie die kosmische Energie und

die Energie der Erde im Becken miteinander verschmelzen. Lassen Sie die Energie auf diese Weise fünf bis zehn Minuten frei fließen, ehe Sie weitermachen.

5. Richten Sie jetzt all Ihre Aufmerksamkeit genau auf den räumlichen Mittelpunkt Ihres Kopfes. Hier finden Sie Ihre seelische Bewußtheit. Sie erscheint als bläulich-weißes Licht. Achten Sie auf Ihren inneren Bildschirm. Er befindet sich unmittelbar vor Ihnen, mitten in Ihrem Kopf. Der Bildschirm ist gänzlich durchlässig und durchsichtig, er hat ein eigenes Erdungsband.
6. Gehen Sie nun auf Ihren Bildschirm zu. Erlauben Sie Ihrem Bewußtsein, sich auf den Bildschirm zuzubewegen. Sie werden ein paar Stufen bemerken. Wenn Sie diese Stufen hinuntergehen, lassen Sie Ihre momentane Realität hinter sich. Steigen Sie langsam die ersten zehn Stufen hinab. Mit jedem Schritt wird ihre Entfernung zur Gegenwart größer. Sie sind auf dem Weg in Ihre Kindheit. Am Ende der Stufen finden Sie eine Tür, die zu Ihrem Kinderzimmer führt. Öffnen Sie die Tür und sehen Sie sich und Ihrer Familie zu. Wer sendet welche Botschaften zu welchen Chakren? Welche Farbe haben diese energetischen Botschaften? Überprüfen Sie die Ergebnisse später in der Übersichtstafel. Erkennen Sie eine dieser Energien wieder? Sehen Sie kleine Bälle dunkler Energie? Woher kommen sie und wohin gehen sie? Ist die Aura jedes Familienmitglieds gut abgegrenzt, oder bilden sie alle zusammen eine riesige Familienaura? Welche Emotionen rufen sie in Ihnen hervor? Welche Worte? Was nehmen Sie intuitiv wahr, wenn Sie den energetischen Austausch innerhalb Ihrer Familie beobachten?
7. Wenn Sie den Eindruck haben, Sie hätten nun genug Informationen gesammelt, dann verlassen Sie den Raum durch die gleiche Tür, durch die Sie gekommen sind. Sie steigen die Stufen wieder hinauf, und jeder Schritt führt Sie in Ihr gegen-

wärtiges Leben zurück. Schritt für Schritt verlassen Sie nun die Welt dieser alten Energien. Auf der obersten Stufe tauchen Sie nun auf, Sie allein, im Strahlenkranz Ihrer essentiellen Energie. Dann gehen Sie zurück in Ihr Zentrum.
8. Beenden Sie die Übung.

Gestörte Familiendynamik *(von Judith O'Connor)*

Schaffe ich meine mir eigene Realität? Ist das wirklich möglich? Wie kann ich akzeptieren, daß das, was mit mir passiert ist, auch von mir verursacht wurde?

Für lange Zeit war ich apathisch und lebte völlig unbewußt. Meine Umgebung war wie durch einen Sturm durcheinandergerüttelt, es war das Chaos einer gestörten Familie. Äußerlich schien alles in Ordnung zu sein. War es nicht normal, daß die Menschen sich selbst gegenüber Abscheu empfanden und das Leben als die Hölle auf Erden betrachteten? Gegenüber vielem, was ich sah und hörte, war ich negativ eingestellt. Nach außen war ich ein vollkommen normales Familienmitglied, doch das Kind in mir war vor Angst wie erstarrt. Es war sexuell von seinem Vater und emotional von fast jedem Menschen seiner Umgebung mißbraucht worden. Wie konnte ich überhaupt den Mangel an Wärme und Liebe seitens meiner Mutter und die groben, ungelenken Berührungen meines Vaters überleben?

Um zu existieren, betäubte ich mein Bewußtsein und fühlte mich für alles schuldig. Ich wünschte sehnlichst, beachtet und geliebt zu werden, und glaubte, für diese Liebe etwas tun zu müssen. Ich versuchte, es jedem recht zu machen – dann würde man mich schon mögen! Die Kontrolle meines Vaters, die Angst und unterdrückte Wut meiner Mutter und meine ständige Apathie trugen zur Betäubung meines Bewußtseins bei. Ich tat, was man mir sagte, verhielt mich die meiste Zeit still und hoffte, daß mich jemand wie durch ein

Wunder lieben und heiraten, sich meiner annehmen und mich aus diesem Leben erlösen würde. Ich verstand einfach nicht, warum ich so unglücklich war, und fühlte mich so anders als alle anderen. Obwohl ich alles tat, was ein guter Mensch tut, hinterfragte ich mich permanent. Wenn mein Vater, mein Bruder und meine Großmutter mich nicht mochten, dann mußte irgend etwas mit mir nicht stimmen. War ich dumm? War man als Mädchen wirklich minderwertig? Mochte auch Gott mich nicht? Hatte Gott mich hierher gebracht, um zu prüfen, wie viele negative Erfahrungen ich ertragen konnte? Ich lernte zu glauben, was andere über mich sagten oder insgeheim dachten. Ich wußte nicht, wie ich auf die telepathischen Gedanken, Meinungen oder Urteile, die ich von anderen aufnahm, reagieren oder wie ich sie abweisen sollte. Die Folge war, daß ich mich nicht mochte und mich als lästig, dick, häßlich, dumm, wertlos und bestimmt nicht liebenswert empfand. Als ich älter wurde, drückten sich meine Trauer und meine Wut in den Geschehnissen aus, die ich anzog.

Im Oktober 1981 begann meine spirituelle Reise. Ich hatte mich gerade von meiner zweiten Scheidung erholt, und meine innere Stimme fragte ständig: »Warum soviel Aufregung?« Ich war alleinerziehende Mutter von zwei Töchtern (Andrea war neun und Stephanie zwölf), und immer noch versuchte ich, das Leben zu verstehen. All meine Ängste kamen zum Vorschein. Was lag noch vor mir? Warum geschah das alles mir?

Am Sonntag nach dem Auszug meines Mannes begegnete ich meiner ersten Lehrerin, Pat Choat. Wir lernten uns per Telefon kennen. Pat hatte in einer Lokalzeitung Beratungsgruppen angeboten. Als ich sie anrief, fand ich heraus, daß sie direkt gegenüber in derselben Straße wohnte. Zufall? Inzwischen habe ich gelernt, daß es das nicht gibt! Pat machte mich mit den Begriffen »Energie« und »Erden« vertraut und gab mir die Adresse einer esoterischen Buchhandlung. Als ich den Laden betrat, fiel mir ein Buch über die Entwicklung der Sensitivität buchstäblich aus dem Regal entgegen. Ich mußte also gar nicht erst wählen. So erwarb ich mein erstes kraftgebendes Buch. Kurz darauf schloß ich mich einer Therapiegruppe für Frauen an, die von Margo Adair geleitet wurde, meiner zweiten Lehrerin und Autorin meines zweiten kraftgebenden Buches. Zum ersten Mal hörte ich von Energiefluß, Gruppenenergie, Affirmationen, positiver Visualisation und erlebte die Freude, Hilfe zu geben und zu empfangen.

Am Neujahrstag 1982, nur drei Monate nach Beginn meiner spirituellen Suche, wurde mir ein Wunder beschert! Ich stand vor der Episkopalkirche des hl. Markus in Berkeley. Plötzlich riß das Wolkenband auf, und es erschien ein doppelter Regenbogen vor mir, der direkt hinter dem Kirchenkreuz verschwand. Dies war der Beginn meiner Laufbahn als Fotografin, denn ich fing diesen besonderen Augenblick mit meiner Kamera ein, so daß sich in den folgenden Jahren viele andere daran erfreuen konnten. Weltweit wurden über fünftausend Postkarten des doppelten Regenbogens verkauft.

Im Frühjahr 1982 spürte ich, daß es an der Zeit war, Margos Therapiegruppe zu verlassen. Damals war mir nicht klar, wie viele meiner Probleme noch ungelöst waren. Ich wußte nur, daß ich nicht länger in diese Gruppe paßte. Trotzdem war ich Margo tief verbunden und dankte ihr für ihre Unterstützung und Wissensvermittlung. Langsam wurde ich mir meiner eigenen Stärke und meiner Person bewußt, und ich konnte zu mir stehen. Es faszinierte mich, daß ich wirklich eigene Gedanken und Ansichten hatte. Durch Margo begriff ich auch, daß zwei verschiedene Ansichten nicht bedeuten, daß einer im Recht und der andere im Unrecht ist, sondern ich lernte, andere Meinungen zu akzeptieren.

Auch weiterhin fühlte ich mich durch Bücher und Leute angezogen, die sich mit Metaphysik beschäftigten. Ich las, unterhielt mich mit anderen und merkte, wie ich immer neugieriger wurde. Allmählich begriff ich, daß ich viele frühere Leben gehabt hatte. Meine ganze Lektüre stellte insofern etwas Neues für mich dar, als ich Dinge zum ersten Mal gedruckt vor mir sah, die mir eigentlich sehr vertraut waren. Wir leben im sogenannten »New Age«, doch in Wirklichkeit ist es das »Old Age«, das »Alte Zeitalter«, das von neuem ersteht. Die Informationen, die ich aufnahm, klangen tief in meiner Seele wider, und plötzlich erkannte ich die Wahrheit: Ich wußte, daß es mir zustand, zu genießen und weniger mit dem Leben ringen zu müssen. Ich meditierte täglich und vertraute dem Einblick, den ich mehr denn je in mein Inneres gewann. Etwas, das noch außerhalb meiner Reichweite und meiner Auffassungsgabe lag, rückte immer näher.

Während ich mich weiter mit dem Erden und der Meditation beschäftigte, wurde mir zunehmend klar, daß ich nach etwas oder jemandem suchte, und ich war entschlossen, am Ball zu bleiben und meine Suche fortzusetzen. Zwar wußte ich noch nicht genau, worauf es ankam, aber ich lernte mehr und mehr, meiner eigenen Entwicklung zu vertrauen. Mein Leben wandelte sich. Die Zeit nach meinem dreißigsten Geburtstag war sehr intensiv: eine angefochtene Scheidung, Umzug von der Ost- zur Westküste, die zweite Scheidung und der unerwartete Tod meiner Mutter.

Ich hatte von *channeling*, der »Kanalisierung«, gehört und glaubte daran, daß ein Geist aus dem Jenseits durch den Körper eines Menschen sprechen kann. Seit über fünf Jahren traf sich in Oakland eine Gruppe von Leuten mit einer Frau, die *channeling* mit der geistigen Welt praktizierte. Ich wurde zur Teilnahme aufgefordert, doch nach einigen Monaten begann ich eine Entwicklung in der Gruppe zu spüren, die ich als sehr unangenehm empfand. Die Leute schienen festgefahren zu sein, und einige Teilnehmer, mit denen ich mich auch privat traf, hatten allgemein eine negative Lebenseinstellung. Eine Frau war seit vier Jahren in der Gruppe und fühlte sich sehr unglücklich. Nicht einmal hörte ich, daß wir *channeling* allein durchführen könnten, nicht einmal, daß jeder Geist im physischen Körper *channeling* möglich macht. *Channeling* kann so einfach sein wie ein Gebet, auf das man Antworten erhält, oder so tiefgehend, daß man seinen Körper verläßt, um einem anderen Geist Zugang zu gewähren und ihn sich mitteilen zu lassen. Die Oakland-Gruppe war zu intellektuell, und ich spürte, daß wir keine Einheit und keinen Zusammenhalt hatten. Nachdem ich meine Ansicht geäußert hatte, wurde ich nicht mehr eingeladen. Gleichzeitig nahm mein politisches Bewußtsein zu, und jetzt mußte ich feststellen, daß auch innerhalb der geistigen Gemeinschaft Politik betrieben wurde! Wie konnten Menschen ihre Macht nur so mißbrauchen? Ich entwickelte mich von einem fast naiven und unwissenden Mädchen zu einer weltoffenen Frau, die aus eigener Erfahrung lernt. Doch ich suchte weiterhin nach dem eigentlichen Sinn des Lebens. Wer in Gottes Namen war ich? Warum mußte ich mich erneut einer Krise stellen? Mein Selbstbewußtsein und meine Selbstachtung waren zerstört, und bis jetzt wußte ich kaum, wer ich war oder was ich tat. Meine Suche ging weiter. Ich fühlte mich allein, entfremdet, abgeurteilt und verkannt. Meine Seele heilte ich durch Meditation, meinem Körper ließ ich mein wachsendes Wissen über Gesundheit und Ernährung zukommen, doch mein Geist wurde unterdrückt und flehte darum, erkannt zu werden! Mir fehlte jeder religiöse Hintergrund, und ich wußte nicht, wie ich mich an Gott wenden sollte, denn meine jüdische Mutter und mein Vater, ein irischer Katholik, hatten mir kein religiöses Wissen vermittelt. Sie waren der Meinung, daß ich mich selber entscheiden sollte, wenn ich älter sei. Wenn überhaupt, begriff ich Religion als etwas Negatives. In meinen Augen rief sie Schuld hervor, war beherrschend und verwirrend. Tief in meiner Seele hatte ich immer geglaubt, daß auf den Regen der Sonnenschein folgt, doch mir kam es jetzt so vor, als ob der Regen für mich niemals ein Ende nehmen würde, und ich war dieses ganze Auf und Ab leid. Schließlich gab ich es auf, alles verstehen zu wollen, ja, ich versuchte es nicht einmal mehr. Ich stand geistig unter Schock und wünschte nichts sehnlicher, als friedlich zu leben.

Damals hatte ich bereits vom Heartsong Center gehört, wo Kurse über Vertiefung des Bewußtseins, Auralesen und Energieheilung angeboten wurden. Jetzt ermutigte mich meine innere Stimme, Heartsong aufzusuchen. Drei Monate, nachdem ich Arbeit und Einkommen verloren hatte, veranstaltete Heartsong ein öffentliches Fest, und an diesem Abend begegnete ich Petey. Endlich fühlte ich mich zu

Hause. Hier traf ich auf Verständnis und fand die Unterstützung und die Liebe, die ich brauchte. Und als ich meine Seele zurückforderte und meinen Geist dankbar annahm, erlangte ich auch mein geistiges Wohlbefinden zurück.

In den Heartsong-Kursen erschlossen sich mir Kindheitserinnerungen, die sowohl mein Verhalten als auch die Art von Beziehungen, die ich mir schuf, sowie die Intensität meiner Erfahrungen erklärten. In den vier Jahren, in denen ich mich mit Metaphysik beschäftigt hatte, war mir oft gesagt worden, daß ich eine Unmenge Wut in mir angestaut hätte. In Heartsong fühlte ich mich sicher genug, um den Ursachen dieser ungelösten Wut auf den Grund zu gehen. Einige meiner Kindheitserinnerungen kamen in Trance zum Vorschein, andere in Träumen. Allmählich fügten sich die Teile meines Puzzles zusammen, und ich erkannte, daß ich in meinen Lebenserfahrungen eine fortlaufende Geschichte formte: Die Geschichte ist wahr, die Erfahrungen sind real, und der Prozeß, in dem ich verdrängte Erinnerungen aufspüre, ist für meine Heilung lebenswichtig.

Ich war ein ungewolltes Kind. Mein Vater hatte sich in eine andere Frau verliebt, während meine Mutter mit mir schwanger war. Nach meiner Geburt war er gezwungen, nach Hause zurückzukehren. Es machte ihn sehr unglücklich, daß er die Frau, die er liebte, verlassen mußte, um mit meiner Mutter, meinem dreijährigen Bruder und mir zu leben. Auch meine Mutter war über meine Geburt nicht erfreut, und mein Bruder lehnte mich von Anfang an ab. Meine Großmutter väterlicherseits tat das gleiche; sie war frustriert und verbittert, weil sie selbst nie die ersehnte Tochter gehabt hatte. So begann ich allmählich, mich zu verabscheuen und mich für alles und jeden schuldig und verantwortlich zu fühlen. Ich lebte in einem Kreis unglücklicher, frustrierter Menschen und glaubte gleichzeitig, daß es meine Aufgabe war, jeden glücklich zu machen.

Nachts, wenn meine Mutter schlief, kam mein Vater häufig in mein Schlafzimmer und mißbrauchte mich sexuell. Meine Mutter konnte nur auf einem Ohr hören, und wenn sie mit diesem Ohr auf dem

Kopfkissen lag, nahm sie nicht das geringste Geräusch wahr. Mein Vater war kräftig gebaut und stark. Es war ein großes, dunkles Geheimnis: Niemand durfte davon wissen, am wenigsten ich selbst, und ich mußte mich schlafend stellen, um ihm Macht über mich zu geben. Das begriff ich schnell, und ich verhielt mich ruhig, bis mein Geheimnis dazu führte, daß ich nichts mehr an mich herankommen ließ. Ständig schämte ich mich meines Körpers und meiner selbst insgesamt.

Meine Mutter lehrte mich, ich müsse einen Mann lieben, respektieren und ihm gefallen, um so seine Liebe zu gewinnen. Wie konnte meine Mutter diesen Mann lieben, einen Trinker, der sie entwürdigte und mich mißbrauchte? Ich begriff das alles nicht. Nach dem Tod meiner Mutter ging mir langsam ein Licht auf: Sie hatte das alles ebenfalls aus ihrem Bewußtsein verdrängt!

Was bedeutete das alles für mich? Als ich diese Kindheitserinnerungen Stück für Stück zurückrief und viele der Männerbeziehungen, die ich in meinem Leben gehabt hatte, in Gedanken Revue passieren ließ, verstand ich, wie tief mein Erwachsenenleben von diesen lange verschütteten Kindheitserfahrungen geprägt war. Ebenso begriff ich, in welcher Weise diese Erfahrungen mit meinen sensitiven Fähigkeiten zusammenhingen.

Ich bin »hellfühlend«, das heißt, ich nehme die Energie der Menschen um mich herum auf und kann so verstehen, was in ihnen vorgeht. Diese Fähigkeit erlernte ich sehr früh, da in der gestörten Familie, die meine Kindheit geprägt hat, niemand klar kommunizierte. Hellfühlend zu sein ist eine hilfreiche Fähigkeit, wenn man sie erkennt und damit umgehen kann. Was mich allerdings betrifft, so nahm ich die Energie anderer Menschen auf und hielt sie für meine eigene. Andere Menschen bezeichneten mich als zu gefühlsbetont und neurotisch. Wenn man bedenkt, daß ich versuchte, meine Eltern, meinen Bruder und jede andere Person in meiner Umgebung zu heilen, war das nur natürlich. Zudem bin ich nicht nur hellfühlend, sondern auch »hellhörend«, was bedeutet, daß ich die Gedanken anderer telepathisch wahrnehme. Das erklärt, warum ich mich so sehr verabscheute: Ständig nahm ich die negativen Gedanken der anderen auf.

Wenn ein Kind nicht angenommen, geliebt oder umsorgt wird, dann wird aus ihm ein verwirrter, frustrierter und zurückhaltender Erwachsener. Mein Öffnungsprozeß hat mich wieder mit meinem inneren Kind und seinen Erfahrungen in Berührung gebracht. Ich bin nicht hier, um anzuklagen oder zu urteilen, sondern ich möchte das, was geschehen ist, verstehen, verarbeiten, ausdrücken, um dann zu vergeben und meine Erinnerungen loszulassen, während ich mich weiter öffne.

Das sensitive Öffnen

Es kann geschehen, daß man sich bei Jogaübungen, Tanz und Sport, bei Operationen, Unfällen, Drogenkonsum, taoistischen Sexpraktiken oder durch die Erfahrungen bei einer Geburt oder beim Tod eines geliebten Menschen spontan öffnet. Diese intensiven Erfahrungen bilden eine unerwartete Brücke zwischen dem Unterbewußtsein beziehungsweise dem Unbewußten einerseits und dem Bewußtsein und dem Alltagsdenken andererseits, so daß plötzlich eine neue Dimension der Realität greifbar wird. Der neu heranreifende Sensitive macht scheinbar über Nacht den Schritt von der Unwissenheit zur Erkenntnis und Bewußtwerdung, vom bisher verschlossenen zum erwachenden Sensitiven. Gestern noch war Ihnen die mediale Energie fremd, heute erleben Sie sie in allen Feinheiten. Die plötzliche Brücke zwischen den verschiedenen Bewußtseinsebenen hat Sie in einen Zustand der Bewußtheit versetzt, der Ihnen vielleicht unverständlich ist und häufig unerwartet kommt.

Andere Menschen öffnen sich langsam, oftmals während einer Reise, die sie allein unternehmen. Ihre sensitiven Fähigkeiten kommen auf eine so subtile Weise zum Vorschein, daß sie ihr wachsendes spirituelles Bewußtsein mit dem Erwachsenwerden verwechseln und es Reife nennen. Sie öffnen sich still und allein, ohne sich der universellen Kraft des New Age bewußt zu werden, die um sie herum ersteht.

Entweder gehören Sie zu denen, die sich plötzlich und unbewußt geöffnet haben, oder aber Ihr mediales Ich kam langsam zum Vorschein. Vielleicht aber erfahren Sie auch Ihren Prozeß des Öffnens bewußt, Schritt für Schritt und im Wissen um Ihr spirituelles Erwachen, so wie es dieses Buch empfiehlt. Es mag sein, daß Sie in diesem Prozeß bereits einen Weg erkannt haben, eine lebenslange Reise, die jeder macht. Einige Menschen haben das Glück, diesen Weg bewußt zu gehen – und Sie werden dazugehören!

In den alten Lehren der Schamanen wird diese lebenslange Reise als ein Vorgang bezeichnet, bei dem der Geist abgespalten wird, um dann vom Individuum bewußt zurückgefordert und neu zusammengesetzt zu werden. Das sensitive Öffnen ist die schamanistische Reise des New Age, während der der Suchende seine Psyche neu entwickelt. Er muß seinen Energiekörper, seine Aura, seine Chakren, sein Erdungsband und seine inneren »Kanäle« durchreisen, um schließlich mit den blockierenden oder traumatisch belasteten Bildern seiner Kindheit und seiner Vorleben konfrontiert zu werden. Wenn Sie ein solcher Suchender sind, werden Sie beim Öffnen Ihrer Chakren mit den verborgenen, medialen Fähigkeiten ebenso vertraut werden wie mit den Vorgängen, in denen Sie Energie wahrnehmen, verarbeiten und projizieren. Das heißt also: Noch während Sie Ihre medialen Fähigkeiten entwickeln, setzen Sie sie schon ein.

Spirituelle Krisen

In dem Maße, wie Ihre medialen Sinne erweckt und entwickelt werden, bekommen Sie Einsicht in Ihre gesamte Lebensgeschichte. Sie gewinnen immer tieferen Einblick, und auch die besonders negativ beladenen Erinnerungen kommen zum Vorschein. Es ist möglich, daß Sie während dieses Prozesses eine spirituelle Krise durchmachen. Dazu kann es kommen, wenn Sie sich plötzlich öffnen und in einem unvermuteten Ansturm den Energien, Auren, Chakren, Gedanken und Gefühlen anderer Menschen ausgesetzt sind. Es kann sein, daß abrupte, starke Energieschübe außen an Ihrer Wirbelsäule entlanglaufen und unvermittelte Körperzuckungen, Rückenschmerzen, ein brennendes Gefühl oder sogar epileptische Anfälle hervorrufen. Dieser Zustand wird als Erwachen der Kundalini-Kraft bezeichnet. Eine andere Form spiritueller Krise kann eintreten, wenn Sie auf ein besonders starkes, traumatisch belastetes Bild stoßen, das Sie in der Vergangenheit verleugnet haben. Plötzlich steht es vor Ihnen, und Sie müssen sich damit auseinandersetzen.

Der Öffnungsprozeß und die ihn begleitenden spirituellen Krisen sind wie ein persönliches Armageddon, das der Eingeweihte auf seiner Reise durchmacht. Egal, wie sehr Sie zuvor durch Therapie und Körperübungen, in Ashrams und in Schulen an sich selbst gearbeitet haben und gewachsen sind, hier fordern Sie die dunkelsten Aspekte Ihres Wesens erneut zu einer Auseinandersetzung heraus. Zwar haben Sie sich mit diesen Aspekten bereits beschäftigt, sich ihnen gestellt, sie angesehen, sich durch sie herausgefordert gefühlt, sie angeschrien und ihnen vielleicht schließlich vergeben. Vielleicht haben Sie sie auch allmählich liebgewonnen. Doch bis jetzt haben Sie sie noch immer nicht verarbeitet und abgelegt. Erst wenn Sie Ihre Erinnerungen von dem Trauma befreit und sie aus der medialen Perspektive Ihrer Seele verstanden haben, werden Sie nie wieder davon beherrscht oder verfolgt werden. Diese Seelenreinigung ähnelt dem religiösen Taufritual und bereitet Sie auf die Erleuchtung durch die Selbsterkenntnis Ihrer Seele vor – auf das Leben im eigenen Licht!

Das reine Licht

Bleiben Sie von dem Wunsch erfüllt, Ihr höheres Selbst zu verkörpern, und lassen Sie sich davon leiten. Häufig werden Sie Mut brauchen, um sich alten Gefühlen und Erinnerungen zu stellen. Da sie verleugnet und unverarbeitet blieben, haben sie sich erkennbar oder unbewußt auf Ihre Alltagsrealität ausgewirkt. Mit jeder blockierenden Erinnerung, von der Sie sich befreien, geben Sie auch dicke, schwere, dunkle und langsamer fließende, traumatisierende Energie frei und reinigen somit das Energiefeld Ihrer Aura. Letzten Endes werden Sie nur noch vom reinen Licht der essentiellen Energie Ihrer Seele umgeben sein. Der sensitive Öffnungsprozeß, die Reise von Armageddon bis zu den Himmelspforten, erweitert Ihr Bewußtsein in jeder Hinsicht!

Konfrontation mit dem niederen Selbst unter Anleitung eines Lehrers

In der Mitte des Öffnungsprozesses rufen schnelläufige Phasen in dem erwachenden Sensitiven oft einen plötzlichen Erkenntnisschub hervor. Jeder Tag konfrontiert den Suchenden mit neuen Bildern, und in dem Maße, in dem sich seine Fähigkeiten entwickeln, nimmt auch seine Kraft zu. Während dieser überwältigenden Phase des Heranreifens findet der Suchende häufig einen Lehrer, der ihm auf diesem Weg bereits ein Stück voraus ist und seine Erfahrungen mit ihm teilt sowie hilfreiche Unterstützung gibt. Oft sieht der Suchende in ihm fast schon einen Magier, da er alle Schlüssel zum Universum in der Hand zu halten scheint. Unter Anleitung des Lehrers erweckt der Suchende in sich den spirituellen, den friedvollen Krieger, der die Kraft hat, den Kampf gegen das niedere, dunklere Selbst aufzunehmen. Das niedere Selbst ist die wahre Herausforderung, der Sie auf Ihrer Reise begegnen, es zeigt sich in persönlicher Unsicherheit,

Selbstkritik, im Versagen der Wünsche, in Angst, Eifersucht, Sarkasmus, Haß, Wut, Besitzgier und Intoleranz.

Nicht die Lehrer selbst sind das wahrhaft Magische, sondern deren mediales beziehungsweise spirituelles Weltbild. Lehrer lehren durch ihre Handlungen, durch ihr eigenes Leben. An ihnen können Sie lernen, daß jede Erfahrung Lektionen und Prüfungen bereithält, die ein größeres spirituelles Bewußtsein fördern. Wenn Sie eine Lektion bewältigen, heben Sie Ihre Energie auf eine höhere und leichtere Schwingungsebene. Was auch passiert, Sie können durch das Verströmen Ihres Lichts eine Erfahrung gewinnen, die Sie spirituell wachsen läßt und jedesmal einen Durchbruch bedeutet. Ein guter Lehrer führt den Suchenden behutsam zur Erkenntnis seiner eigenen seelischen Lebensenergie.

Die Lehrer müssen nicht unbedingt medial oder spirituell veranlagte Menschen sein. Es kann sich zum Beispiel um eine Tanzlehrerin handeln, die Ihnen hilft, im wahrsten Sinne des Wortes ein Tänzer zu sein. Eine bestimmte Fähigkeit voll zu entwickeln heißt schon, einen spirituellen Grad zu erreichen. Wenn Sie Ihr Bestes geben, um wie ein Tänzer zu gehen, zu sprechen, auszusehen und zu handeln, so ist das eine beachtliche Entwicklung. Vielleicht ist Ihre Tanzlehrerin in der spirituellen Entwicklung fortgeschritten, und ihr Energiekörper wird nicht durch Vorstellungen blockiert, so daß sie sich in ihrem Tanz frei entfalten kann. Deshalb ist sie in der Lage, Ihnen beizubringen, Ihre Vorstellungen und Ihr niederes Selbst herauszufordern und sich so weit davon freizumachen, daß Sie den spirituellen Tänzer in sich entfalten können.

Sie zeigt Ihnen vielleicht, wie durch innere Konzentration der Umgang mit anderen Menschen erleichtert wird, und in jeder beliebigen Situation weist sie Sie auf sich selbst zurück. Mit dem Mut, mit dem sie den spirituellen Tänzer in sich selbst erweckt und zu ihrem Leitstern erhoben hat, kann sie Ihnen ein Beispiel geben, Ihren Weg mit derselben Hingabe zu verfolgen.

Sie sehen in Ihrer Tanzlehrerin vielleicht fast so etwas wie eine

Zauberin: Aus Fetzen macht sie Ihnen herrliche Kleider, und Engagements greift sie wie aus der Luft. Immer wieder lenkt sie Ihre Aufmerksamkeit auf Ihr Inneres, auf Ihre Herzmitte, auf Ihre eigene Kraft. Bei jeder Gelegenheit gibt sie Ihnen zu verstehen, daß Ihr niederes Selbst Ihren wirklichen Wünschen im Wege steht – aus der höchsten Kraft Ihrer Seele zu tanzen. Es gibt nur einen Weg dorthin: *Seien* Sie Ihr Licht, *seien* Sie Ihre Inspiration, *seien* Sie ein Tänzer.

Das Gesetz der Manifestation

Ständig schaffen Sie sich Ihre eigene Realität. Wo immer Sie hingehen, tragen Sie die Bilder Ihrer Erinnerungen, Gedanken, Gefühle, Hoffnungen, Träume, Ängste und Anschauungen mit sich. Da diese Bilder aus Energie entstanden sind, ziehen sie auch dieselbe Art von Energie an. Sie schaffen sich also Ihre Realität, indem Sie aufgrund der Bilder, die Sie in Ihrer Aura mit sich tragen, bestimmte Entscheidungen treffen. Die folgende Fallstudie verdeutlicht diesen Vorgang.

Beispiel: Gretchen wuchs in einer sehr reichen Familie auf und wurde von Kindermädchen und Bediensteten großgezogen. Ihre Eltern hatten immer zuviel zu tun, um sich um sie zu kümmern. Da sie nie Liebe erfuhr, war sie auch unfähig, sich selbst zu lieben. Sie war eine sympathische Frau, doch die Freunde, die sie anzog, nutzten sie aus oder behandelten sie wie ein Objekt. Während einer Auralesung kam ihre Vorstellung von sich selbst zum Vorschein, die besagte: »Ich bin nicht liebenswert. Darum mag mich niemand.« Diese Vorstellung war Ausdruck ihrer Selbstwahrnehmung, durch die sie wiederum andere Menschen anzog und ihnen gestattete, sie ebenso zu behandeln, wie es ihre Eltern getan hatten. Gretchen stand vor der Wahl, diese Vorstellung aufrechtzuerhalten und genauso weiterzuleben wie bisher oder sich von ihr zu lösen, sie zu verarbeiten und abzulegen.

Bevor Gretchen sich von dieser Vorstellung befreien konnte, mußte sie in ihre Kindheit zurückgehen und ihr inneres Kind aus der

Verlassenheit herausholen. In dem großen Zimmer eines riesigen Hauses traf sie auf ihr inneres Kind, das zu diesem Zeitpunkt sieben Jahre alt war. Es war allein; seine Eltern befanden sich mit Freunden im Solarium. Sie nahm ihr inneres Kind und trug es die Treppe hinunter, um an der Tür zum Solarium zu horchen. Dort hörte sie, wie ihre Eltern sich mit den Freunden unterhielten. Sowohl ihr inneres Kind als auch die erwachsene Person konnten so viel verstehen, daß ihre Eltern sie tatsächlich liebten, denn vieles, was sie taten, entsprang der ernsthaften Absicht, ihr ein gutes Leben zu ermöglichen. Ihr tatsächliches Verhalten aber zeigte, daß sie so davon in Anspruch genommen waren, ihr »ein gutes Leben« zu bereiten, daß keine Zeit mehr blieb, ihr Aufmerksamkeit zu schenken. Gretchen und ihr inneres Kind gewannen ein neues Verständnis und somit eine andere Sichtweise. Sie kehrte aus der Regression in ihre Kindheit mit der festen Absicht zurück, ihre Aura zu reinigen, um von nun an diejenige Realität anzuziehen und zu erschaffen, die sie wirklich wollte. Sie erkannte, daß das Eintauchen in die Vergangenheit ihr nun die Gelegenheit bot, ihre Realität zu ändern, indem sie die Verantwortung für den Zustand ihrer Energie übernahm. Nachdem sie ihren Eltern vergeben hatte und mehr Eigenliebe in ihre Aura fließen ließ, äußerte sich das auch in ihrem Verhältnis zu anderen. Die Menschen um sie herum schenkten ihr mehr Liebe, und sie war bereit und fähig, sie anzunehmen.

Sich seine eigene Realität zu schaffen ist gar nicht schwer. Entscheiden Sie sich für etwas, das Sie sich erwünschen. Stellen Sie sich vor, wie es wäre, wenn Sie es hätten, und wieviel Kraft es Ihnen geben könnte. Lassen Sie sich auf den Wunsch ein, stellen Sie eine Verbindung dazu her, sehen Sie sich seine Auswirkungen an und machen Sie sich klar, daß er erfüllbar ist! Sie müssen nichts anderes tun, als Ihre Chakren unmittelbar auf Ihre Wünsche und Bedürfnisse zu konzentrieren, immer unter der Voraussetzung, daß sie auch zum größten Nutzen anderer dienen, und Sie werden Ihr Ziel erreichen. Glauben Sie daran!

Übung zur Realitätsschaffung

1. Setzen Sie sich auf einen bequemen Stuhl mit gerader Lehne. Die Hände und die Füße berühren sich nicht.
2. Atmen Sie Ihre essentielle Energie ein. Atmen Sie jede fremde Energie ohne Zwang aus. Atmen Sie und reinigen Sie den ganzen Körper: Rumpf, Glieder, Kopf, die Chakren und die Aura samt ihren Grenzen.
3. Stellen Sie sich vor, wie Sie mit Ihrer essentiellen Energie Ihr Erdungsband bilden, indem Sie die Energie verstärkt ins Becken atmen. Wenn Sie eine goldene Kugel mit einem langen Band gebildet haben, lassen Sie diese Kugel zur Erdmitte hinab. Nun sind Sie geerdet.
4. Lassen Sie Ihre Energie fließen, indem Sie sich auf Ihre eigene Lebensenergie konzentrieren. Lenken Sie die Aufmerksamkeit auf die Innenseite der Füße, und lassen Sie Ihre Lebensenergie aufwärts in den Beckenraum steigen. Ziehen Sie gleichzeitig die Energie durch den Scheitelpunkt Ihres Kopfes hinunter in das Becken. Lassen Sie die kosmische Energie und die Energie der Erde im Becken zusammenfließen, außen an der Wirbelsäule hinauf- und aus der Kopfkrone hinausströmen, und wiederholen Sie diesen Kreislauf für fünf bis zehn Minuten.
5. Gehen Sie mit Ihrem ganzen Bewußtsein in die Kopfmitte, in der Sie Ihre seelische Bewußtheit in Form von bläulichweißem Licht wahrnehmen können. Hier zeigt sich Ihnen auch Ihr innerer Bildschirm. Er befindet sich unmittelbar vor Ihnen, mitten in Ihrem Kopf. Der Bildschirm ist gänzlich durchlässig und durchsichtig, er hat ein eigenes Erdungsband.
6. Projizieren Sie einen Zukunftswunsch auf den Bildschirm. Ist es ein neues Auto, ein Liebhaber, eine bessere Arbeit,

mehr Ausgeglichenheit oder spirituelle Erleuchtung? Versetzen Sie sich in die Situation, die Sie sich erwünschen, und überlegen Sie, was Sie ändern müßten, damit die Situation im Alltagsleben fortbestehen kann. Was wäre, wenn Sie Auto, Liebhaber, Arbeit, Ausgeglichenheit oder spirituelle Erleuchtung wirklich besäßen? Geben Sie Ihrer Vorstellung mehr Macht, indem Sie sie mit Ihrer essentiellen Energie umgeben und erden. Setzen Sie sich mit dieser Vorstellung auseinander, und machen Sie sich mit ihr vertraut. Sie können auch Fragen stellen, zum Beispiel: »Was muß ich wissen, um dich Wirklichkeit werden zu lassen?« Hören Sie auf die Antworten des Bildes.

7. Senden Sie Kopien des Wunsches an jede einzelne Körperzelle, um ihn so tief wie möglich einzuprägen, so daß jede Zelle ihn verinnerlichen kann. Machen Sie sich klar, daß Ihr Wunsch erfüllbar ist und daß Sie ihn jederzeit realisieren können. Umgeben Sie das Bild auf Ihrem Bildschirm mit einem rosafarbenen, geflügelten Herzen, und lassen Sie das Herz durch Ihre Aura in die Astralwelt hinausfliegen. Das rosa Herz soll in Form und Farbe Ihre Nähe zu dem Wunsch versinnbildlichen. Den wahren Wunsch zieht es zu dem Herzen hin und dann wieder zurück zu dem Teil des Wunsches, der in jeder Körperzelle ruht. Es ist wie mit der Energie, die die gleiche oder ergänzende Energie anzieht. Hier noch eine Warnung: Es wird das in Erfüllung gehen, was Sie selber schaffen. Verfolgen Sie dabei gute und edle Absichten, dann wird sich auch Ihre Realität entsprechend gestalten.
8. Beenden Sie die Übung.

Eine neue Realität *(von Michele Jamal)*

Seit meiner frühesten Kindheit erlebte ich mediale Erscheinungen auf verschiedenen Ebenen und in diverser Form, zum Beispiel waren es spontane Astralreisen, oder ich konnte die Gedanken, Auren und Vorleben anderer Menschen lesen. Bedeutungsvoller aber waren für mich jene medialen Erfahrungen, die mir nicht nur eine tiefere, subtilere Beziehung zu Menschen erlaubten, sondern auch zu Außerirdischen, Tieren, Steinen, Bäumen und den unzähligen Formen von lebendem Bewußtsein.

Während ich für mein Buch über schamanistische Frauen der Gegenwart Schamaninnen interviewte, begab ich mich in Trance und sah Manifestationen medialer Erscheinungen. Dann, nachdem ich mit einer Frau bis in die Morgenstunden telefoniert hatte, ging ich ins Bett. Als ich mich hingelegt und die Augen geschlossen hatte, sah ich die winzige, schillernde, ätherische Gestalt einer Frau mit Flügeln in meinen inneren Vorstellungsbereich fliegen. Die Vision war begleitet von musikalischen Klängen, die als ätherische, durchscheinende Farben sichtbar wurden.

Vor zwei Jahren konnte ich in Hawaii meine eigene Mythologie sichtbar ausleben. Sobald ich eine Information sensitiv weiterleitete, schien sie sich auf einem bestimmten äußeren Niveau zu manifestieren. Die Übertragung mochte noch so phantastisch sein, innerhalb von Tagen oder Wochen wurde sie zur Realität. Ich hatte die mythische Welt der Devas betreten.

Die Zeiten, in denen ich ein Höchstmaß an medialer Energie in meinem Leben aktiviere, scheinen von Phasen begleitet zu sein, in denen ich in enger Verbindung zu einem vielleicht unerforschten Teil in mir stehe, der eine ungenützte Quelle reiner Energie enthält. Wenn die Erscheinungen sehr intensiv sind, weiß ich, daß mein innerer Geigerzähler die unmittelbare Nähe zu einer Quelle anzeigt.

Vor knapp vier Jahren machte ich einige Erfahrungen, die mir signalisierten, daß ich mich in einem außergewöhnlichen Bereich befand, dessen Bedeutung ich nur verstehen würde, wenn ich mich außerhalb der herkömmlichen Denkweisen begab.

Meine beste Freundin, Alexandra, beschäftigte sich intensiv mit der Mystik des tibetischen Buddhismus. Obwohl auch ich Zuflucht im Dharma gesucht hatte, hatte ich mich bisher weder mit der Theorie noch mit den mystischen Texten eingehender beschäftigt und war keine konsequente Anhängerin dieses Denksystems. Ich wurde viel zu stark von den Problemen in Anspruch genommen, mit denen eine alleinerziehende Mutter ohne sicheres Einkommen konfrontiert ist, und das Wasser stand mir fast bis zum Hals. Eine wichtige Funktion von Dharmaübungen liegt darin, den Geist von Blockierungen zu befreien und Klarheit zu schaffen, doch nur dazusitzen und meinen Geist zu beobachten, was nicht gerade das, was ich in meiner damaligen Situation wollte. An einem besonders schwierigen Tag griff ich wie viele andere Frauen vor mir zum Staubsauger und wollte meine Ängste bewältigen, indem ich ein tadelloses Heim schuf. Mitten in meinem Putzanfall dachte ich an einen Lama, dem meine Freundin vollkommen vertraute. Da ich weiß, daß Geist-zu-Geist-Kommunikation durchaus im Bereich des Möglichen liegt, konzentrierte ich mich darauf, Kontakt zu ihm aufzunehmen. Ich hoffte, daß ich mein Leben irgendwie aus einer anderen Perspektive wahrnehmen könnte, wenn ich mich auf seine Frequenz einstellte. Eigentlich wußte ich, daß man dazu den Geist beruhigen und das Bewußtsein transformieren muß, und noch heute lache ich über meinen Versuch, von einem Lama »empfangen« zu werden. Trotzdem sandte ich meinen medialen Ruf in aller Eindringlichkeit aus, und in Sekundenschnelle begann sich mein Geist zu drehen, als ob er von einer außer mir stehenden Macht gelenkt würde. In mir fühlte ich einen Energiewirbel, und als ich mich im Zimmer umsah, schien ich es aus einer ungewohnten Höhe wahrzunehmen. Meine Umgebung wirkte klarer und die Gegenstände heller und deutlicher als zuvor.

Ich hoffte, am Abend von der Erfahrung »herunterzukommen«,

aber meine Euphorie ließ nicht nach. Auch am nächsten Morgen stand ich noch unter dem Einfluß dieses veränderten Wahrnehmungszustandes. Am selben Abend war ich mit zwei buddhistisch orientierten Freundinnen – die eine war eben die, die den Lama kannte – zu einem Konzert mit indischer Musik verabredet.

Bevor ich mich mit ihnen traf, stieg die Angst in mir auf, daß ich mich anders verhalten würde als sonst. Zuerst fuhr ich zu Lenas Wohnung, um sie abzuholen. Wie gewöhnlich war sie aufgedreht und gesprächig. Plötzlich hielt sie mitten im Satz inne und sagte: »Du bist irgendwie anders.« »Wie denn?« fragte ich und spürte, daß die Angst zurückkam. »Ich weiß nicht«, sagte sie, »anders.«

Dann trafen wir Alexandra. Schon als ich sie sah, fühlte ich, wie sich die Energie in meinem Kopf zusammenzog, und als sie bei uns war, wurde der Druck in meinem dritten Auge fast unerträglich. Plötzlich spürte ich, wie ich aus meinem Körper glitt und eine sehr starke Wesenheit meinen Platz einnahm. Alexandra wurde, ebenso wie mir, sehr schwindlig. Gleichzeitig nahmen wir beide die mächtige Energie wahr und wurden dadurch sehr aufgedreht. Wir lachten wie unter Drogen und hatten einen riesigen Spaß. Nur Lena war reichlich verärgert und bat uns, entweder aufzuhören oder sie in das Geheimnis einzuweihen. Aber wir konnten einfach nicht aufhören. Ich hatte das Gefühl, als würde die Kraft, unter deren Einfluß ich stand, in Alexandras Gegenwart noch verdoppelt, und sie empfand es ebenso. Im Konzert stand Lena während der Pause auf, und ich erzählte Alexandra, was ich erlebt hatte, seit ich den Lama angerufen hatte. »Mein Gott«, sagte sie, »ich kann seine Energie auch fühlen. Das ist ja unglaublich!« Die Energie, seine Energie, wurde während des ganzen Konzerts weiter übermittelt. Meine übliche Empfänglichkeit für indische Ragas war um ein Hundertfaches erhöht. Ich war tief in Trance und folgte jeder Note. Nach dem Konzert gingen wir drei einen Kaffee trinken. Als ich meine Tasse ansah, schien sie weit entfernt zu sein. »O Scheiße«, murmelte ich. Ich kam mir vor wie Alice im Wunderland, als sie plötzlich riesengroß geworden war. Bei diesen

Worten brach Alexandra in schallendes Gelächter aus, denn sie schien zu wissen, was in mir vorging. Nun hatte Lena endgültig genug, sie befand sich einfach auf einer anderen Wellenlänge. Zwar wußte sie, daß wir keine Drogen genommen hatten, doch sie verstand nicht im geringsten, was vor sich ging. Wenn wir es ihr erzählt hätten, hätte sie uns beide allerdings für verrückt erklärt.

Nachdem eine Woche verstrichen war und ich immer noch nicht heruntergekommen war, fragte ich mich ernsthaft, was vor sich ging. Die ganze Woche hindurch hatte ich gespürt, wie die Erscheinung des Lamas in mir stärker wurde. Ich war erregt und fühlte mich sehr leicht, doch gleichzeitig verwirrte mich dieses Phänomen, dem ich mich offensichtlich nicht entziehen konnte. Ich hatte ungewöhnliche Träume und Visionen, die offensichtlich alle mit einem Gesamtthema zusammenhingen, das sich erst allmählich herauskristallisierte.

In einem der Träume erschien ein Bote an meiner Tür und teilte mir mit, daß mein Lehrer mich besuchen würde. Um mir klarzumachen, daß es wahr war, blickte ich, was seltsam genug ist, in den Spiegel. Da sah ich, wie meine Gestalt im Handumdrehen zu der eines Mannes wurde, der das karmesinrote Gewand eines Lamas trug. Im Traum konnte ich sein Gesicht erkennen und spürte, daß es eine Bestätigung für sein Kommen war. Nach dem Erwachen konnte ich mich allerdings nicht mehr an das Gesicht erinnern.

In einem anderen Traum sah ich, wie der Lama, den ich gerufen hatte, einen Korridor entlangging. Ich folgte ihm, bis er um eine Ecke bog und verschwand. Rechts vom Korridor befand sich eine Tür, die mir bekannt vorkam. Ich trat ein in der Überzeugung, daß dies der richtige Ort war. Innen traf ich auf zwei alte, verhutzelt aussehende Leute, die sehr klein und zwergenhaft waren. Als ich ihnen sagte, daß ich den Lama suche, antworteten sie mit einem freundlichen Lächeln: »Ja.« Sie wiesen mich auf irgend etwas hin, und plötzlich glitt ich in eine kaleidoskopische Welt, in der ich in wenigen Augenblicken wunderschöne Landschaften durchwanderte, die ich voller Glück wiedererkannte. »Ja, diesen Ort kenne ich«, sagte ich. »Hier möchte ich bleiben.«

Die episodischen Träume und Visionen zogen sich über einen Zeitraum von zwei Wochen hin. In dieser Zeit hatte ich auch zum ersten Mal die Vision eines Menschen. Eines Morgens stand ich früh auf, um noch vor Einbruch der Dämmerung unbeschwert meditieren zu können. Ich fiel problemlos in Trance und saß für eine halbe Stunde oder länger so da. Dann sah ich, wie aus der Dunkelheit eine kleine Gestalt auftauchte, die erstaunlich klar erkennbar war. Dicht vor mir tauchte dann ein roter Buddha auf. Er war von einer vibrierenden roten Aura umgeben und erweckte einen außergewöhnlich friedfertigen Eindruck. Die Gestalt manifestierte sich zwar nur sehr kurz, aber ich war dennoch von ihr überwältigt.

Meine außergewöhnlichen Erfahrungen dauerten an. Eines Tages stieg ich die Treppe zu meiner Wohnung hinauf und empfand das dringende Bedürfnis, mich schlafen zu legen und meinen Kopf so schnell wie möglich auf das Kopfkissen sinken zu lassen. Außer wenn ich Fieber hatte, schlief ich tagsüber nie, auch während meiner Schwangerschaft nicht. Selbst nach kurzen Nächten lege ich mich nicht hin. An diesem Nachmittag aber war mein Kopf so schwer, daß ich glaubte, ihn nicht einen Augenblick länger aufrecht halten zu können, und das Schlafzimmer schien unendlich weit weg zu sein. Kaum hatte ich die Tür aufgeschlossen, ging ich zum Sofa und legte mich hin. In dem Augenblick, in dem ich die Augen schloß, spürte ich, wie ich mich aus meinem Körper emporschwang und meinem dritten Auge folgte. Ich blickte auf tiefe, sonnenbeschienene Täler und eine Gebirgslandschaft im Hintergrund hinab, die von breiten Schatten überzogen wurde. In meinem Astralkörper schwebte ich dahin, bis ich auf einem großen Balkon landete. Dann erblickte ich einen Lama, der dort von Licht umflutet stand und unvorstellbare Strahlen aussandte. Seltsamerweise konzentrierte ich mich auf seinen nackten Arm, der vom Sonnenlicht vergoldet war, und auf seine Aura. Als ich aufsah, um sein Gesicht zu sehen, wurde ich in meinen Körper zurückgerissen und erwachte. Beim Aufstehen merkte ich, daß die Schwere verflogen war und ich mich vollkommen frisch fühlte. Die Vision war zwar kurz gewesen, aber es war eine weitere Erfahrung, die ich erst einmal verarbeiten mußte. Wozu diente dieser Astralflug? War ich an diesen Ort »gerufen« worden? Und wenn ja, warum? Wer war der Lama? Ich konnte mir nicht vorstellen, daß ich ihn kannte.

In dieser Art Tagtraum verbrachte ich zwei Wochen. Einmal überkam mich ein unerträgliches Schwindelgefühl, das Zimmer begann sich zu drehen, und ich bekam Angst. Einige Jahre zuvor hatte ich eine Mittelohrentzündung gehabt und sehr darunter gelitten. Ich rief daher die homöopathische Klinik von Berkeley an, und da es ein Wochenende war, mußte der Arzt angefunkt werden. Als ich endlich mit ihm verbunden war, erklärte er mir, er würde das Medikament an einer Stelle außerhalb der Klinik hinterlegen, so daß ich es problemlos finden würde und kommen könne, wann ich wolle. Das Schwindelgefühl war so stark, daß ich befürchtete, nicht Auto fahren zu können, doch ich riß mich zusammen und fuhr sehr vorsichtig. Als ich die Klinik erreichte, fand ich zu meinem Ärger kein Medikament vor. Ich mußte also ohne ein Mittel gegen meine Symptome wieder nach Hause fahren.

Als ich im Auto darüber nachdachte, fiel mir ein, daß das »Heartsong Psychic Institute« ein Behandlungszentrum hatte, das an Samstagen geöffnet war. Es lag in Albany, direkt auf meinem Weg nach Hause. Ich hatte zwar wenig Hoffnung, daß sie in einer halbstündigen Sitzung eine Mittelohrentzündung heilen konnten, aber mir fiel in der Eile nichts Besseres ein, und ich fuhr hin.

Sobald ich den Medien gegenübersaß, spürte ich sehr schnell, daß einer von ihnen, Phil Chan, stark in mich eindrang. Drei der Heiler sagten mir, daß sie eine enorme Hitze in meinem Kopf sähen, die mit Initiationen und Bindungen aus einem früheren Leben zusammenhinge. Phil sah mich in einem meiner früheren Leben zusammen mit einem Guru in einem Tempel, in dem wir Feuerrituale vollzogen. Er sagte, daß die Verbindung zwischen uns sehr stark gewesen und auch in diesem Leben von tiefer Bedeutung sei und daß dieser Guru in meinen Kopf eingedrungen sei. Als Phil mir erklärte, ihm sei aufgefallen, daß verspielte Affen um den Tempel herumtollten, war ich ziemlich betroffen. Meine Freundin Alexandra hatte mir nämlich erzählt, daß der Lama, den ich angerufen hatte, in einem Tempel lebte, vor dem häufig Affen spielten.

Für mich zählte jedoch vor allem, daß mein Kopf nun endlich klar war und frei von Schwindel. Indem die Heiler die Energie des früheren Lebens aus meinem Kopf zogen, verschwand auch das Gefühl, unter Drogen zu stehen. Ich genoß eine dreitägige Ruhepause ohne außergewöhnliche Phänomene, dann rief mich Alexandra an: »Rate mal, was los ist«, flüsterte sie. »Was denn?« fragte ich. »Er ist hier.« »Wer?« »Der Rotmützenlama. Und er wird wohl kaum für immer hier bleiben. Willst du ihn sehen?«

Nun hatte ich die volle Bestätigung. Ich war mittendrin. Es fällt mir viel schwerer, das Treffen mit dem Lama zu beschreiben als die Phänomene, die der physisch realen Begegnung vorausgingen. Zusammenfassend läßt sich sagen, daß wir uns ohne jeden Zweifel wiedererkannten. In seiner Gegenwart verfiel ich wieder in den hypnotischen Zustand, doch die Schwindelgefühle kamen nicht zurück. Unsere Geist-zu-Geist-Kommunikation war sehr ausgeprägt, und man konnte uns beiden die Wirkung ansehen.

In seinen Lesungen teilte er uns mit, daß er der Rotmützenlama sei, die Emanation von Amitabha, dem Roten Buddha. Ich war vollkommen überrumpelt von dieser Mitteilung, aber dennoch empfand ich dabei eine tiefe Gelassenheit. Es war, als hätte ich bis zu einem gewissen Grad dieses Wissen bereits verarbeitet, bevor er kam, so daß ich auf sein Kraftfeld vorbereitet war, als wir uns dann wirklich begegneten.

Ich hatte die Gelegenheit, ihm von der Vision des roten Buddha zu erzählen. Er schien sehr bewegt zu sein und sagte: »Ja! Ja!«, als wolle er damit bestätigen, daß es irgendwie eine Verbindung zu seiner eigenen Person gewesen war.

Was die Zukunft betrifft, verspüre ich nicht das Bedürfnis, ähnliche mediale Verbindungen oder Energiewellen zwischen uns zu aktivieren. Diese Erfahrungen haben mir vielleicht erneut die Kraft der medialen Welt gezeigt, deren Bedeutung immer in dem liegt, auf das sie hinweist. Mit Hingabe, Disziplin und spirituellen Übungen kann man zu einem strahlenden, großzügigen und geläuterten Menschen werden.

Kapitel 5

Zehn Wege zu einer stärkeren Sensitivität

Sensitive Meditation

Jede Art von Meditation ist sensitiv. Meditation bedeutet, den physischen Körper und auch den erregten Geist so lange zu entspannen und zu beruhigen, bis man sich auf seine innere Welt konzentrieren kann. Sie ist Gefährt oder Brücke zu der meist unbewußten Seelenwelt der medialen Energiewahrnehmungen. Der Meditierende erreicht die Ebene der Transzendenz, indem er von einem wachen Bewußtseinszustand, der auf die äußere, physische Realität gerichtet ist, in einen anderen übergleitet, bei dem er sich mit geschlossenen Augen auf den inneren, medialen Seelenbereich konzentriert. Darum ruft Meditation manchmal einen Trancezustand hervor. Alles, was dazu nötig ist, ist eine leichte Verlagerung der Aufmerksamkeit und der Konzentration.

Meditation ist etwas sehr Einfaches. Im Laufe deses Buches haben Sie sie bereits durchgeführt. Während der vorherigen Übungen haben Sie Ihr Außenleben zur Ruhe gebracht und Ihre Aufmerksamkeit nach innen gekehrt, um Ihr Seelenleben zu ergründen. Vielleicht haben Sie früher bereits bewußt meditiert, vielleicht aber haben Sie auch meditiert, ohne es zu realisieren, da es für Sie Phantasie, Einbildung, Tagträumerei oder Ausgeflipptsein gewesen war. Gärtner, Leistungssportler, Tänzer, stillende Mütter, Künstler und Menschen, die sich intensiv auf ein Hobby oder eine Arbeit konzentrieren oder aktiv Sport treiben, kennen Meditationserfahrungen ebenfalls. Sie haben sich selbst transzendiert und ihre Wahrnehmungen und ihr Bewußtsein verändert. Dieses Buch bringt Ihnen bei, bewußt zu meditieren, also sich klarzumachen, was Sie tun, und die volle Verantwortung dafür zu übernehmen. Es ist wirklich sehr einfach.

Wir alle meditieren. Der verschlossene Sensitive nennt es Denken und versucht, es auf ein Minimum zu reduzieren. Der sich entfaltende Sensitive nennt es Tagträumerei und empfindet es als unangenehm. Der erwachende Sensitive fühlt sich davon angezogen, ist jedoch häufig verwirrt. Der offene Sensitive entschließt sich, aktiv und gezielt zu meditieren. Jeder meditiert und beobachtet sein Seelenleben auf seine Art.

Unerfahrene Meditierende fürchten sich häufig vor dem Zustand der Meditation und der Trance. Doch wenn Sie sich an die richtigen Schritte halten, gibt es im seelischen Bereich nichts zu befürchten. Ich habe niemals jemanden kennengelernt, der eine so schlechte Erfahrung gemacht hat, wie sie in Film und Fernsehen häufig dargestellt wird. Wenn Ihre Einstellung positiv und menschenfreundlich ist und Sie Ihre schützende Eigenliebe bewahren, werden Sie während der Meditation nichts außergewöhnlich Negatives erleben.

Im *Ägyptischen Totenbuch* und im *Tibetischen Totenbuch* heißt es, daß die Seele nach Verlassen des physischen Körpers geheimnisvolle Ätherzonen durchwandert, die von Ungeheuern und Devas herrlicher oder furchterregender Natur beherrscht werden. Allerdings begegnen unerfahrene Meditierende diesen Phänomenen zuweilen bereits, wenn sie ihren Körper zum ersten Mal verlassen. Die schönen Geister, die Devas, sind Verkörperungen Ihres höheren Selbst, Ihrer Liebe und Ihres Edelmutes. Die Ungeheuer hingegen verkörpern Ihr niederes Selbst, Ihre Ängste und Ihre unverarbeiteten Vorstellungen. Jede Angstvorstellung kann ihren Ursprung in einer Lebenserfahrung haben, die Sie bisher verdrängt haben.

Wenn Meditierende mit den verschiedenen Aspekten ihres Selbst und ihrer Vergangenheit konfrontiert werden, durchwandern sie im

Trancezustand ihre gesamte Aura. Wer intensiv meditiert, für den existieren keine negativen Stellen mehr, die in unerforschten Winkeln der Aura lauern, nichts ist ihm mehr fremd. Weil er sich gut kennt und während der täglichen Meditationsübungen seinen Körper immer wieder verlassen hat und in ihn zurückgekehrt ist, stellt für ihn auch der Tod etwas Bekanntes dar.

Die innere Erkenntnis und die Fähigkeiten, die mittels Meditation erlangt werden, verleihen dem Meditierenden eine ungeheure Selbstkontrolle. In Indien sind Meditierende seit langem dafür bekannt, daß sie ihre Herzschläge beeinflussen können. Die gleichen, lange erprobten Techniken des Zentrierens, Atmens und der Konzentration, die die großen indischen Gurus und Meditierenden angewandt haben, können auch Sie erlernen. Die folgenden zehn Schritte erklären diese Techniken, so daß auch Sie sich in tiefe, vollkommen sichere meditative Trance versetzen können, die Ihnen absolute Kontrolle über Ihre medialen Fähigkeiten und Ihr Seelenreich verleiht.

I. Finden Sie Ihre Mitte

Der erste Schritt zur Meditation ist das Erlernen der Konzentration. Um bewußt und klar zu sein, müssen Sie Ihre seelische Mitte finden, indem Sie sich mit Ihrer ganzen Seele auf ein Energiezentrum oder Chakra konzentrieren. Welches Chakra Sie wählen, hängt von Ihrem Ziel ab. Wenn Sie sensitiv meditieren, analysieren, lesen oder einfach nur denken, werden Sie sich im Kopf sammeln. Wenn Sie sich selbst oder andere heilen oder einen Freund beziehungsweise eine Freundin besuchen, werden Sie es vielleicht vorziehen, sich im Herzchakra zu sammeln. Wenn Sie tanzen oder Tennis spielen, sammeln Sie sich am besten im Nabelchakra. Wählen Sie Ihr Chakra entsprechend aus.

Ihre Kraft und die Fähigkeit Ihrer Seele, sich zu offenbaren, werden die Dinge geschehen lassen, und immer hängt Ihre Fähigkeit zu lieben, ein Bild zu malen, ein Haus zu bauen oder einen Computer zu bedienen, davon ab, wie gut Sie sich im gegenwärtigen Augenblick zentrieren können. Dadurch werden Sie sich der Dinge, die um Sie und in Ihnen vorgehen, absolut bewußt. Ihr ganzes Bewußtsein ist auf einen Punkt konzentriert, statt sich in der Vielfalt des Universums zu verlieren oder durch Vergangenheit oder Zukunft abgelenkt zu werden.

Übung zum Zentrieren

1. Setzen Sie sich auf einen Stuhl mit gerader Lehne, die Füße berühren sich nicht. Schließen Sie die Augen und legen Sie die Hände in den Schoß, wobei sich die Finger leicht berühren sollten. Dadurch wird Ihr elektromagnetischer Kreislauf von Außenkontakten abgeschnitten, und Sie können sich leichter zentrieren.
2. Lassen Sie die Außenwelt von sich abgleiten, und stellen Sie sich auf Ihre sensitive Innenwelt ein.
3. Lenken Sie Ihre ganze Aufmerksamkeit auf Ihr erstes Chakra, und sammeln Sie Ihre Ideen, Gedanken und Empfindungen in diesem Chakra, auch Chakra der Lebenserhaltung genannt, am unteren Ende der Wirbelsäule. Atmen Sie tief ein und aus, und konzentrieren Sie sich auf das Chakra. Atmen Sie so lange in diesen Punkt hinein, bis Sie deutlich spüren, daß Sie darin zentriert sind. Zwei bis fünf Minuten sollten dazu genügen.
4. Verlagern Sie Ihre Aufmerksamkeit langsam nach oben auf das zweite Chakra, das Gefühlschakra. Lenken Sie alle Ihre Gedanken und Gefühle, Ihre Ideen und Ihr ganzes Bewußtsein auf dieses Zentrum im Unterleib. Atmen Sie tief ein und aus, und konzentrieren Sie sich wieder für zwei bis fünf Minuten ausschließlich auf diese Stelle.

5. Verlagern Sie nun Ihr Bewußtsein auf das dritte Chakra, das Kraftchakra, das etwa drei Fingerbreit über dem Nabel liegt. Atmen Sie in dieses Zentrum hinein, und atmen Sie alle Spannungen aus, wobei Sie Ihr volles Bewußtsein darauf lenken. Leiten Sie für einige Minuten wieder alle geistigen und gefühlsmäßigen Wahrnehmungen in dieses Chakra.
6. Wiederholen Sie diesen Vorgang mit jedem Chakra, und konzentrieren Sie alle Sinne, Ihr ganzes Bewußtsein und alle Wahrnehmungen auf das jeweilige Chakra. Gehen Sie in das vierte Chakra, das Chakra der Liebe und der Nähe, das im Brustkorb liegt; dann in das fünfte, das Kommunikationschakra, im Zentrum der Kehle; in das sechste, das Chakra der Visionen, im Stirnzentrum und schließlich in das siebte Chakra, das Chakra der Weisheit, das sich in der Schädelkrone befindet.
7. Zu welchem Zentrum fühlen Sie sich am stärksten hingezogen? Konzentrieren Sie sich zunächst in Trance auf dieses Chakra und anschließend im Normalzustand. Falls Sie Sport treiben, versuchen Sie, mit den verschiedenen Chakren zu experimentieren. Ebenso können Sie im Kontakt mit anderen oder bei der Arbeit Ihre Aufmerksamkeit von einem Zentrum zum anderen verlagern und versuchen herauszufinden, welches am vorteilhaftesten für Sie ist. Welches gibt Ihnen mehr Kraft und zu welchem Zeitpunkt? Welches bringt Ihnen wann Entspannung?
8. Beenden Sie die Übung.

II. Einatmen und reinigend ausatmen

Hat der Meditierende erst einmal seine Mitte gefunden, kann er den Atem zur inneren Reinigung nutzen. Jede Meditation führt nach innen. Wenn Sie sich Ihrem Selbst gegenüber öffnen, liegt Ihr Hauptziel in der Selbsterkenntnis und dem Verarbeiten der eigenen Identität. Um sich atmend zu reinigen, müssen Sie nur Ihre essentielle Energie durch Ihre Körperglieder atmen, wie bereits in Kapitel 3 beschrieben.

Diesmal sollten Sie jedoch darauf achten, Ihren Atem gleichmäßig zu verteilen. Machen Sie zwischen den einzelnen Atemzügen eine Pause, die ebensolange dauert wie die Atemzüge selbst. Atmen Sie gleichmäßig und ohne Unterbrechungen tief ein und aus, bis Sie Ihren Körper mit der Lebensenergie Ihrer Seele ausgefüllt haben.

Atemübung

1. Setzen Sie sich auf einen bequemen Stuhl mit gerader Lehne; die Hände und die Füße berühren sich nicht. Konzentrieren Sie sich auf Ihr Herz.
2. Atmen Sie Ihre essentielle Energie in die Beine, und atmen Sie jede fremde Energie aus. Atmen Sie dann in den Unterleib, und lassen Sie die fremde Energie heraus. Gehen Sie in das erste Chakra, und atmen Sie die Ansichten anderer Menschen darüber, was der Lebenserhaltung dient, aus. Dann gehen Sie in das zweite Chakra und entledigen sich aller fremden Meinungen und Gefühle. Atmen Sie tief in den Brustkorb. Das dritte Chakra reinigen Sie von dem, was andere über Ihre Kraft denken, das vierte von dem, was andere über die Liebe denken und wie sie sie praktizieren. Nun lenken Sie Ihren Atem auf Kehle und Kopf, befreien das

fünfte Chakra von fremden Kommunikationsmustern und den Meinungen anderer, wie und wann Sie kommunizieren sollen, das sechste von Vorstellungen anderer Menschen über Sie. Aus dem Kronenchakra schließlich atmen Sie die Einstellung anderer – ihre Zweifel und Einschätzungen – Ihr Wissen betreffend aus. Dann folgen Arme und Hände, die Sie von fremden Gedanken über Ihre Kreativität und Ihren Umgang mit der Welt befreien. Schließlich atmen Sie die essentielle Energie in Ihre Aura und lösen sich von allen Erfahrungen und Energieformen, die nicht Ihre eigenen sind. Füllen Sie Ihr Energiefeld mit der reinen Lebensenergie Ihrer Seele an, und lösen Sie sich von den allgemein üblichen Vorstellungen über die Grenze zwischen Körper und Außenwelt.

3. Beenden Sie die Übung.

III. Das Erden

Um sich dem Augenblick, dem Hier und Jetzt wirklich überlassen zu können, brauchen Sie ein sicheres Erdungsband. Unerfahrene Meditierende befürchten manchmal, sich und ihren Körper zu verlieren, wenn sie ihn meditativ verlassen. Ihr Erdungsband jedoch hält die Verbindung zur Realität und zum Körper aufrecht. Wenn Sie meditieren und Ihre medialen Fähigkeiten schließlich in der materiellen Welt entwickeln wollen, müssen Sie fest im Planeten Erde verwurzelt sein. Das Erdungsband spiegelt in gewissem Sinne Ihr Einlassen auf Ihre eigentliche Persönlichkeit wider und hilft Ihnen somit, sich von dem zu lösen, was nicht wirklich dieser Ihrer Persönlichkeit entspringt. Wenn Sie ein starkes Erdungsband bilden, entwickeln Sie als ganz natürliche Folge die Fähigkeit, sich von fremden Gedanken und Meinungen wie auch von eigenen Problemen und Überlegungen zu lösen, die Ihr Blickfeld, Ihre Gefühle oder auch Ihre Kommunikation einschränken.

Übung zum Erden

1. Setzen Sie sich auf einen Stuhl mit gerader Lehne, die Hände und Füße berühren sich nicht.
2. Atmen Sie einige Minuten lang tief ein und aus, und füllen Sie Ihre Aura mit Ihrer essentiellen Energie. Lenken Sie dabei Ihre Aufmerksamkeit auf das untere Ende Ihrer Wirbelsäule und stellen Sie sich vor, wie Ihre Energie eine goldene Kugel mit einem Band bildet. Lassen Sie beide wie einen Energiestrahl von der Wirbelsäule durch die vielen Schichten von Erde, Gestein, Wasser, Kristallen und flüssiger Lava hindurch vom magnetischen Kraftfeld der Erde anziehen. Wenn die goldene Kugel die Erdmitte erreicht, verschmilzt sie mit dem magnetischen Kern. Welche Körperempfindungen oder -veränderungen nehmen Sie wahr? Fühlen Sie sich schwerer oder stabiler? Spüren Sie am Ende der Wirbelsäule die Verbindung zur Erdmitte?
3. Beenden Sie die Übung.

Üben Sie das Erden täglich. Je stärker Sie Ihre Energie erden, desto besser sind Sie darauf vorbereitet, sich klar auf die Meditation zu konzentrieren.

IV. Bewahren Sie die Reinheit Ihrer essentiellen Energie

Der gesamte Öffnungsprozeß hängt davon ab, wie gut Sie die Reinheit Ihres Energiekörpers bewahren können. Erkennen Sie Ihr eigenes Selbst! Verstehen Sie sich selbst und lernen Sie, Ihre eigenen Gedanken und Gefühle von denen anderer zu unterscheiden und Ihre essentielle Energie wahrzunehmen. Ohne Unterlaß strömt Energie in Ihrem Körper. Das bewußte Kontrollieren dieser Energie bezeichnet man als »Energie fließen lassen«. Um der Reinheit Ihres Energiesystems willen müssen Sie sich ständig von dem lösen, was nicht Teil Ihrer Persönlichkeit ist, müssen Sie Ihre Aura klar abgrenzen und Ihre eigene Energie durch Ihre Kanäle fließen lassen. Eine gesunde Aura ist fließend wie Wasser: Sie löst sich niemals auf und kann sich doch jeglicher Gestalt oder Größe anpassen, der sie angehört. Und wie Wasser können Sie Wahrnehmungen und Eindrücke aufnehmen, ohne Ihre seelische Reinheit zu verlieren.

Wenn Sie sich müde fühlen, häufig verwirrt sind, ständig krank werden oder unfähig sind, sich auf Ihre Größe einzulassen oder Ihrer Stärke Ausdruck zu verleihen, dann lassen Sie Ihre Energie nicht richtig durch Ihren Körper fließen. Fließt Ihre Energie jedoch in der richtigen Richtung und nach dem Ihnen angemessenen Muster, können Sie in jeder Situation Ihr volles Potential entfalten, denn Sie erweisen damit Ihrer persönlichen Einheit, Freiheit und Unabhängigkeit den größten Respekt.

Wir wiederholen hier die Übung aus Kapitel 3, da sie Ihnen eine wichtige Hilfe ist, die Reinheit Ihrer essentiellen Energie zu bewahren. Konzentrieren Sie sich bei dieser Übung zuerst auf die Farbe Ihrer Energie, die die Tendenz Ihrer seelischen Grundstimmung zum Ausdruck bringt. Experimentieren Sie dann mit anderen Farbstufen, denn auch sie sind Teil Ihrer essentiellen Energie, drücken sich nur anders aus. So können Sie die verschiedenen Formen entdecken, die Ihre Energie annehmen kann, ohne daß sie dabei ihre innere Einheit verliert.

Energieflußübung II

1. Setzen Sie sich auf einen Stuhl mit gerader Lehne, die Hände und Füße berühren sich nicht.
2. Atmen Sie einige Minuten lang tief ein und aus und füllen Sie Ihre Aura mit Ihrer essentiellen Energie. Lenken Sie dabei Ihre Aufmerksamkeit auf das untere Ende der Wirbelsäule. Stellen Sie sich vor, wie Ihre essentielle Energie eine goldene Kugel mit einem Band bildet. Lassen Sie beide wie einen Energiestrahl von der Wirbelsäule durch die vielen Schichten von Erde, Gestein, Wasser, Kristallen und flüssiger Lava zum Erdkern hinab und lassen Sie sie durch die magnetische Kraft der Erde anziehen. Wenn die goldene Kugel die Erdmitte erreicht, verschmilzt sie mit dem Kern.
   Welche Körperveränderungen oder -empfindungen nehmen Sie wahr? Fühlen Sie sich schwerer oder stabiler? Verspüren Sie am Ende der Wirbelsäule die Verbindung zur Erdmitte?
3. Sie lassen Ihr Erdungsband verankert, lenken Ihre Aufmerksamkeit auf die Innenseite Ihrer Füße und leiten rosafarbene Energie aus der Erde in die Fußsohlen. Lassen Sie diese Energie durch die Kanäle Ihrer Beine bis in das Becken fließen. Halten Sie die Erdenergie für einen Augenblick dort fest.
4. Lenken Sie jetzt Ihre Aufmerksamkeit auf das Kronenchakra. Führen Sie dem hinteren Teil der Krone blaue, kosmische Energie zu. Ziehen Sie diese Energie außen an der Wirbelsäule entlang in das Becken hinein.
5. Verbinden Sie im Becken die irdische und die kosmische Energie. Lassen Sie die Energien miteinander verschmelzen und innen an der Wirbelsäule hinauflaufen. Lassen Sie sie aus der Schädelkrone austreten. Lassen Sie sich von der

Energie durchfließen: die Erdenergie von den Füßen hinauf, die kosmische Energie von der Schädelkrone hinunter ins Becken, wo sie miteinander verschmelzen. Wiederholen Sie diesen Vorgang mehrmals, und geben Sie sich der Strömung des Universums hin. Achten Sie darauf, wie sich Ihnen die Energie mitteilt. Nehmen Sie sie intuitiv, sehend, hörend oder fühlend wahr? Welche Eindrücke und Wahrnehmungen fallen Ihnen auf? Halten Sie diesen Energiefluß für zehn Minuten aufrecht.

6. Öffnen Sie nun die Augen. Sie sind jetzt mit der Quelle Ihrer seelischen Lebensenergie verbunden und im Planeten Erde verankert. Sie können sich jederzeit und an jedem Ort beleben und erfrischen, indem Sie sich erden und Ihre Energie fließen lassen.
7. Beenden Sie die Übung.

V. Setzen Sie sich ein klares Ziel

Der erfahrene Meditierende verfolgt eine konkrete Absicht, wenn er meditiert, und setzt sich dabei ein klares Ziel. Wenn Ihnen bewußt ist, warum Sie meditieren und was Sie suchen, läßt sich die Antwort leichter finden. Je genauer die Fragen, desto genauer die Antworten. Sie sollten sich bei jeder Meditation über Ihre Absichten im klaren sein und sie mit jeder Körperzelle nachfühlen und aufnehmen.

Stellen Sie sich vor, Sie seien ein Glasradio, und gehen Sie einfach auf den richtigen Sender. Wenn jede Körperzelle bewußt auf Ihre Frage oder Ihre Absicht eingestellt ist, wird es Ihnen durch das Gesetz der Anziehungskraft – eine Energie zieht immer nur gleiche oder ähnlich geartete Energie an – möglich, Ihre Absicht durch das zu ergänzen, was Sie suchen. Selbstsüchtige und unmoralische Absichten ziehen niedrige, negative und hemmende (*gegen* Ihr physisches

Potential, Ihr geistiges und spirituelles Wachstum gerichtete) mediale Erfahrungen an. Entsprechend ziehen wohlgemeinte Absichten und Ziele hohe, wertvolle und förderliche mediale Erfahrungen an, die Ihnen helfen, zu wachsen und sich zu entfalten. Welche Absicht haben Sie?

Zielsetzungsübung

1. Setzen Sie sich auf einen bequemen Stuhl mit gerader Lehne, die Füße berühren sich nicht. Richten Sie Ihre Aufmerksamkeit auf Ihr Kopfzentrum.
2. Atmen Sie tief ein und reinigen Sie sich beim Ausatmen.
3. Erden Sie sich.
4. Lassen Sie Ihre essentielle Energie fließen.
5. Verlangen Sie, daß jede Körperzelle die Absicht dieser Meditation aufnimmt. Wenn Sie die Absicht in jeder Zelle spüren und kein innerer Widerstand existiert, können Sie Ihre Absicht nach außen abstrahlen und Erfahrungen anziehen, die Ihrer Absicht dienlich sind.
6. Beenden Sie die Übung.

VI. Kontrollieren Sie Ihre Aufmerksamkeit

Wenn Sie mit Hilfe medialer Energie meditieren, müssen Sie auch Ihre Aufmerksamkeit kontrollieren. Sie haben damit bereits begonnen, als Sie sich im Zentrieren, Erden, im Reinigen durch Atmung, im Fließenlassen der Energie und in der Wahl Ihrer Absicht geübt haben. Am besten wählen Sie einen ruhigen Raum aus, in dem Sie ungestört Ihre Aufmerksamkeit nach innen lenken können.

Übung zur Lenkung der Aufmerksamkeit

1. Setzen Sie sich auf einen bequemen Stuhl mit gerader Lehne, die Füße berühren sich nicht. Gehen Sie mit geschlossenen Augen in Ihr Kopfzentrum.
2. Atmen Sie tief ein, und reinigen Sie sich beim Ausatmen.
3. Erden Sie sich.
4. Lassen Sie Ihre Lebensenergie fließen.
5. Setzen Sie sich Ihr Ziel: Ich verstärke meine Aufmerksamkeit.
6. Öffnen Sie die beiden physischen Augen sowie das dritte Auge in der Stirnmitte. Konzentrieren Sie alle drei Augen auf einen Goldpunkt, den Sie sich etwa fünfzehn Zentimeter davor denken, und lassen Sie Ihr Augenmerk etwa zwei bis fünf Minuten darauf ruhen.
7. Schließen Sie jetzt die physischen Augen und konzentrieren Sie sich noch einige Minuten auf den Goldpunkt aus Energie.
8. Lösen Sie sich von dem energiegeladenen Goldpunkt und lassen Sie ihn zerfallen.
9. Beenden Sie die Übung.

VII. Offenes Empfangen

Der erfahrene Meditierende entscheidet sich, seine seelische Innenwelt, seine Energiebotschaften offen zu empfangen. Mediale Energie ist im Vergleich zu den dichten und massiven Energieschwingungen der physischen Welt äußerst subtil. Daher müssen Sie sich sehr feinen Empfindungen und Erscheinungen öffnen.

Das Erlernen von Offenheit wird Sie auch schützen. Wenn Sie Ihre Chakren öffnen, erweitern Sie Ihr Bewußtsein und Ihr Wahrnehmungsvermögen. Sie geben sich dadurch die Möglichkeit, die Geschehnisse um Sie herum besser zu verstehen. Wenn Ihr Chef Sie zum Beispiel anschreit, könnte es sein, daß Sie diese Energie unbewußt in Ihr Herzchakra aufnehmen. Sie würden sich verletzt fühlen, da die Energie nicht dort hingehört, Sie aber die Bemerkung fälschlicherweise persönlich genommen haben. Wenn Sie Ihr Herzchakra öffnen, so wie Sie es mit einer Kamerablende tun, weicht der Schmerz. Sie können Mitleid empfinden und verstehen, daß es Ihrem Chef einfach nicht gutgeht und nicht Sie das Problem darstellen. Durch das Öffnen erfassen Sie die Gesamtsituation und nicht nur die Wut.

Übung zum offenen Empfangen

1. Setzen Sie sich auf einen bequemen Stuhl mit gerader Lehne, die Füße berühren sich nicht. Gehen Sie in Ihr Kopfzentrum.
2. Atmen Sie tief ein und reinigend aus.
3. Erden Sie sich.
4. Lassen Sie Ihre Lebensenergie fließen.
5. Setzen Sie sich Ihr Ziel: Ich öffne meine Chakren, um Energiebotschaften zu empfangen.
6. Lenken Sie Ihre Aufmerksamkeit auf das Ende der Wirbelsäule und öffnen Sie Ihr erstes Chakra, so als würden Sie die Blütenblätter einer Blume öffnen. Achten Sie auf alle Informationen, Gefühle, Worte und Meinungen, die sich auf Ihr Leben beziehen. Kümmern Sie sich nicht um das Entschlüsseln der Informationen, sondern empfangen Sie sie einfach offen und beobachtend.
7. Verlagern Sie Ihre Aufmerksamkeit in den Unterleib, an die Stelle des zweiten Chakras. Bleiben Sie für alle Signale, die Sie bezüglich Ihrer Gefühle und Ihrer Sexualität in sich tragen, offen und empfänglich.

8. Wiederholen Sie diesen Vorgang mit jedem Hauptchakra: Öffnen Sie es, und empfangen Sie die Signale, die mit dem jeweiligen Chakra in Verbindung stehen. Achten Sie beim dritten Chakra auf Zeichen von Kraft und Autorität; beim vierten auf Liebe und Nähe; beim fünften auf verbale und nichtverbale Kommunikation; beim sechsten auf Visionen und Phantasien und beim siebten auf Weisheit.
9. Versuchen Sie noch nicht, das, was Sie wahrnehmen, zu verstehen. Nehmen Sie es einfach nur beobachtend wahr.

VIII. Üben Sie Distanz

Mit den weit geöffneten und empfangsbereiten Chakren muß der Meditierende Neutralität üben, das heißt, er sollte keine Bedingungen stellen und frei sein von Bindungen, Meinungen, Ideen, Überlegungen, von Ängsten, Haßgefühlen, Urteilen, Abneigungen, Wünschen, Widerständen sowie von Freude, Sympathien und Gefühlen – keinerlei Bindung, ob gut oder schlecht. Beobachten Sie die Energie einfach von einem neutralen Punkt aus. Wenn Sie hellfühlend sind, wird Ihnen das besonders schwerfallen, doch mit einiger Übung werden Sie sich den Gefühlen und Vorstellungen gegenüber, die Sie in der Meditation empfangen, neutraler zeigen können. Sind Sie hellhörend, dann versuchen Sie, urteilende Gedanken, die Ihre telepathischen Fähigkeiten beeinflussen könnten, auszuschalten. Wenn Sie hellsehend sind und Ihre Vision durch Meinungen über empfangene Bilder verzerrt ist, dann erinnern Sie sich daran, daß es unmöglich ist, durch traumatisch belastete Bilder klar hindurchzusehen. Sie sollen auf neutrale Weise beobachten und erfahren.

Haben Sie sich sicher und klar geerdet, dann können Sie übermäßige Energie oder innere Unstimmigkeiten einfach über das Erdungsband ableiten. Ein Mensch, der in Bindungen verstrickt ist, übt dagegen gern Kontrolle über andere aus und verfügt über wenig Selbstkontrolle.

Solange Sie sich an bestimmte Orientierungen klammern, können Sie anderen Menschen nicht wirklich helfen, denn Sie werden eher versuchen, die Situation zu kontrollieren statt für die anderen dazusein. Können Sie sich den anderen gegenüber jedoch neutral verhalten, dann geben Sie ihnen die Möglichkeit, ihr eigenes Wesen ohne belastende Vorurteile offen zu zeigen.

Ergebnisse, die Sie für sich selber erhoffen, werden Sie schließlich davon abhalten, den jeweiligen Augenblick zu erleben. Mit einer neutralen Haltung wird es Ihnen leichterfallen, sich jenseits solcher Bindungen zu bewegen.

Übung zur Distanzhaltung

1. Setzen Sie sich auf einen bequemen Stuhl mit gerader Rückenlehne, die Füße berühren sich nicht. Gehen Sie in Ihr Kopfzentrum.
2. Atmen Sie tief ein und reinigend aus.
3. Erden Sie sich.
4. Lassen Sie Ihre Lebensenergie fließen.
5. Setzen Sie sich Ihr Ziel: Ich will mir meine Bindungen bewußt machen.
6. Achten Sie in Ihrem Kopfzentrum auf einen weißblauen Lichtfleck. Das sind Sie, Ihr Bewußtsein. Stellen Sie sich jetzt ein Gefährt vor, mit dem Sie aus Ihrem Körper gleiten können. Nun bilden Sie mit Ihrer Vorstellungskraft einen kleinen astralen Energiekörper, der aus Licht besteht, das die Farbe Ihrer essentiellen Energie ausstrahlt. Denken Sie sich diesen Astralkörper als ein Wesen mit Armen, Beinen, Leib und Kopf oder, wenn Ihnen das lieber ist, mit Flügeln,

und verbinden Sie das silberfarbene Erdungsband Ihres astralen Energiekörpers mit Ihrer Wirbelsäule, so daß Sie mit dem derzeitigen Augenblick verbunden bleiben. Wenn Ihr Astralkörper vollständig ausgebildet und geerdet ist, öffnen Sie die Augen und wählen einen Winkel an der Zimmerdecke, in dem Sie gerne sein möchten. Dann schließen Sie die Augen wieder.

7. Jetzt nehmen Sie Ihren Platz in diesem Winkel ein. Sie lenken Ihr ganzes Bewußtsein auf die Stelle, erfühlen sie und nehmen sich eine Minute Zeit, um sich einzugewöhnen, bevor Sie auf Ihren Körper auf dem Stuhl hinunterschauen. Es ist leichter, als Sie glauben.
8. Achten Sie auf Ihre Aura, und überprüfen Sie sie auf Bindungen, die sich als kleine Energiedreiecke zeigen. Diese Bindungen sind dogmatische Haltungen und Wünsche, an die Sie sich klammern. Beobachten Sie von Ihrem objektiven Standort einfach, wo sich diese Bindungen befinden. Bei welchem Körperteil liegen sie? Welches Chakra ist ihnen am nächsten? Nehmen Sie sich fünfzehn bis zwanzig Minuten Zeit, um Ihre Aura gründlich zu überprüfen.
9. Ziehen Sie jetzt Ihr Bewußtsein in die Kopfmitte zurück, und sammeln Sie sich dort.
10. Wenn Sie wieder in Ihrem Körper sind, leiten Sie alle Dreiecke, die Sie bemerkt haben, über das Erdungsband ab und machen sich von allen Bindungen frei.
11. Beenden Sie die Übung.

IX. Vertrauen Sie dem Weg Ihrer Seele

Ihre Erfahrungen gehören einzig und allein Ihnen, und Ihr Energiekörper ist in sich geschlossen wie ein persönlicher Computer und hat eine eigene Symbolsprache. Wenn Sie Bilder sehen, Worte hören oder ein starkes Gefühl wahrnehmen, dann geschieht das auf der medialen Ebene. Es gibt niemanden, der diese Erfahrung mit Ihnen teilt oder an Ihrer Stelle macht. Selbst wenn andere Menschen Ihre medialen Erfahrungen für nichtig erklären, sind sie doch da und für Sie erfahrbar. Sie folgen Ihrem eigenen Weg.

Jede Seele betritt aus ureigensten Gründen die physische Realität der Erde und hat das eigene Schicksal als Leitstern. Der Zyklus von Leben/Sterben/Tod/Wiedergeburt ist für Ihre Seele eine Art Schule, in der Sterben und Wiedergeburt die Schwellen zwischen den Lernphasen des Lebens und den Ruhepausen des Todes sind. Im Tod begreift die Seele das ganze System, begreift, wer Sie während anderer Abschnitte (Leben) waren und welche Situationen Sie für sich schaffen müssen (zum Beispiel welche Art von Eltern- und Familienbeziehung), um die geistigen Lektionen zu lernen, die Ihre Seele ausgewählt hat. Diese geistigen Lektionen führen Sie zu Ihrer Ganzheit oder dem »ganzen Selbst-Verständnis«. Erziehung und Erfahrung in der physischen Realität der Erde einschließlich aller Lernphasen (aller gelebten Leben) und Ruhepausen (aller erfahrenen Tode) werden zu einer umfassenden Lernerfahrung. Ihr persönlicher Weg ist Ihr Lehrplan, der die Kurse anzeigt, die Sie wählen werden (welche Eltern und welche Lebenserfahrungen) und die karmischen Lektionen, die Sie auf dem Weg zur Vollkommenheit (dem allumfassenden Geist) meistern wollen. Jede Wiederholung eines ähnlich gearteten Zyklus, wie zum Beispiel die wiederholte Wahl einer verfehlten Partnerbeziehung, stellt einen Test dar. Sie sind vollkommen frei zu entscheiden, ob Sie einen Test bestehen wollen oder ihn bei einem Fehlschlag wiederholen müssen. Wenn Sie so einen Test bestanden haben, das heißt, daß Sie zum Beispiel Ihre Bindung an negative Beziehungen verstehen, dann können Sie auf diese Lektion einfach als neue Lebenserfahrung zurückblicken. Sie sind vielleicht nur in eine aufreibende Kindheit hineingeboren worden, um dieselbe Situation als Erwachsener zu durchleben und sich zu entscheiden, ob Sie weiterhin dieselben negativen Situationen anziehen oder sie endlich überwinden wollen. Erst dann können Sie sich auf andere, bewußt gewählte Lektionen einlassen. In diesem Fall müßten Sie die Lektionen der Eigenliebe lernen, um auf Ihrem Weg dem allumfassenden Geist näherzukommen. Wenn Sie sich selber aufrichtig lieben, so wie der allumfassende Geist Sie bereits liebt, haben Sie die Schwingungen Ihrer Lebensenergie zu den höchsten Bereichen Ihres Selbst erhoben. Eigenliebe ist nur ein geistiger Bestandteil unter vielen auf Ihrem Weg zum Bewußtsein des universellen Geistes. Die höheren und helleren Farben der Farbtafel sind die Schwingungen, die sich mit Ihrem Ziel in Einklang befinden. Wir alle wollen göttliches Bewußtsein. Sie können diesen Weg jetzt bewußt beschreiten: Sie wissen, was Sie tun, und können sich auf Ihre sensitiven Wahrnehmungen verlassen, die Sie bereits bis an diesen Punkt geführt haben.

Lebenswegübung

1. Setzen Sie sich auf einen bequemen Stuhl mit gerader Rükkenlehne, die Füße berühren sich nicht. Gehen Sie in Ihre Kopfmitte.
2. Atmen Sie tief ein und reinigend aus.
3. Erden Sie sich.
4. Lassen Sie Ihre Lebensenergie fließen.
5. Setzen Sie sich Ihr Ziel: Ich mache mir meinen Lebensweg bewußt.
6. Bilden Sie Ihren astralen Energiekörper, die Form, in der Sie jenseits und außerhalb Ihrer physischen Realität wandern

können. Formen Sie das silberne Erdungsband Ihres astralen Energiekörpers, um die Verbindung mit dem derzeitigen Augenblick aufrechtzuerhalten. Gehen Sie zunächst zehn Stufen aufwärts, Stück für Stück, und lassen Sie Ihren physischen Körper und die physische Realität hinter sich. Nehmen Sie Stufe eins, zwei und drei. Jede Stufe führt Sie von der Person weg, die Sie heute sind, und auf diejenige zu, die Sie für immer sein werden. Nehmen Sie Stufe vier, fünf und sechs. Während Sie die Stufen hinaufgehen, können Sie ein warmes, Sicherheit einflößendes und strahlendes Licht wahrnehmen; das Licht zieht Sie an, gleichzeitig spüren Sie die Sicherheit der Verbindung, die das starke Silberband mit dem derzeitigen Augenblick herstellt. Nehmen Sie Stufe sieben, acht und neun; mit dem zehnten Schritt stehen Sie schließlich im Licht, und eine starke Bewußtheit durchströmt Sie. Sie stehen mitten in einem großen Kreis von Kreativität, im Zentrum des Kopfes des universellen Geistes. Manche Menschen nennen dieses Zentrum Gott; andere beschreiben es als den Ort der kreativen Kreise oder auch der Gemeinschaftschakren. Vor sich und um Sie herum finden Sie die Gründe für Ihre Wiedergeburt. Sie sehen Bilder, hören Worte und haben Empfindungen, die mit Ihrer ersten Inkarnation auf dem Planeten Erde zu tun haben. Sie wissen, wer Sie waren und wohin Sie gehen. Als Säugling waren Meditation, Trance und mediale Energie etwas sehr Natürliches. Irgendwann auf Ihrem Weg wurde Ihnen gesagt, daß das alles bloße Phantasie und Zeitvergeudung sei. Nun nehmen Sie Ihren Weg erneut auf, immer noch fast ein Säugling, da Sie bis jetzt nicht fähig waren, Ihr mediales Selbst zu entwickeln. Gehen Sie mit sich selbst genauso behutsam und nachsichtig um, wie Sie es mit einem Kind tun würden. Stillen Sie Ihren Hunger und Durst nach Wissen, voller Liebe und Respekt für die medialen Wahrnehmungen Ihrer Seele.

Stellen Sie sich vor, wie sich vor Ihnen die Form eines Herzens bildet, und lassen Sie alle Bilder, Worte und Gefühle dort hineinfließen. Wenn sie verschmelzen, formen sie ein neues Bild, das Bild Ihres jetzigen Lebensweges.

Betrachten Sie das Bild wie einen Film. Wobei beobachten Sie sich? Hören Sie auf die Worte. Welche Farben erkennen, sehen, hören oder fühlen Sie? Die Farben des Bildes entsprechen denen Ihrer geistigen Lektionen, die Sie in diesem Leben zu meistern lernen. Am Ende dieser Übung lesen Sie erneut die Farbtafel in Kapitel drei. Die Farbtönungen zeigen Ihnen, wie weit die Lektionen gehen, die Sie zu lernen haben. Die meisten Farben haben vier Tönungsstufen: Im allgemeinen ist die dunkelste mit verschlossenen Sensitiven verbunden, die folgende mit sich öffnenden, die dritte mit erwachenden und die höchste und hellste mit offenen Sensitiven. Offene Sensitive sind ihrem eigenen Weg gefolgt und befinden sich bereits in der Erwartung der Erleuchtung.

7. Führen Sie mit Ihrer Vorstellungskraft das Herz, das das Wissen um Ihren persönlichen Weg beinhaltet, in Ihren Astralkörper. Erspüren Sie, wie es in Ihr Herzchakra hineingezogen wird. Wenn es in vollkommener Übereinstimmung mit Ihrem Herzchakra steht und beide eine Einheit bilden, gehen Sie allmählich die Stufen zurück, die in Ihren physischen Körper führen. Stufe zehn, neun und acht – mit jedem Schritt kehren Sie zurück in die derzeitige Realität. Stufe sieben, sechs und fünf – Sie erlangen das Bewußtsein des derzeitigen Augenblicks wieder. Stufe vier, drei und zwei – und schließlich die erste Stufe, hinein in Ihre Kopfmitte. Willkommen zu Hause, universeller Geist!
8. Beenden Sie die Übung.

X. Loslassen, wachsen lassen, leuchten lassen

Das ist ein beliebtes Heartsong-Motiv. Lassen Sie die Erfahrungen aus den Meditationen stets los, klammern Sie sich nicht daran. Wenn Sie an Ihrer Energieerfahrung festhalten, wird sie Sie verfolgen und Ihr Wachstum und das Strahlen Ihrer Seele hemmen. Schließen Sie die neue Erfahrung nach jeder Meditation ab, indem Sie die überschüssige Energie Ihrer Chakren über das Erdungsband ableiten. Mein Sohn stellt sich seine Chakren gerne als Eistüten vor: Das Eis ist die Energie, die abgeführt werden muß, und er läßt es über die Rückenkanäle und das Erdungsband in das Erdzentrum hineinschmelzen. Diese Übung ist auch hilfreich, wenn Sie unter Schlafproblemen leiden.

Sollte es Eindrücke geben, die Sie nicht auf diese Weise über das Erdungsband ableiten können, dann behandeln Sie diese blockierte Energie wie ein Negativ oder das Bild von einem Kern: Projizieren Sie es auf Ihren inneren Bildschirm und leiten Sie es von dort aus ab. Wenn Sie blockierte Energie genau vor Ihr sechstes Chakra bringen, verleiht Ihnen das Klarheit und Kontrolle über Ihre Energie.

Übung zum Loslassen von Energie

1. Setzen Sie sich auf einen bequemen Stuhl mit gerader Lehne, die Füße berühren sich nicht. Gehen Sie in Ihr bevorzugtes Chakra. (Wenn Sie versuchen wollen, einzuschlafen, sollten Sie diese Übung liegend im Bett machen.)
2. Atmen Sie tief ein und reinigend aus.
3. Erden Sie sich.
4. Lassen Sie Ihre Lebensenergie fließen.
5. Setzen Sie sich Ihr Ziel: Ich lasse überschüssige und fremde Energie los.

6. Gehen Sie in jedes Chakra, und leiten Sie die überschüssige Energie in die Wirbelsäule und dann über die Rückenkanäle und das Erdungsband in das Erdzentrum. Lassen Sie jedes Gefühl, jeden Gedanken und jeden Eindruck los, und trennen Sie sich von der überschüssigen Energie.
7. Beenden Sie die Übung.

Wer bin ich? *(von Petey Stevens))*

Der Komet Kohoutek versetzte Berkeleys New-Age-Schulen in eine erregte und fast mystische Stimmung. Wir schrieben das Jahr 1973; ich war neunundzwanzig und stand am Ende meiner ersten Saturnwiederkehr. Die Erfahrungen der letzten zwei Jahre hatten mich verwirrt. Mit der Geburt von Heather, meiner Erstgeborenen, entwickelte ich mich von einer Kind-Frau zu einer »Frau-Mutter«. Nach Heathers Geburt erlebte ich ein geistiges Erwachen und eine Zeit der Reflexion und Selbsterkenntnis.

Die sechziger Jahre hinterließen bei vielen von uns Fragen über die unerklärlichen und unseren Geist verändernden Phänomene, die wir erlebt hatten. Für mich war diese Zeit der Vorläufer meines geistigen Erwachens, das durch mein erstes Kind in Gang gesetzt wurde. Kurz nach Heathers Geburt am 4. Oktober 1971 erblickte ich in ihren Augen eine so grundlegende Reinheit und Bewußtheit, daß ich überrascht war. Ich wußte zwar, daß ich ihren Körper erschaffen hatte und daß ich es gut gemacht hatte. Manchmal war ich bis in die Neuenglandstaaten gefahren, um dort Obst und Gemüse zu besorgen, das ich in meinem eigenen Garten nicht anbauen konnte. Doch in ihren Augen blitzte eine Bewußtheit auf, die sich nicht auf mich zurückführen ließ. Und als ich dachte: »Was für ein schönes Baby ich geschaffen habe«, vernahm ich in meinem Kopf so etwas wie eine Antwort: »So, glaubst du?! Auch ich hatte etwas mit meiner Erschaffung zu tun.« Es war Heather. Sie sah direkt durch mich hindurch – durch meinen Körper, tief hinein in einen Teil meiner selbst, der verschüttet gewesen war. In der materiellen Welt war ich so sehr damit beschäftigt gewesen, »gemocht zu werden« und zu »überleben«, daß ich vergessen hatte, den Teil meines Ichs zu würdigen, den ich als Kind so gut gekannt hatte. Ich tat diese Gedanken als zufällig ab, doch das Erlebnis ließ mich nicht mehr los.

Aus irgendeinem mir unverständlichen Grund wußte ich immer genau, was Heather wollte oder brauchte, noch bevor sie schrie. Ich hielt es für Körpersprache oder Mutterinstinkt und dachte damals wenig darüber nach, daß ich stets genau dorthin ging, wo ich gebraucht wurde, gerade rechtzeitig, um Heather davon abzuhalten, auf einem Pflanzenblatt herumzukauen oder mit den Fingern in die Steckdose zu greifen. Und solche »Zufälle« gab es jeden Tag.

Ich verbrachte Stunden damit, Heather in ruhiger Hingabe zu stillen. Nie zuvor hatte ich so lange an einer Stelle gesessen. Wenn ich in Heathers tiefblaue Augen blickte, verlor ich mich in Meditation. Ich dachte nur daran, sie zu lieben und zu ernähren. Sie half mir, mein Bewußtsein über meine eigenen Wünsche und Bedürfnisse hinaus in den hingebungsvollen Dienst an einem anderen Wesen auszuweiten. Ich konnte kaum glauben, daß dieser kleine Mensch in meinen Armen lag. Warum war sie mir anvertraut worden?

Zuerst gaben mir diese Meditationen, in die ich beim Stillen verfiel, grundlegende Informationen über Heathers Bedürfnisse. Dann weiteten sie sich zu Informationen über persönliche Verantwortung aus. Wer ist Heather? Warum liebe ich sie so sehr? Warum nehme ich Heathers Empfindungen so intensiv wahr wie meine eigenen? Wo beginnt sie, und wo höre ich auf? Was ist diese Spur von Intelligenz oder Essenz, die ihr Leben verleiht und mir so vertraut ist? Was ist Realität und was Phantasie? Warum ist mein Leben so, wie es ist? Wer ist Gott? Was verleiht einem Menschen Spiritualität? Was ist Liebe? Welcher Teil des Menschen ist die bewußte Intelligenz?

Wenn ich sage: »Ich bin«, welcher Teil von mir sagt »ich«? Mein Verstand, mein Körper? Oder vielleicht meine Seele?

Bisher hatte ich geglaubt, daß meine Seele von mir getrennt sei und ich ihr bestenfalls nach dem Tode begegnen würde. Aber ich wußte, daß durch Heather etwas sehr Tiefgründiges in mir vorging. Meine meditativen »Offenbarungen« änderten mein Realitätsverständnis für immer. Es war der Anfang meiner Errettung und der Entdeckung meines eigenen Seelenweges.

Der meditative Zustand hielt noch lange, nachdem Heather eingeschlafen war, an. Ich wiegte ihren schlafenden Körper bis in die Morgenstunden und erhielt Antwort auf meine Fragen. Immer wieder fand ich mich vor der einen Frage, die mich am meisten verfolgte: »Wer bin ich, und was tue ich auf dem Planeten Erde?« Ich vernahm eine zarte und klare Stimme, die mir sagte, daß ich Energie sei, ein Energiefunke des größeren, allumfassenden Geistes.

Die Stimme erklärte mir, daß die Erde eine Art Übungsfeld für Seelen sei, und daß ich tatsächlich eine göttliche und unsterbliche Seele habe, die aber mir selber noch vollkommen unbekannt sei. Der Planet Erde sei eine Art Universität, in der ich lernen würde, meine eigene Realität zu schaffen und das höchste Potential meiner Seele zum Ausdruck zu bringen. Alle meine zurückliegenden Schmerzen und Probleme seien eine Übung für meine Zukunft gewesen. Der telepathische Kontakt zu Heather sei nur ein kleiner Teil dessen, was ich zu erwarten hätte. Die mich führende Stimme wies mich an, nach Berkeley zu ziehen, wo sich die Flügel meines Geistes mit dem Herzen meines Körpers treffen würden.

In diesem ersten Jahr nahm ich an jedem Kurs über die Seele, den Energiekörper und mediale Kommunikation teil, den ich ausfindig machen konnte. Die Kurse bestätigten das, was Heather mich gelehrt hatte. Meine Liebe zu ihr hatte in mir den Wunsch entstehen lassen, zu wachsen und meine Realität zu klären. Ich mußte mein kleines Lichtkind versorgen und wollte dazu mein Bestes geben.

Heather zeigte deutlich und beständig die Essenz ihrer Seele, so daß ich darüber nachdachte, warum ich die Essenz meiner Seele nicht ebenso auszustrahlen vermochte wie sie. Wie konnte ich meine Essenz finden? In den Meditationssitzungen wurde mir gesagt, daß Kurse in Hellsichtigkeit mich lehren könnten, den Energiekörper meiner Seele wie ein Buch zu lesen, und daß das Lesen der Aura anderer Menschen mir möglicherweise meine eigene seelische Lebensenergie verdeutlichen würde. Aber ich konnte nicht »sehen«; ich war nicht hellsichtig, sondern hellhörend. Hinzu kam, daß meine Hellfühligkeit weit geöffnet und außer Kontrolle war. Wie unfair! Ich nahm an Kursen für hellsichtiges Auralesen teil, in denen alle anderen Teilnehmer Energie »sahen«. Es war für mich äußerst verwirrend, da die Kurse auf geübte Hellsichtige ausgerichtet waren, und ich konnte einfach keine Bilder »sehen«. Nach einer Weile begriff ich, daß ich mich zwar nicht darauf verstand, Energie zu sehen, sie aber fühlen konnte. Ich fing an, meine Hände zu benutzen, und bald konnten sie den medialen Energiekörper wirklich fühlen.

Ich begann auch mit medialen Readings und las die Informationen, die in den Energiekörpern anderer Menschen enthalten waren. Obwohl ich die Energie fühlte, konnten meine Hände sie jedoch nicht ausmachen. Zunächst verließ ich mich auf meine Hellhörigkeit. Ich vernahm die Informationen im Kopf und sprach sie dann laut aus. Je mehr Lesungen ich machte, desto klarer wurde mir, daß ich die Energie der anderen aufnahm, ihre Gedanken, Gefühle, Ansichten und Urteile. Mein zweites Chakra war weit geöffnet, aber meine Auraabgrenzungen fehlten, und mein sechstes Chakra war blockiert. Da das zweite Chakra weit geöffnet war und mir eine Abgrenzung als Trennlinie zwischen mir und der übrigen Welt fehlte, vermischte sich fremde Energie mit meiner eigenen. Ohne Visionen war ich unfähig, das klar zu »sehen«.

Als mir dasselbe auch mit Heather passierte, wurde mir vollkommen klar, daß ich mich nicht gegen ihre Gefühle abgrenzen konnte. War sie niedergeschlagen, dann war ich es auch. Weinte sie, fühlte ich den Schmerz. Es war mir unmöglich, mich psychisch von ihr abzugrenzen. Von Anfang an nahm mich ihr Weinen tief mit. Genau in dem Augenblick, in dem sie erwachte, schoß mir Milch in die Brust. Und wenn ich mich um Geld sorgte, saß sie auf dem Boden und zählte Münzen. War ich traurig, weinte sie. Was machte ich mit ihr? Wenn ich mir vorstellte, wie niedlich sie in ihrem gelben Kleidchen aussehen würde, zog sie es an.

Ich mußte lernen, unsere Auren voneinander zu trennen, und erkennen, daß sie, wie es Kahlil Gibran in *Der Prophet* schrieb, durch mich und nicht *von* mir kam. Sie war eine selbständige Person und ein göttliches Wesen mit eigenem Energiekörper und einer eigenen Realität. Sie hatte mich in diesem Leben zu ihrer Mutter erwählt, so wie ich mir auch meine Eltern ausgewählt hatte. Mein mediales Öffnen kam für sie nicht überraschend. Sie war Teil des Planes – und langsam verstand ich, daß dieser Plan auch von mir mitentworfen war.

Als die sinnliche Bewußtheit in meinen Handflächen zunahm, brachte ich mir bei, verschiedene Energiemuster in Farben und sinnvolle Informationen zu übertragen. Ich kam mir vor wie eine Blinde, die Blindenschrift liest. Da meine hellseherischen Fähigkeiten verschlossen waren, brauchte ich meine Hände zum »Sehen«. Ich betrieb Psychometrie: Ich besaß die Fähigkeit, etwas zu berühren, den Energiekörper zu fühlen und seine Geschichte zu erkennen. Aber ohne Hellsichtigkeit fühlte ich mich immer noch betrogen und meinen Mitstudenten gegenüber spirituell unterlegen. Also arbeitete ich härter daran, meine psychometrischen Lesefähigkeiten zu verfeinern.

Allmählich gewannen meine Hände eine eigene sensitive Bewußtheit. Ich fühlte mit der Zeit Energieanhäufungen, manche ungeordnet und verschwommen, andere wiederum heiß oder kalt. Bald erfuhr ich von den Hellsehern, mit denen ich arbeitete, daß es sich dabei um blockierte Vorstellungen handle. Als ich dann lernte, mich durch Atmen von den bildlichen Erinnerungen in meinen Chakren und in der Aura zu lösen, empfand ich eine Freiheit, die mein Leben erleuchtete. Es war mir nie bewußt gewesen, daß Vorstellungen meines

Vaters mein Herzchakra überdeckten und daß die Meinungen meiner Mutter die Kraft- und Kommunikationschakren beeinflußten. Ebensowenig hatte ich erkannt, wie sehr ich an bestimmte Bilder gebunden war. Ich brauchte sie nicht zu sehen, um sie beseitigen zu können. Ich fühlte sie, fühlte die beklemmende Wirkung, die fremde Überlegungen und Meinungen auf die reine Lebensenergie meiner Seele ausübten.

Um eine einschränkende Vorstellung zu beseitigen, stellte ich mir einfach ein geflügeltes Herz außerhalb meiner Aura vor und lenkte den Energieblock oder das Bild, das meine Chakrafähigkeiten behinderte, in das geflügelte Herz hinein. Dann blies ich es behutsam fort und übergab es Kräften, die stärker waren als ich. Die Energie anderer Menschen kehrte zu ihnen zurück, und meine eigene blockierte Energie ging in die Erde ein, um gereinigt zu werden und zu mir zurückzukehren, während ich meine Energie fließen ließ. Welch ein Geschenk! Ich gab den Menschen, an deren Meinungen ich gehangen hatte, lebensstärkende Energie zurück und reinigte gleichzeitig mich selbst.

In diesen ersten Jahren meiner medialen Entwicklung begegnete und heiratete ich Rick Stevens. In meinen Meditationen sah ich, daß unsere Seelen in eine schwierige, karmische Auseinandersetzung verwickelt waren, die mehrere frühere Leben umfaßte und vor Jahrhunderten in Rom begonnen hatte. Eine Spur verlief sogar noch weiter zurück bis in das alte Ägypten. Da ich nicht fähig war, diese Bilder aus Vorleben zu »sehen«, konnte ich nur »fühlen«, daß Rick mir drei Kinder schuldete. Bei einem Reading wurde mir gesagt, daß Rick während eines Lebens in Rom mit seinem Wagen rücksichtslos um eine Ecke gebogen war und meine drei kleinen Kinder überfahren hatte, die am schlammigen Straßenrand spielten. Ich stürzte aus dem Haus, und als ich sah, was passiert war, packte ich ihn bei den Schultern, schüttelte ihn und schrie: »Was haben Sie angerichtet? Sie haben meine Kinder getötet! Dafür werden Sie bezahlen, Sie schulden sie mir!« Das nächste Mal trafen sich unsere Blicke 1973 in

Berkeley. Ich fragte mich, ob alle Lebenspartner verwandte Seelen aus früheren Leben waren.

Ein Jahr darauf heirateten wir und bekamen Salomon. Als Salomon noch in den Kinderschuhen steckte, fand eine zweite »Geburt« statt, die einer Schule. Bis 1976 hatte ich zwei Jahre lang als Medium gearbeitet und ein Jahr unterrichtet. Auf der ganzen Welt gab es nicht eine Schule, die Ethik und andere Maßstäbe in der Form lehrte, wie ich sie zum Zeitpunkt des anbrechenden »New Age« für angemessen hielt. Mein Leben hatte immer dem Dienst am anderen gegolten; nun bot sich mir die Chance, meinem Weg eine deutliche Gestalt zu geben.

Rick half mir, das Heartsong Center für erweiterte Wahrnehmung als eine nichtkommerzielle, religiöse und pädagogische Vereinigung zu gründen. In den ersten fünf Jahren von Heartsong hatten Rick und ich auch ein Zuhause und eine wachsende Familie zu versorgen. In dieser Zeit stillte ich Salomon, Sarah und Cassie – und meditierte dabei: Heartsong entstand und gedieh durch Liebe und mit Kindern des Lichts. Es konnte keinen besseren Weg des Lernens geben, als diese kleinen Zaubermeister zu beobachten, die noch mit der Quelle verbunden waren, der wir entspringen. Mein medialer Öffnungsprozeß ging weiter.

In dieser Zeit hatte ich einen sehr klaren Traum, in dem atlantische Heiler einer früheren Zeit Kristalle, Sonnenlicht und bestimmte Töne benutzten, um einander zu heilen. Mein Interesse an Heilmethoden hatte sich damals aus einer Notwendigkeit heraus entwickelt, denn bei meiner jährlichen Vorsorgeuntersuchung hatte man einen eigroßen Tumor entdeckt, und ich mußte ihn heilen. Ich war aber überrascht, wie sehr ich mich von Atlantis angezogen fühlte. Es kam mir fast vertraut vor, etwa wie die vage Erinnerung an einen liebgewonnenen Kinderspielplatz. Vielleicht war Atlantis ja Teil meiner seelischen Vergangenheit. Wenn dem so war, mußte es wirklich eine besonders angenehme Vergangenheit darstellen, da ich nichts sehnlicher wünschte, als es wieder aufzusuchen.

Seit diesem Traum mit seinen deutlichen Bildern waren bereits Monate vergangen, und trotzdem waren meine Gefühle so stark, als sei es erst gestern gewesen. Ich suchte einen warmen, sonnigen Raum auf und trat ungeduldig meine Traumreise an. Vor mir befand sich der »Kristallhimmel«, ein Gebilde aus zwölf großen, zweiendigen Quarzkristallen, die auf einem weichen, rosa Teppich lagen und mich dazu verlockten, mich zu ihnen zu legen. Nachdem ich es mir bequem gemacht hatte, ging ich in Trance, indem ich mich für einige Augenblicke auf meine Mitte konzentrierte, mich erdete und tief durchatmete. Ich reinigte meine Energiekanäle und meine Chakren und ließ überschüssige Energie in die Erdmitte ab. »Wie vollkommen ist doch das Gleichgewicht zwischen Geben und Nehmen im Universum!« dachte ich. Ich wußte immer, wann mein innerer Reinigungsprozeß abgeschlossen war, da ich dann ein Gefühl der Vollendung hatte. Als mein Erdungsband abgesichert war, konzentrierte ich mich auf das silberfarbene Energieband, das die Verbindung zwischen meinem physischen Körper und meinem astralen Traumkörper verstärkte und mir als Leitfaden zurück zu meinem Körper dienen würde.

Ich mußte mich jetzt nur noch vollkommen konzentrieren. Es war etwas ganz anderes, mich in meinen Astralkörper zu projizieren, als während der Stillzeiten in Meditation zu gehen. Jede einzelne Körperzelle mußte auf das Vorhaben ausgerichtet sein. Ich setzte mir das Ziel, mir in meiner Vorstellung eine freie Startbahn zu schaffen, von der ich mein Bewußtsein aussenden konnte, und ich konzentrierte mich darauf, durch die Schädelkrone zu entschwinden, so daß ich durch einen Zeittunnel in die Vergangenheit gleiten konnte. Ich wußte genau, welche Erfahrung ich suchte: Mein Ziel war Atlantis, und ich wollte wenige Augenblicke nach der Heilbehandlung ankommen, der ich vor Monaten im Traum beigewohnt hatte. Nachdem ich mich innerlich gereinigt hatte, schlief ich ein und träumte.

Es war niemand da! Ich hoffte nur, daß ich mich am richtigen Ort befand. »Warum zweifelst du an dir?« fragte eine freundliche Stimme. Ich drehte mich um und sah sie, die Heilerin, die ich aufsuchen wollte. Sie stand in einer offenen Tür, und hinter ihr erstrahlte Sonnenlicht. Das Licht war so stark, daß sie zu leuchten schien. Ich war so mit Fragen angefüllt, daß ich kaum wußte, wo ich anfangen sollte.

»Warum fängst du nicht hier an?« fragte sie und führte mich durch die Tür in einen großen, leuchtenden, freien Raum.

»He, du hast mir geantwortet!« rief ich aus. Sie lächelte und zwinkerte mit den Augen. »Und du sprichst mit mir! Wie kommt es, daß du mit mir sprechen kannst? Wie kommt es, daß wir uns im Traum so klar miteinander verständigen können?« Niemals zuvor hatte ich einen dermaßen bewußten und klaren Traum gehabt. Selbst der erste Traum war nicht so lebendig gewesen wie dieser. »Wo bin ich?« fragte ich.

»Du bist in Atlantis, der konzentrischen Weltmitte.«

»Wer bist du? Warum bist du hier?« fragte ich.

Ihre Antwort kam für mich vollkommen unerwartet und überraschend: »Weil ich du *bin*«, sagte sie. In diesem Moment spürte ich, wie wir miteinander verschmolzen. Es war eine neue Erfahrung für mich, aber als unsere Persönlichkeiten zu einer wurden, verspürte ich keinerlei Angst, da ich wußte, daß es die Wahrheit war. Ich wurde mir der besonderen Beziehung, die mich mit dieser Persönlichkeit verband, deutlichst bewußt. Sie war mein Vorleben. Wir hatten an derselben Seele teil.

Plötzlich wurde ich zurückgezogen. Sarahs Rufe nach »Mommy! Mommy! Mommy!« rissen mich in die Realität zurück, und ich fand mich augenblicklich in meinem physischen Körper wieder. »Salomon hat mich Dummkopf genannt!« Ich brauchte einige Sekunden, um aufzuwachen und mich im Kopfzentrum zu sammeln. Dann öffnete ich die Augen und blickte auf Sarah, die offensichtlich Schwierigkeiten hatte, ihr Selbstwertgefühl zu behaupten.

»Sarah«, sagte ich, »glaubst du wirklich, daß du ein Dummkopf bist?«

»Nein«, sagte sie und schluckte die Tränen entschieden hinunter.

»Dann weißt du ja, was wirklich wahr ist, und es ist nicht wichtig, was Salomon denkt. Stimmt's?«

»Stimmt«, sagte sie und sah erleichtert aus. Sie begriff, daß das, was Salomon im Augenblick über sie dachte, kein Urteil war, das für den Rest ihres Lebens auf ihr lasten würde. Sie schlüpfte aus dem Kristallhimmel zurück ins Wohnzimmer und trällerte: »Ich bin kein Dummkopf! Ich bin kein Dummkopf!«

Ich ließ mich wieder im Kristallhimmel nieder und begab mich wie zuvor in Trance. Die elektromagnetischen Strömungen zwischen den Kristallen schufen eine gebärmutterähnliche Umgebung und halfen mir, schnell in den Schlaf-Traum-Zustand zurückzukehren.

Der anfängliche Schock war überwunden: Ich akzeptierte die Frau aus Atlantis als Teil von mir. Sie forderte mich auf, in ihren Körper zu gleiten, so daß ich ihre Realität und ihre Perspektive so direkt wie möglich miterleben konnte. Als Petey verspürte ich immer ein trokkenes, klirrendes Körpergefühl, dem Wassermannzeichen ähnlich und klar wie ein Wintertag. Als ich in den Körper meines früheren Lebens eintrat, empfand ich ein nasses, glitschiges, schwer faßbares Gefühl, flüssig und fließend. »Widerlich!« Ich hatte den Eindruck, die körperlichen Grenzen, die äußere Form des Körpers zu verlieren.

Dann hörte ich ihre Stimme. »Laß es einfach geschehen. Denke nicht nach, und suche nicht nach Erklärungen. Diese Bindungen halten dich davon ab, mich und meine atlantische Welt zu erfahren. Lenke dein Bewußtsein in mich, Alta. Dein Silberband hält die Verbindung zu deiner zukünftigen Gestalt und Zeit aufrecht. Du wirst weder Petey verlieren noch den Punkt in der Zeit, in dem du und deine Kinder leben.«

Ich ergab mich Alta und ihrer atlantischen Welt und wurde augenblicklich ihrer Aura gewahr. Nicht ihre Körperhaut, sondern ihre Aura setzte die Grenzen meines Bewußtseins, und diese Begrenzungen fühlten sich wie eine Haut an, die für alles Umliegende empfänglich ist. Die Aura selber kam mir genauso wirklich vor wie meine Körperorgane. Ich war überrascht von den Möglichkeiten, die sich mir boten! In diesem atlantischen Körper wurde mein Einflußbereich sehr viel größer, ich wäre wahrscheinlich sogar in der Lage gewesen, alles im Aurabereich zu kontrollieren: Stühle, Tische, einfach alles. Wenn ich die Aura ausweitete, nahm der Einflußbereich zu, da Altas Aura mehr umfaßte: Sie war erfüllt von Selbstvertrauen und Sicherheit, etwas, das mir damals als Petey fehlte.

In Altas Körper fühlte ich mich stärker, ruhig und standhaft. Sie sprach wieder zu mir: »Es ist noch jemand bei uns.«

Ich blickte mich um, sah aber niemanden. Dann sprach das andere Wesen: »Wir sind dein umfassendes Selbst.«

Das war die Stimme. Die Stimme aus meinen anfänglichen Meditationen war hier in meinem Traum. Sie fuhr fort: »Wir sind Petey, und wir sind Alta. Wir sind Manifestationen deiner Erdverkettungen, ein persönliches Mandala deiner inneren Familie, deren alchimistisches Zusammenwirken das umfassende Selbst hervorbringt. Deine Erdverkettung bildet eine Ganzheit, durch die unsere Aufmerksamkeit auf das physische Universum gelenkt wird. Du hast dich auf eine eklektische Reise begeben, eine Initiation, meine Kleine. Du hast Energie freigegeben und die Karmen durchlebt, die den Schlüssel zu Atlantis darstellen, deinem Ausgangspunkt als Mensch auf diesem Planeten. Deine Initiation liegt in der Selbsterkenntnis, im Begreifen der Person, die du warst, bist und sein wirst, eine Verkettung deiner Selbsterkenntnis. Wenn du deine verschiedenen Stadien durchlebst, wirst du die Dualismen deiner Spaltungen polarisieren. Werde eins mit deinem atlantischen Selbst. Es ist eine Jungfernreise zu den Wurzeln deiner Herzensmelodie. Du mußt die Teile von dir, die im Laufe der Zeit verlorengingen, wiederfinden. Werde eins mit Alta und den elf anderen. Wenn dein Bewußtsein sich erweitert, werden deine Wahrnehmungen in uns ruhen. Ich verlasse dich jetzt und kehre zurück, wenn die Flügel deines Geistes sich mit dem Herzen deines Körpers treffen. Du mußt mit Alta beginnen.«

»Alta, ist das wahr?«

»Ja. Laß uns in unserer Wesensverwandtschaft aufgehen und eins werden. Wir werden beide daraus lernen.«

Ich war gespannt darauf, Altas Fähigkeiten auszuprobieren.

Ich wollte Energie begreifen und Altas atlantischen Aurabereich so tief erleben wie sie selbst. Ich erinnerte mich der Heilbehandlung, der ich in meinem ersten Traum beigewohnt hatte, als Alta die Kristallinstrumente, die zum Heilen dienten, bewegt hatte, ohne sie zu berühren. Ich wurde eins mit Alta und begriff sofort, daß ich, wenn ich einen Gegenstand bewegen wollte, solange ich in Altas Körper war, diesen in ihren Aurabereich bringen mußte. Ich mußte daher mein Bewußtsein weit genug ausdehnen, um dessen Bereich voll zu erfassen, und als ich Altas Aura um eineinhalb Meter erweitert hatte, schien ich den von der Aura erfüllten Raum ganz deutlich zu erleben. Als ich auf einem Tischchen neben mir ein Glas Wasser sah, dachte ich: »Wie gut jetzt ein erfrischender Schluck Wasser täte.« Kaum war der Gedanke geboren, richtete er sich direkt auf das Glas Wasser. Ein Bündel von Energiestrahlen umkreiste das Glas und hob es an Altas atlantischen Mund. Als sich das Glas bewegte, war ich fasziniert, dann kamen mir Zweifel, und das Energienetz war sofort unterbrochen. Das Glas fiel zu Boden, zerbrach, und das Wasser ergoß sich über Altas Füße. Vergnügt bemerkte sie: »Danke, mein Schatz, es geht doch nichts über ein Fußbad!« Wir lachten. Was für ein warmes Gefühl das war, mit mir selber zu lachen. Es war eine Art Vertrautheit mit mir selbst, etwas, das mir mein ganzes Leben lang gefehlt hatte.

Ich wünschte mir, daß mein Petey-Körper die Fähigkeiten meines Alta-Körpers erlangen konnte. Das einzige Problem würden die Zweifel sein, die in meiner Realität als Petey bestanden. Ich würde meine Aura immer wieder von den begrenzenden Meinungen anderer Leute reinigen müssen, die das Ausweiten der menschlichen Fähigkeiten anzweifelten.

Mein dringendes Bedürfnis nach einer Heilmethode war befriedigt. Ich wußte jetzt, daß ich zu meiner Heilung die weißen Blutkörperchen zum Tumor lenken mußte, um ihn zu vernichten, genauso wie ich Altas Auraenergie gelenkt hatte. Alta war überzeugt, daß es mir gelingen würde, und das wiederum überzeugte auch mich.

Ich hatte etwas erreicht und fühlte mich vollkommen, reif und angefüllt mit Alta. Ich wußte, daß sie nun bei mir war und immer bleiben würde. Ebenso wußte ich, daß ich jene andere Realität jederzeit aufsuchen konnte, da ich mir nun meines vergangenen Ichs bewußt war. Für mich ist meine geliebte Alta ein ganz besonderer Brennpunkt in der Zeit.

Als ich in meinen Körper als Petey zurückkehrte, hatte ich ein sehr klares Empfinden von Energie, die in meinem Energienetz pulsierte. Es lag an der zusätzlichen Energie und an dem höheren Vibrationsgrad, um die ich bereichert war: Es war Alta, ihr Wissen, ihr Bewußtsein und die vielen Facetten ihrer Persönlichkeit. Ich öffnete die Augen und erblickte um den »Kristallhimmel« herum meine drei jüngeren Kinder, die mich alle ansahen. »Heather hat gerade angerufen«, sagte Sarah, »sie kommt in einer Stunde zum Abendessen.« Meine Kleinste, Cassie, die erst drei Jahre alt war und ein wirklich süßes Ding, sagte: »Du siehst so schön aus, Mommy, und ich hab dich ganz furchtbar lieb.« Sie hüpfte auf mich drauf und umarmte mich kichernd. Bald folgten auch Sarah und Salomon. Mitten im Kristallhimmel bildeten wir ein Bündel von Umarmungen und Liebe. Irgendwie spürte ich, daß Alta sich an meiner Realität genauso freute wie ich mich an ihrer.

Später am Abend konzentrierte ich mich in der Meditation auf meine weißen Blutkörperchen und teilte ihnen die Lage meines Tumors mit. Die Blutkörperchen begannen, ihn zu zerstören. Es klappte! Ich hatte Einfluß auf mein körperliches Wohlbefinden. Das hatte mich mein Traumbesuch bei Alta gelehrt; ihre Fähigkeiten waren auch meine.

Im Wachzustand konnte ich Energie nach wie vor nicht nach Belieben »sehen«, sondern vor allem fühlen und hören. In den ersten fünf Jahren von Heartsong konnte ich nicht hell»sehen«, wollte aber mediale Energie im Wachzustand ebenso erfahren können wie im Traumzustand. Eines Nachts schreckte ich aus dem Schlaf hoch. Ich war umgeben von einer ektoplasmatischen, schattenhaften und ätherischen Unterwelt, die ich bereits früher als Kind erlebt hatte. Ich wußte nicht, ob ich wirklich wach war oder schlief, und blickte neben mich, wo mein Mann schlief. Er lag auf dem Rücken und hielt in jeder Hand ein goldenes Zepter, wobei die Handgelenke über dem Herzchakra gekreuzt waren und die Zepter auf den Schultern ruhten, so wie ein Pharao. Während ich ihn anstarrte, verwandelte er sich in eine Mumie. Aus dem anderen Zimmer ertönte ein fernes Schreien. Meine Jüngste, Cassie, war aufgewacht. Als ich aufstand, verschwand die vom Dunkel umgebene Astralwelt schattenhafter Figuren. Ich hatte nur noch Cassie im Kopf.

In den folgenden Tagen meditierte ich häufig. Wenn Cassie schlief, kehrte ich meditativ zu dem Raum mit den schattenhaften Figuren zurück, die in meinen Kindheitserinnerungen und in meiner Seele umherschweiften. Während einer dieser Meditationen war ich zum ersten Mal hellsehend. Zuerst hielt ich das Dunkel in meinem Kopf für das, was ich nicht »sah«. Mein drittes Auge erblickte dann aber eine große, schwarze Pyramide, eine Art Lesezeichen im Bewußtsein meiner Überseele, das mich daran erinnerte, an diese Stelle zurückzukehren, um sie zu überprüfen. Ich war gespannt darauf, meine hellseherischen Fähigkeiten erproben zu können, und verspürte gleichzeitig Angst vor dem, was ich sehen würde.

Ich wußte, daß der Zwischenfall in Rom nicht alle karmischen Bindungen an Rick enthielt. Unsere Geschichte hatte früher begonnen, in Ägypten. Die meisten Leute hielten uns für das ideale Ehepaar, gesegnet mit einer Familie, die in perfekter Einheit lebte. Gemeinsam hatten wir Heartsong gegründet und drei Kinder gezeugt, und doch verbarg sich unter der Oberfläche ein Machtkampf zwischen Vater und Tochter aus einem Vorleben, in dem ich Rick Macht über mein Leben gegeben hatte. Er war die Autorität, und ich folgte ihm wie eine unterwürfige Tochter. Der Machtkampf hatte in Ägypten begonnen, wo ich lebendig begraben worden war, um im 20. Jahrhundert in Berkeley wieder hervorzutreten.

Als ich mich mit Hilfe der Meditation immer tiefer in die Erinnerungen aus früheren Leben versenkte, sah ich, wie mein inneres Kind, das jüngste in der inneren Familie meiner Überseele, in Finsternis versank. Der schattenhafte Raum, den ich meditativ gesehen hatte, war von Angst erfüllt. Ich mußte in diesen Raum zurückkehren, denn hier lag gleichzeitig der Schlüssel verborgen, durch den ich mich von der Angst befreien konnte. Meine Meditationen führten mich nach Ägypten und zu Nefphsie. Nefphsie war fünfzehn; sie ging gerade vom Tempel des geflügelten Pharaos zu den Totenkammern des Pharaos. Im Tempel hatte sie zufällig erfahren, daß sie eines der unehelichen Kinder des Pharaos war. Auf dem Weg zur Totenkammer stieg in ihr die Vorstellung auf, er habe sie an sein Sterbebett gerufen, um sie anzuerkennen, ihr eine Art Siegel zu geben, das sie als Teil seiner Nachkommenschaft auszeichnete. Ich freute mich an ihrem Gesang, während sie tanzend diesem so folgenschweren Ereignis entgegenlief.

Während Nefphsie sich innerlich darauf vorbereitete, ihren Vater zum ersten Mal zu sehen, sang sie von ihrem Traum, seine Seele zu retten. Als sie die Kammern des Pharaos betrat, wurde sie von zwei Wachen ergriffen. Ich fühlte die altbekannte Angst; Dunkelheit übermannte und verzehrte mich, und die Angst wurde allmächtig. Ich war nicht mehr Petey, die Nefphsie beobachtet. Ich war Nefphsie, wurde gefesselt und durch Hallen und über Treppen in eine Art Kerker geschleppt. Plötzlich wurde mir klar, daß ich getötet, einbalsamiert und zusammen mit dem Pharao als Teil seines Totengefolges bestattet werden sollte.

Mit meiner ganzen Überzeugungskraft brachte ich den Priester, der mich auf den Tod vorbereiten sollte, dazu, mich leben zu lassen und nur lose in den Mumienstoff einzuwickeln. Der Priester sollte meiner liebsten Freundin, die er auch kannte, Bescheid geben, und ich war sicher, gerettet zu werden. Meine Freundin und ich hatten während der Bauzeit im Grab gespielt und kannten daher jeden Gang. Ich machte mir jedoch nicht klar, daß die Gänge nach der

Bestattung des Pharaos und seines Gefolges mit Sand angefüllt sein würden.

Ich lag im Sarg. Es war dunkel, und ich hatte nur wenig Luft zum Atmen. Ich mußte eingenickt sein, denn das nächste, woran ich mich erinnerte, war das Grab selbst. Erneut überkam mich diese schreckliche Angst. Die Fackeln verloschen. Dunkelheit legte sich über alles, und es gab keinen Ausweg. Ich befreite mich aus der Mumie. Meine Hellsichtigkeit war überaus klar. Ich wurde Zeuge des Nachlebens des Pharaos: Alle seine Ängste verwandelten sich in schreckliche Ungeheuer. Es war mehr, als ich zu »sehen« verkraften konnte. Daher verschloß ich meine Hellsichtigkeit wieder, um die gräßlichen Bilder nicht sehen zu müssen, und rannte in eine kleine Kammer, die mit Goldschätzen angefüllt war.

Dort fand ich eine Statue, die ich wie eine Puppe in den Armen wiegte; dann behängte ich mich mit Schmuck und hockte mich in eine Ecke. Vor Angst erstarrt schlief ich ein und wachte mehrmals auf, bis mir klarwurde, daß ich schrecklichen Hunger und Durst hatte. Tagelang hatte ich nichts gegessen. Die Steine strömten einen modrigen Geruch aus. In der Hoffnung, etwas Eßbares zu finden, kratzte ich an ihnen herum. Ich hockte auf dem Boden, im Arm meine goldene »Puppe«, fand schließlich einen kleinen Pilz und aß ihn. Rückblikkend begreife ich, daß dieser Pilz giftig und die Ursache meines Todes war. Als Nefphsie war ich aus Angst vor dem entmaterialisierenden Totentanz des Pharaos und der Mitbestatteten dermaßen gelähmt und geblendet, daß ich nicht merkte, wann ich starb. Ich weigerte mich, mein Leben nach dem Tod »anzusehen«, und durchwanderte jahrhundertelang die Pyramide und die ägyptische Unterwelt, ganz allein, nur mit meiner goldenen Puppe in den Armen und mit soviel Gold behängt, wie man es sich nur wünschen kann.

Um mein inneres Kind Nefphsie zu retten, brauchte ich Kenntnisse, die ich als Petey nicht besaß. Ich mußte mich auf Alta mit ihrer Kraft und ihrem ungewöhnlichen Scharfblick verlassen. Der Einfluß, den dieser Mann durch die Jahrhunderte auf mich ausübte, gefiel ihr überhaupt nicht. Sie war entschlossen, nicht nur unser inneres Kind Nefphsie zu retten, sondern auch Petey aus den karmischen Banden zu lösen, die das Unglück, das Nefphsie durch den Pharao erlitten hatte, in Peteys Beziehung mit Rick wieder aufleben ließen.

Alta, meine innere Erwachsene, wurde reif. Ich war nicht länger ein Opfer, das durch andere Leute »beschützt« und »gerettet« werden mußte, sondern konnte mich selber retten. Ich war bereit für Altas Erhabenheit und wartete nur darauf, Nefphsies Fesseln zu lösen. Als Nefphsie ihren Weg hinaus aus dem Grab fand, fand Petey ihren Weg hinaus in die Welt. Nefphsie gewann vom Pharao ihre Kraft und ihr Leben zurück, und Petey gewann sie von Rick zurück – eine karmische Schuld, die längst überfällig war.

Anfangs fragte ich mich, ob die Erinnerungen an Alta und Nefphsie »wirklich« waren. Ich kam zu dem Schluß, daß es keine Bedeutung hatte; wichtig waren nur Ausdruck und Botschaft dieser Symbolik. In ihrem Buch *Medicine Woman* berichtet Lynn Andrews, wie sie sich schließlich von der ehelichen Bürde löste, die ihr gefürchteter Gegner, Red Dog (Roter Hund), ihr auferlegt hatte. Mögen es nun Lynn und Red Dog oder Nefphsie und der Pharao sein, es handelt sich um die gleiche Botschaft. Lynn und ich hatten unsere Kraft und unsere Träume den Männern in unserem Leben gegeben, und wir mußten die Verantwortung dafür übernehmen, unsere eigenen Träume und Hoffnungen neu in uns entstehen zu lassen und unsere Energie in unsere eigenen Auren zurückzubringen. Nefphsie und Alta waren höchstwahrscheinlich meine früheren Leben und wohl kaum reine Metaphern, die aus meinem Unterbewußtsein zu mir drangen. In jedem Fall waren sie von Bedeutung.

Während ich an diesem Buch schrieb und mich um die damit verbundene Medienarbeit kümmerte, öffnete ich mich langsam meiner inneren Seelenfamilie. Ständig trat ich im Fernsehen oder Radio auf. Eine Produzentin namens Janice Edwards Jenkins hatte mich schon mehrmals zu ihren Sendungen eingeladen, und als sie zu einem anderen Programm überwechselte, war ich kaum überrascht, wieder von ihr zu hören. Sie rief mich an, um mir mitzuteilen, daß sie eine Show aufziehen und mich dabeihaben wollte. Ich war begeistert, da ich liebend gern jede Gelegenheit wahrnehme, über das Fernsehen andere an meiner Arbeit teilhaben zu lassen.

Vor der Aufnahme, die in der folgenden Woche stattfinden sollte, telefonierten Janice und ich mehrmals. Bei einem dieser Telefonate führte sie ein Probegespräch mit mir durch, das fast eine Stunde dauerte. Schließlich begannen mein Nacken und meine Schultern zu schmerzen, und ich glaubte, es läge daran, daß ich den Hörer so lange am Ohr gehalten hatte. Das Haut- und Muskelgewebe im Nacken fühlte sich an wie von Tausenden von Nadeln gespickt, und ich konnte nicht ruhig sitzen. Am Freitag ging ich zum Chiropraktiker und bekam am Samstag eine Massagebehandlung, ohne Erfolg. Die Beschwerden wurden immer heftiger, und ich war äußerst rastlos.

Am Samstag, nach dem Abendessen, steigerte sich meine Erregung so weit, daß ich es nicht mehr aushielt. Ich hatte meine absolute Schmerzgrenze erreicht. Das Stechen und die Spannung wurden so stark, daß ich die Kinder zu Bett schicken mußte. Ich wollte nur noch Ruhe um mich haben und allein sein.

Die Kinder schienen das zu verstehen und waren kurz darauf alle im Bett. Ich ging ins Wohnzimmer, schaltete die Lampen aus, legte mich aufs Sofa und bereitete mich seelisch darauf vor, die übermäßige Spannung aus meinem Körper herauszuatmen. Als ich eine Welle verstärkter Erregung spürte, bildete ich schnell ein zartes Erdungsband in jeder meiner Körperzellen, um die unnötige und vollkommen unerwünschte Energie abfließen zu lassen.

Von einem Augenblick zum anderen war das Haus still und ruhig. Alles in dem verdunkelten Wohnzimmer verblaßte, und vor meinem Klavier tauchte allmählich ein starkes Licht auf. Dieses ektoplasmatische Licht nahm so lange zu, bis sich ein Lichtwesen gebildet hatte. Irgendwie wußte ich, daß es weiblich war, obwohl es keine bestimmte Form annahm. Der Körper war reines Licht und fast durchsichtig, und das Gesicht hatte die Form einer Birne und leuchtete wie ein glitzernder Diamant. Dieser strahlende Glanz begann den Raum auszufüllen und bewegte sich auf mich zu.

Nie zuvor hatte ich etwas Derartiges gesehen. Zuerst glaubte ich, tot zu sein, und hielt sie für den Totenengel, der mir durch die verschiedenen Dimensionen helfen sollte. Dann läutete das Telefon, und obwohl ich nicht antwortete, verließ mich die Ruhe und mit ihr das Lichtwesen. Ich brauchte einige Sekunden, um mich wieder auf meine Energie zu konzentrieren und jede Körperzelle zu erden. Als ich mein Gleichgewicht zurückgewonnen hatte, erschien das weibliche Wesen an derselben Stelle und strahlte erneut seine zauberhaften Rosa-, Silber-, Weiß- und Goldtöne in den Raum. Als seine Energie mich erreichte, umhüllte sie mich, und ich fühlte eine so starke Liebe, wie ich sie nie zuvor für irgendein Wesen empfunden hatte. Sie ähnelte der Liebe, die mich unmittelbar nach der Geburt meiner vier Kinder mit ihnen verbunden hatte. Die Schwingungen der Gestalt strahlten Liebe aus, reine, unverdorbene Liebe.

Sie sprach nicht, doch ich konnte aus der Energie lesen, die sie auf mich abstrahlte, und verstand auf diese Weise, was sie sagte. Sie kam von einem Raumschiff, das durch einen Zeittunnel in das Jahr 1987 gereist war. Als ich sie nach ihrem Namen fragte, hob sie ihren Finger, aus dem ein eingeprägtes Energiemuster auf mich zukam. Es sah genauso aus wie die mikroskopisch vergrößerten Adern eines lebenden Blattes: Millionen von Energiefunken bewegten sich in dem Adernetz. Ich nannte sie »Leafveina«, Blattader.

Was hatte das alles zu bedeuten, und wer war sie? War sie ein Teil von mir? Wenn ja, von welchem Ort, aus welcher Zeit? Langsam verblaßte sie. Während ich einschlief, fühlte ich noch immer ihre Wärme in mir. Sie liebte mich. Wer immer sie war, sie liebte mich.

Am nächsten Morgen galten meine ersten Gedanken der bevorstehenden Fernsehshow. Es war leicht gewesen, meine früheren Leben als Alta und Nefphsie in mich aufzunehmen, doch was hatte die letzte Nacht zu bedeuten? Aber Leafveina teilte sich mir durch innere Bilder noch einmal mit, auch wenn sie nicht da war. Sie war meine innere Mutter und kam aus der Zukunft; sie war mein zukünftiges Ich, so wie ich es für Alta war. Leafveinas Wesen drückte stets reine Liebe aus. Sie gab mir zu verstehen, daß die Schmerzen, die ich hatte, als sie das erste Mal zu mir kam, mediale Schaltvorgänge waren, mit deren Hilfe sie in meinen Körper und meine Realität eindringen konnte. Als ich sie fragte, wann sie in mich eindringen würde, erklärte sie mir, das sei bereits geschehen.

Auf dem Weg zur Aufnahme der Nachmittagsshow fühlte ich mich fast schwindlig. Ich hatte gerade die unglaublichste Erfahrung meines Lebens gemacht, und ich wußte, daß ich sie in der Show nicht erwähnen konnte. Die Leute waren nicht darauf vorbereitet, über eine der großen Fernsehanstalten vom Channeling zukünftiger Leben zu hören. Ich wußte nicht im geringsten, was mich erwartete. Einmal war Nefphsie während einer Liveübertragung in meinen Körper gedrungen und hatte die gesamte Westküste aufgefordert, am selben Abend einer astralen Projektion beizuwohnen – ich mußte die ganze Sache dann ausbaden. Eine ähnliche Erfahrung wollte ich kein zweites Mal machen. Dieser bevorstehende Fernsehauftritt machte mich nervös, denn diesmal sollten auch andere Medien teilnehmen, und man würde mich besonders hervorheben. Meine Gedanken gingen zu einer Podiumsdiskussion zurück, die wir vor einigen Jahren auf der »Whole Life«-Ausstellung veranstaltet hatten und die schließlich in einer großen Debatte endete. Als Sylvia Brown sich vorstellte, hatte sie ein »besonderes Geschenk« angedeutet, und ich fühlte mich herausgefordert und wollte den zweihundert Zuschauern zeigen, daß auch sie medial veranlagt waren. Zwischen mir und vielen anderen Medien gibt es einen grundlegenden ethischen Unterschied. Ich sage die Zukunft nicht voraus, da ich darin eine zu starke Beeinflussung sehe. Jeder schafft aus der Synthese seiner Gedanken, Überzeugungen und Entscheidungen seine eigene Realität. Aus diesem Grund ist es für eine starke Persönlichkeit – wie es ja weitentwickelte Medien sind – unmoralisch, andere Menschen durch das Vorhersagen einer Zukunft, die bereits entworfen ist, festzulegen. Manchmal lese ich die mögliche und wahrscheinliche Zukunft anderer Menschen, doch ich kläre sie immer darüber auf, wie sie den derzeitigen Augenblick im Hinblick auf eine positivere Zukunft verändern können. Die Debatte auf der »Whole Life«-Ausstellung war lebendig und aufregend. Die meiste Zeit war Alta bei mir. Es herrschte eine humorvolle und spannende Atmosphäre, und das Ganze muß sehr unterhaltsam gewesen sein, denn der Raum füllte sich mit über dreitausend Leuten an. Obwohl die Debatte sehr anstrengend war, machte sie Spaß, doch ich wollte so etwas bei diesem Sender nicht wiederholen. Alta erinnerte mich daran, daß mein Wunschtraum von einer friedvollen Weltgemeinschaft nur dann erfüllbar sei, wenn ich jedem Menschen gerecht werden und dabei trotzdem mein Anliegen vermitteln könnte. Leafveina schien ihre Zustimmung zu geben, denn ihre Liebe erstrahlte in mir.

Als ich im Fernsehstudio ankam, eilte Janice mir entgegen und erklärte entschuldigend: »Ich weiß, daß es dir nicht gefällt, aber die Show wurde den ganzen Tag unter dem Titel ›Kampf zwischen verschiedenen Medien‹ angekündigt. Sie erwarten von jedem von euch, daß ihr zukünftige Ereignisse vorhersagt und euch gegenseitig übertrumpft.«

Ich sah sie an und lachte. »Sie sind noch nicht reif dafür.« Janice lachte auch – was konnten wir sonst tun! Meine Aufgabe hatte sich geändert. Ich hatte den Leuten nicht nur den Prozeß des medialen Öffnens zugänglich zu machen, sondern ich mußte auch sichergehen, daß alles, was für die Show vorgesehen war, wahr und überzeugend wirken würde. Es wurde ein großer Spaß, und es blieb wenig Zeit für persönlichen Spielraum. Die Produzenten hatten alles so arrangiert, daß ich einen Kristall benutzen sollte und dabei durch Töne Energie in Anns Herzchakra leiten sollte. Die Heilbehandlung begann, und Alta tönte durch meinen Körper. Ann war während der ganzen Sitzung ruhig und aufnahmebereit. Als es vorbei war, fragte Ross: »Wie geht es Ann jetzt?«, und Ann warf sich ihm auf den Schoß und küßte ihn. Es war ein beeindruckender Augenblick, voll neuer Energie, Liebe und Lachen. Alta war bei mir, und ich spürte auch Leafveinas Anwesenheit.

Nachdem wir alle vorgestellt worden waren und ich Anns Behandlung abgeschlossen hatte, mußten wir uns – wir waren drei Medien – auf Stühlen vor das Publikum setzen. Diesen Teil fürchtete ich. Auralesen war leicht, aber Vorhersagen gingen gegen meine ethischen Vorstellungen. Ich mußte einen Weg finden, dem Sender zu einer erfolgreichen Show zu verhelfen, und gleichzeitig auf nette Weise erklären, daß Vorhersagen zu bindend waren. Die zwei anderen Medien brachten ihre Weissagungen problemlos vor. Die Sequenz war schnell abgeschlossen, aber irgendwie gelang es Leafveina, die Kamera auf mich aufmerksam zu machen, als sie durch meinen Körper strahlte. Das Ende der Show war von ihrer Liebe geprägt, und schließlich sagte sie direkt in die Kamera: »Glauben Sie nicht alles, was Ihnen Ihr Medium sagt. Sie selber sind Ihr bestes Medium!« Die Wahrheit war also heraus.

Therapeuten sprechen davon, das innere Kind zu erretten, doch das ist nur ein Teil des gesamten Vorgangs. Ich hatte mein inneres Kind Nefphsie gerettet, war der erwachsenen Alta begegnet und hatte meine innere Mutter Leafveina gefunden. In mir fand sich langsam eine ganze innere Familie früherer und zukünftiger Leben zusammen, und jeder brachte mir einen Teil meiner Seele zurück. Ich erlebte jeden Tag ein Stück Selbsterkenntnis, die zum Licht meines Lebens wurde. Die Frage »Wer bin ich?«, die mich am Anfang meines Öffnens so gequält hatte, war beantwortet. Ich bin die Gottheit meines eigenen Universums und meiner eigenen Realität. Ich bin eins mit dem allumfassenden Geist. Ich bin eine Seele, göttlich und unsterblich.

Kapitel 6

Mediale Sitzungen

Die physische Realität besteht aus nur langsam schwingender Energie. Wenn Sie sich hingegen nach innen kehren, um zu meditieren, spüren Sie die schnelleren Schwingungen der medialen Energie. Sie, Ihre Seele, lesen diese Energie ohne Unterlaß, um zu verstehen, was vor sich geht. Sie lesen sowohl auf der physischen Energieebene des Bewußtseins wie auch auf der psychischen. Die Realität der physischen Energie ist leicht lesbar, da hier ein hohes Maß an gesellschaftlicher Übereinstimmung besteht. Niemand wird sich mit Ihnen darüber streiten, was ein Tisch ist, eine Katze oder ein Stuhl. In jeder Sprache sind diese Dinge eben genau das. Ein Tisch hat Beine und eine Fläche, auf die man etwas stellen kann. Die Tischteile und ihre Funktionen sind leicht verständlich. Nach einer gewissen Zeit gilt das gleiche für die psychische Energie: Durch Übung können Sie lernen, psychische Energieformen und -symbole ebenso problemlos zu erkennen und zu verstehen. Sensitive verarbeiten bei jedem Eindruck fortlaufend Energie in dem jeweiligen Chakra: Im ersten Chakra erhalten sie das Leben mit Energie; im zweiten empfinden sie Energie gefühlsmäßig; im dritten Chakra erhalten sie durch Energie ihre Kraft; im vierten führt sie die Energie zur Einheit; im fünften kommunizieren, hören und sprechen sie durch Energie; im sechsten sehen sie Energie, und im siebten erkennen sie sie wissend.

Hellfühlende spüren bei Emotionen oder Wahrnehmungen Energieverlagerungen, wobei sie ihr zweites Chakra wie eine Art Radar benutzen, der das Geschehen ertastet und erfühlt. Das kann natürlich verwirrend sein. Was für ein Hitzegefühl hat meinen Körper durchlaufen? Was für ein Schmerz ist das, den ich erst im Magen und dann im Kopf gespürt habe? Bin ich traurig, oder habe ich dieses Gefühl von jemand anderem aufgenommen? Je mehr Sie meditieren, desto mehr werden Sie auch die eigentliche Quelle Ihrer Empfindungen verstehen. Wenn Sie Ihre eigene und wahre seelische Essenz kennen, wird es Ihnen immer möglich sein, Ihre Gefühle und Eindrücke von denen anderer Menschen zu trennen. Wenn Sie mit dem zweiten Chakra »lesen«, wird die Art Ihrer Analyse und der Entschlüsselung anfangs von zurückliegenden Gefühlen geprägt sein. Sobald Sie aber geübter sind, werden die Wahrnehmungen und Gefühle ihre eigenen Bedeutungen offenbaren, und es wird Ihnen möglich sein, diese Bedeutungen augenblicklich zu erkennen und zu entschlüsseln. Fangen Sie mit dem leicht verständlichen der Temperatur an: Heiß steht für aktive Energie. Die emotionalen Hitzeabstufungen können von warm bis glühend reichen. Kalt steht für gefrorene Energie, die in kalten, beziehungsweise »gefrorenen« Emotionen zum Ausdruck kommt.

Wenn Sie hellhörend sind und Energie »hören«, dann konzentrieren Sie sich auf die Geräusche und Worte, die Sie im Kopf hören. Alle hörbaren Gedanken und Stimmlagen sind Energie, die Sie lesen und entschlüsseln. Sollten sich Ihnen Fragen in den Weg stellen, während Sie lesen, bitten Sie einfach darum, die Antworten zu hören. Damit die Botschaft wirklich klar wird, sollten Sie auch auf den Klang der »Stimme« achten. So werden Sie aus den Worten auch die gefühlsmäßige Tönung heraushören.

Als Hellsehender lesen Sie Energieeindrücke, indem Sie sich auf die »Bilder«, die Gesichtsausdrücke der Bilder und die Energiefarben konzentrieren. Gehen Sie nochmals die Farbtafel in Kapitel drei durch, um sich die verschiedenen Farbbedeutungen in Erinnerung zu rufen. Gesichtsausdrücke und Bildsymbole wie beispielsweise das Heilsymbol der zwei um einen Stab geschlungenen Schlangen oder die zum V gespreizten Finger als Symbol des Friedens, das in den Sechzigern so beliebt war, sprechen für sich. Halten Sie sich an die einfachste Auslegung eines Bildes, schauen Sie es an, und fragen Sie sich, was Sie sehen. Falls Sie Menschen sehen, dann schauen Sie, was sie tun. Was bedeutet das für Sie?

Wenn Sie Energie wissend wahrnehmen, dann offenbaren sich Ihnen beim »Lesen« weder Gefühle noch Worte oder Bilder. Sie wissen, was Sie wissen, und damit hat es sich!

Der Grad der Beeinflußbarkeit

Viele Menschen sind für Meinungen und Vorstellungen anderer sehr offen. Für diese Menschen besteht die Gefahr, durch die sensitive Energie, die während einer Sitzung übermittelt wird, programmiert zu werden. Wenn Sie Sitzungen mit Leuten haben, die Ihnen den Eindruck vermitteln, daß sie ihre Freiheit und Autonomie gegenüber den von Ihnen ausgesandten Vorstellungen verlieren, dann ziehen Sie Ihre Vorstellungen zurück und lassen Sie sie nur bis an die Außengrenzen dieser Person herankommen. Auf diese Weise ist es dem Betroffenen möglich, diese Vorstellungen nach Belieben aufzunehmen oder abzuweisen.

In Heartsong bedienen wir uns eines einfachen, optischen Gradmessers für die Beeinflußbarkeit einer Person *(Abb. siehe S. 174).*

Dieses Schema kann sowohl in Sitzungen als auch bei persönlichen Gesprächen außerhalb der offiziellen Sitzungen benutzt werden. Schließen Sie einfach Ihre Augen, und blicken Sie hellseherisch auf den Gradmesser. Bei einer Gradanzeige zwischen 70 und 100 ist die Person leicht zu beeinflussen. Die Grade von 0 bis 30 zeigen an, daß eine Person eher widerstandsfähig oder verschlossen ist. Aber solche Personen sind durch ihren Widerstand ebenfalls programmierbar, denn sie binden sich an eine Vorstellung, indem sie sie bekämpfen. Der Bereich zwischen 30 und 70 zeigt an, daß die betreffende Person

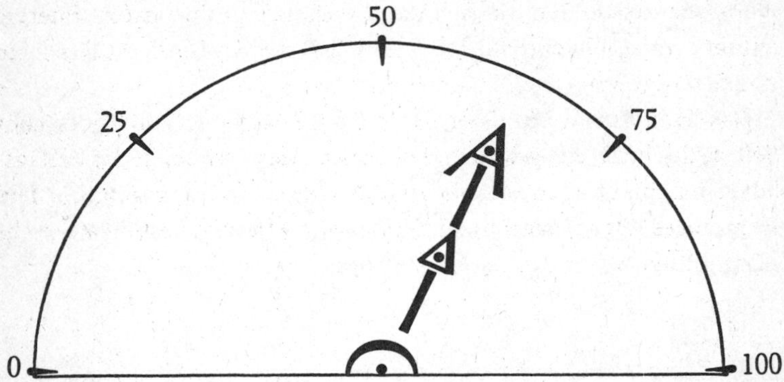

ausgeglichen ist, einen freien Willen und Autonomie besitzt. Personen, die in diesem Mittelfeld eingestuft werden, sind in der Lage, zwischen dem zu unterscheiden, was glaubhaft ist und was nicht.

Das Lesen des Heartsong

Wenn Sie den symbolischen »Heartsong«, das Herzenslied, der folgenden Übung lesen, achten Sie darauf, wie Sie die Informationen aufnehmen. Nehmen Sie Empfindungen wahr, Worte, Bilder, Farberscheinungen oder einfach klares Wissen? Setzen Sie Ihre eigenen Bedeutungsinhalte um, indem Sie sie aus diesen Gefühlen, Sätzen und Bildern, die sich Ihnen bieten, herauskristallisieren. Wenn Sie Ihr mediales Selbst zu verstehen beginnen, üben Sie sich darin, je ein Chakra zu lesen.

Das Heartsong-Symbol besteht aus einem einfachen Herzen mit Flügeln. Hellfühlende werden dieses Symbol erfühlen, Hellhörende werden es hören, Hellsichtige es sehen, und intuitiv Wissende werden es erkennen. Stellen Sie sich ein Herz mit Flügeln außerhalb Ihrer

Aura vor und stellen Sie sich dann vor, daß es Ihre ganze Energie aufnimmt. Anschließend lassen Sie das Herz vor Ihren Augen seine Form verändern.

Das Hauptanliegen einer Heartsong-Lesung ist, Ihr göttliches Selbst, das heißt das gesamte Bewußtsein Ihrer Seele, in das Alltagsleben hineinzutragen (die Flügel des Geistes müssen sich mit dem Herzen des Körpers verbinden). Eine solche Lesung besteht aus sechs Abschnitten:

1. Überblick
2. Herz
3. Flügel
4. Musikalische Töne
5. Sonne, Mond und Quadranten
6. Erstes oder bedeutungsvolles früheres Leben

Übung zum Lesen Ihres »Heartsong«

1. Setzen Sie sich auf einen bequemen Stuhl mit gerader Lehne, die Füße berühren sich nicht. Konzentrieren Sie sich auf das Chakra, aus dem Sie lesen wollen.
2. Atmen Sie tief ein, und reinigen Sie sich beim Ausatmen.
3. Erden Sie sich.
4. Lassen Sie Ihre essentielle Energie fließen.
5. Setzen Sie sich Ihr Ziel: Ich will meinen eigenen »Heartsong« lesen.
6. **Überblick.** Für eine Heartsong-Lesung, wie für alle anderen Lesungen auch, ist es wichtig, sich einen Überblick zu verschaffen, damit Sie sich auf das konzentrieren können, was Sie tun. Stellen Sie sich außerhalb Ihrer Aura ein geflügeltes Herz vor. Lassen Sie Ihre Energie in das Herz fließen

und seine Form verändern. Welchen unmittelbaren Eindruck übt dieses Symbol auf Sie aus? Sehen Sie ein Bild oder fühlen Sie diesen Eindruck? Wenn die Flügel schwächer sind als Ihr Herz, verneinen Sie möglicherweise Ihre seelische Realität. Sollte zwischen den Farben des Herzens und der Flügel eine Disharmonie bestehen, dann könnte das eine Auseinandersetzung zwischen Körper und Seele bedeuten. Harmonieren die Farben von Herz und Seele miteinander, herrscht zwischen Körper und Seele tiefes Einvernehmen. Wenn Sie Herz und Flügel nicht unterscheiden können und sie zu einem Energieklecks verschmelzen, brauchen Sie wahrscheinlich mehr Klarheit. Sehen Sie deutlich ein Herz mit Flügeln von derselben Farbe, so erleben Sie vielleicht Ihr göttliches oder höheres Selbst im alltäglichen Leben.

7. **Herz.** Das Herz steht für den Körper, die feststehenden Charakteristika, die sich im Leben zeigen. Die Form des Herzens umreißt Ihre Grundhaltungen. Achten Sie auf Konsistenz, Gleichgewicht, Fülle, Umfang und Farbe des Herzens. Die Farbe zeigt an, in welchen Farbbereich Sie in diesem Leben eingetreten sind, wo Ihr Ausgangspunkt lag. Darin liegen häufig Informationen über die Lektionen, die in diesem Leben vor Ihnen liegen, über den Weg und das Ziel.
8. **Flügel.** Die Flügel stehen für die Essenz Ihrer Seele und die zwölf Bewußtseinsebenen des göttlichen Selbst. Die Verbindung und der Einfluß jeder Feder sowie ihre Entfernung vom Herzen zeigen den Grad der verinnerlichten Information auf jeder Bewußtseinsebene an, die Sie im täglichen Leben bereits erreicht haben. Das Heartsong-Symbol hat an jeder Seite des Herzens sechs Federn, von denen jede eine Bewußtseinsebene darstellt. Die Farbe der Flügel zeigt die Farbe der seelischen Essenz an. Wenn die Federn verschiedene Farben haben, aber dennoch mit dem Herzen

verbunden sind, dann haben Sie zwar Ihre Bewußtseinsebenen verinnerlicht, sind aber möglicherweise noch beeinflußbar durch die Meinungen anderer Leute, die Sie mit Ihrer eigenen Wahrheit verwechseln. Schauen Sie sich die folgende Aufstellung der Bewußtseinsebenen an, und benutzen Sie sie als Orientierungshilfe für das Verständnis der Flügel.

1. Physiologisch (Zeugung, physischer Körper)
2. Emotional (Kommunikation, Biorhythmus, Instinkte, Gefühle)
3. Kausal (Handeln, Bewegung)
4. Intuitiv (Verständnis, innere Stimme)
5. Psychologisch (Persönlichkeitsstrukturen, Spiele, individueller Stil, Beziehungen)
6. Psychisch (Energiestrukturen, Träume, Phantasie, unbewußtes Handeln)
7. Analytisch (Gedankenabläufe)
8. Spirituell (Seele, höheres Selbst)
9. Mathematisch (geometrische Gleichungen, Astrologie)
10. Theoretisch (Pläne, Wahrscheinlichkeiten)

11. Gedanklich (ausgefallene Vorstellungen, Möglichkeiten)
12. Allumfassender Geist (Schöpfung)

9. **Musikalische Töne.** Die Töne in Ihrem Herzen deuten auf die Zahl der Kinder hin, die Sie bereits haben oder haben werden. Musikalische Töne außerhalb Ihres Herzens stehen für kreativ neue Wege und Vorhaben. Um Einblick in das Geschlecht eines Kindes (weiblich oder männlich) oder die Art des Vorhabens zu gewinnen, öffnen Sie den Ton einfach wie eine Tür und nehmen die Information auf, die Sie vorfinden.
10. **Sonne, Mond und Quadranten.** Die Sonne, der Mond und die Quadranten repräsentieren Ihren spirituellen Weg. Die Sonne ist der Körper, der Mond die Seele. Stellen Sie sich die Sonne an der rechten Seite des geflügelten Herzens vor und den Mond an der linken. Lassen Sie Ihre Energie in Sonne und Mond fließen, um ihr den richtigen Platz zuzuweisen. Der Quadrantenzirkel hilft Ihnen, die Quadranten zu lesen. Der vierte Quadrant steht für die Seele beziehungsweise den Körper, die sich auf dem eigenen spirituellen Weg befinden. Der persönliche Aspekt von Gottheit und Autonomie tritt zutage und wird voller Sicherheit erfahren. Wenn Ihre Sonne oder Ihr Mond im vierten Quadranten liegen, befinden Sie sich auf Ihrem eigenen Weg. Der dritte Quadrant steht für die Seele oder den Körper, die auf der Suche nach dem eigenen Weg und nach Selbsterkenntnis sind. Die Gottheit wird hinterfragt und erforscht. Wenn Ihre Sonne oder Ihr Mond im dritten Quadranten liegen, suchen Sie nach Ihrem Weg. Der zweite Quadrant repräsentiert die Seele oder den Körper, die dem Glauben eines anderen Menschen oder einer Glaubensgemeinschaft an die Gottheit folgen. In diesem Bereich kom-

men oft Dogmen zum Ausdruck. Wenn Ihre Sonne oder Ihr Mond sich in diesem Quadranten befinden, dann folgen Sie dem Weg eines anderen. Der erste Quadrant steht für die Seele oder den Körper, die nur an die physische Daseinsebene glauben können, nach dem Motto: Was ich nicht sehen, schmecken oder berühren kann, ist nicht real. Liegen Ihre Sonne oder Ihr Mond im ersten Quadranten, dann haben Sie keinen Weg.

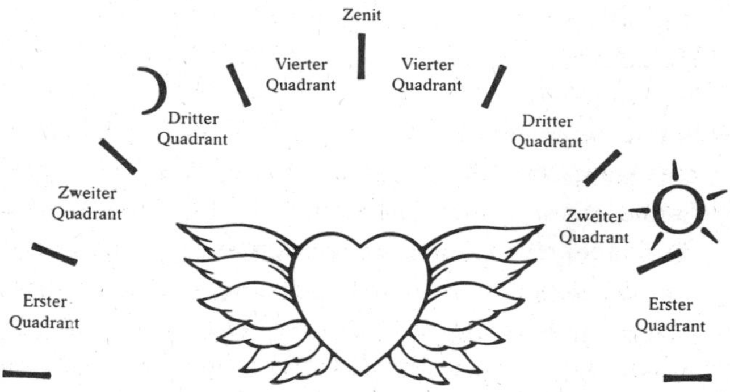

Es kann sein, daß Ihr Quadrantenzirkel Ihre Seele (Mond) auf höherem Niveau zeigt als Ihren Körper (Sonne). Der Mond könnte sich im dritten Quadranten und die Sonne im zweiten befinden. Das liegt daran, daß unsere Seele unserem Körper und unserer Fähigkeit, bestimmte Erkenntnisse im physischen Bereich umzusetzen, häufig voraus ist.

11. **Erstes oder bedeutungsvollstes früheres Leben.** Öffnen Sie das Herz wie eine Tür. In seinem Inneren finden Sie Ihr erstes oder bedeutungsvollstes früheres Leben. Möglicherweise können Sie dieses frühere Leben »sehen«, doch manchmal können Sie es einfach nur fühlen. Achten Sie auf Geschlecht, Alter, Lage und Lebenssituation dieses früheren Selbst und fragen Sie, warum Sie gerade dieses Leben

lesen sollen. Öffnen Sie sich jeder Information, die dieses frühere Leben Ihnen vermitteln kann.

12. Beenden Sie die Übung.

Übung zum Lesen des »Heartsong« einer anderen Person

1. Setzen Sie sich dem Klienten gegenüber aufrecht auf einen Stuhl, die Füße berühren sich nicht. Sammeln Sie sich in Ihrem Kopfzentrum.
2. Atmen Sie tief ein und reinigend aus.
3. Erden Sie sich in der Erdmitte.
4. Lassen Sie Ihre Lebensenergie fließen.
5. Lösen Sie sich von allen Meinungen, Vorstellungen und persönlichen Empfindungen, und leiten Sie überschüssige Energie ab.
6. Seien Sie nur im jetzigen Augenblick verankert, und geben Sie sich voll und ganz dem Lesen hin.
7. Fixieren Sie Ihre Grenzen, um zwischen sich und dem Klienten eine Trennlinie zu etablieren.
8. Schaffen Sie Neutralität.
9. Gehen Sie eine tiefe Herzverbindung mit Ihrem Klienten ein, und setzen Sie sich ein sehr klares und ernstzunehmendes Ziel.
10. Schaffen Sie sich Ihren inneren Bildschirm, und versuchen Sie, die Farbe der Lebensenergie des Klienten zu sehen. Stellen Sie Ihre Energie auf diese Farbe ein. Auf diese Weise passen Sie die Energien einander an, und Sie werden all das wahrnehmen, was in Hinblick auf die höchste Essenz des Klienten von Bedeutung ist.

11. Stellen Sie sich vor, daß Sie die Gestalt eines Herzens mit Flügeln vor Ihrem Klienten auftauchen lassen, und lassen Sie Ihre Wahrnehmungen von seiner Energie in dieses Symbol einfließen, erlauben Sie der Energie, diesem Symbol Farbe und Form zu geben. Welche Farbe scheint das Herz anzunehmen? Welche Form nimmt es an, und was sagt Ihnen diese Form? Sind die Flügel mit dem Herzen verbunden? Wenn nicht, auf welchen Ebenen sind sie nicht verbunden? Welche Farbe oder Farben haben die Flügel? Was sagt Ihnen die Beziehung zwischen dem Herz und den Flügeln? Erfassen Sie die musikalischen Töne, die Sonne, den Mond, die Quadranten und das erste beziehungsweise bedeutungsvollste Vorleben. Übertragen Sie nicht Ihre eigenen Vorstellungen auf den anderen, sondern ermöglichen Sie es Ihrem Klienten, das einzubringen, was angemessen scheint.
12. Reinigen Sie Ihre Energiekanäle.
13. Trennen Sie sich von Ihrem Klienten, indem Sie sich fünf physische Unterschiede zwischen Ihnen klarmachen. Leiten Sie die ganze Fremdenergie über das Erdungsband ab. Am einfachsten können Sie Ihre Energie von der Ihres Klienten trennen, wenn Sie für zehn Minuten tief einatmen und reinigend ausatmen.
14. Lösen Sie sich von der Lesung, und kommen Sie aus der Trance zurück.

Beispiel einer Heartsong-Lesung

Das folgende Beispiel für eine Lesung stammt von einer Großveranstaltung über mediale Möglichkeiten, auf der Medien Lesungen von fünf bis fünfzehn oder zwanzig Minuten durchführten.

Jessie stellte ihren Stuhl direkt vor mich hin.

»Bitte zieh deinen Stuhl zurück«, bat ich sie. Ich hatte bereits zwölf Lesungen hinter mir, und mein Aurabereich brauchte Raum, um sich auszuweiten.

»Warte bitte eine Minute, Jessie. Ich muß mich erst freiatmen.« Ich ging in Trance und reinigte alle meine Chakren, festigte mein Erdungsband, versicherte mich meiner Grenzen und füllte mich mit meiner eigenen Energie an. Wenn ich mir nicht diese wenigen Minuten Zeit nehme, um mich atmend zu reinigen und meine Energie zwischen den Lesungen zu festigen, übertrage ich Informationen buchstäblich von einer Lesung auf die nächste. »Warum bist du hier, Jessie?« fragte ich sie.

»Ich bin hier, um eine Heartsong-Lesung mitzumachen«, erwiderte sie.

»Halte bitte deine Hände und Beine getrennt voneinander, und öffne dich den Informationen, die du während der Lesung erhältst. Laß dich aber nicht von ihnen festlegen. Nimm das an, was dir richtig erscheint, und lasse jede andere Information fallen«, empfahl ich ihr.

Ich schloß wieder meine Augen. Jessie saß vor mir. Ich stellte mir zwischen unseren Auren ein Herz mit Flügeln vor und beobachtete, wie ihre Energie den »Heartsong« anfüllte und formte.

Überblick

»Ich beschreibe dir zuerst das Herz und die Flügel, die ich sehe. Beide sind voll und prall, das Herz ist etwas größer. Alle Flügel an der rechten Seite sind über das Herz gebogen. Das Herz hat Augen wie in einer Karikatur, und die rechten Flügel bedecken das rechte Auge. Das Herz ist pfirsichfarben, und die Flügel sind von einem leichten Orange. Da dein Herz etwas größer ist, weist es darauf hin, daß die Realität deines physischen Körpers dir wirklicher erscheint als die deiner Seele und daß du den physischen Belangen sehr viel mehr Zeit und Energie widmest als den spirituellen. Es ist interessant, daß die Flügel gebogen sind. Ich frage mich, was hinter diesen Flügeln verborgen ist. Das karikaturhafte Gesicht sieht glücklich aus, aber ich habe das Gefühl, als sei das nicht die volle Wahrheit. Laß mich diese Flügel zurückbiegen. Aha, genau das, was ich erwartet habe. Das andere Auge weint.«

Ich bat meine innere Stimme, die Ursache für Jessies Traurigkeit herauszufinden. Dann wiederholte ich laut die Antwort, die ich erhalten hatte. »Jessie, du hast einen Mann wegen deiner Eltern geheiratet, nicht wegen dir selbst. Der glückliche Teil in dir ist der, der gerne Kinder haben und Mutter sein möchte. Der traurige Teil in dir fühlt sich in dieser Ehe gefangen.

Das Orange und die Pfirsichfarbe sind sich in der Tönung sehr ähnlich und strömen Wärme aus, ein deutlicher Hinweis darauf, daß du dem Punkt sehr nahe bist, an dem du dein höheres Selbst erfahren kannst. Doch bevor deine Flügel nicht ausgestreckt sind, wird dein höheres Selbst nur zeitweise auftauchen, aber nicht auf Dauer verbleiben.«

Herz

Ich fuhr fort, Jessies Herz zu lesen: »Die Realität deines Körpers steht mehr im Vordergrund als die deiner Seele, denn ohne eine glückliche und funktionierende Ehe bist du damit beschäftigt, diesen Teil deines Lebens zu ›heilen‹, und hast wenig Zeit, ein erweitertes geistiges Bewußtsein zu entwickeln. Du hängst sehr von den Meinungen anderer Leute über dich ab. Darum verbirgst du dein trauriges Auge; du willst den Schein wahren. Doch hinter dem Schein verbirgt sich eine sehr reale Traurigkeit. Der Gedanke, deine Familie durch eine Scheidung auseinanderbrechen zu lassen, quält dich, und doch bist du mit dem älteren Mann, den du geheiratet hast, absolut unglücklich. Du hast Angst vor dem, was deine Mutter sagen würde, und du hast

Angst davor, deine Kinder zu verletzen und nicht in der Lage zu sein, allein für dich und sie zu sorgen. Diese angsterfüllten Vorstellungen sprechen aus dem traurigen Auge deines ›Heartsong‹. Die Pfirsichfarbe deines Herzens läßt auf eine umsorgende Persönlichkeit schließen. Doch das Auge ist dunkelrot, was auf festgefahrene Meinungen oder Dogmen schließen läßt, die du über Ehe und Scheidung hast. Du umsorgst andere, aber du kümmerst dich nicht oft genug um deine eigenen Bedürfnisse. Der Konflikt zwischen dem, was andere Menschen wollen, und dem, was die Gesellschaft von dir erwartet, macht dich häufig unglücklich. Deine Lebenslektion besteht darin zu lernen, sowohl dich wie auch andere zu umsorgen.

Das pralle Herz gibt mir zu verstehen, daß du zwar versuchst, es den anderen recht zu machen, daß du es aber voller Begeisterung, mit all deiner Fülle und deinem Reichtum tust. Darum wirkt deine versteckte Trauer so zerstörend auf dich. Du fühlst diese Trauer, aber deine Begeisterung verdeckt sie. Wenn Empfindungen in dir aufkommen, dann nimmst du sie sehr tief wahr.

Du bist sehr still, Jessie. Kommen die Informationen zu schnell für dich, oder sind sie dir zu eingehend?« fragte ich.

»Nein«, antwortete sie. »Ich habe nur nicht erwartet, so schnell erkannt zu werden.«

»Soll ich aufhören?« fragte ich.

»Nein, mach weiter. Ich bin einfach überrascht.«

Flügel

Ich fuhr fort: »Die Flügel sind kleiner als dein Herz, aber trotzdem kräftig und voll. Sie stehen für die verschiedenen Teile des höheren und bewußter ausgeweiteten Selbst deiner Seele. Du schenkst deinem spirituellen Wachstum nicht soviel Aufmerksamkeit wie deiner physischen Existenz. Wenn du deinem spirituellen Selbst allerdings Aufmerksamkeit schenkst, dann tust du es mit der gleichen Begeisterung, mit der du auch deinem physischen Leben begegnest. Die Ebenen deiner seelischen Bewußtheit sind auf der linken Seite deines ›Heartsong‹ dargestellt. Du bist gegenüber den physischen, kausalen, psychologischen, analytischen, mathematischen und gedanklichen Bewußtseinsebenen aufgeschlossen. Hinter den Bewußtseinsebenen der rechten Seite verbirgst du die emotionale, die intuitive, psychische, spirituelle und die theoretische Bewußtseinsebene sowie den allumfassenden Geist, die du alle noch weiterentwickeln mußt. Ein Teil deiner verfehlten Ehe liegt in dem Gebrauch deines emotionaleren Selbst mit seinen sensitiven Möglichkeiten. Du versteckst deine Traurigkeit und deinen Schmerz hinter einer unterentwickelten Gruppe von Bewußtseinsebenen. Du hast sehr viel Angst vor Dogmen und Urteilen. Es fällt dir sehr schwer, hinter deinen Flügeln hervorzugucken und dich als freie und offene Frau zu fühlen. Du fühlst dich seelisch zerrissen. Dein Ehemann übt mittels der unterentwickelten, unreifen Bewußtseinsebenen Kontrolle über dich aus. Durch den starken Altersunterschied von achtzehn Jahren, den ich sehe, warst du anfangs mehr so etwas wie eine Tochter für ihn. Du bist diesem kindlichen Verhalten entwachsen, aber er nicht. Er erwartet, daß du wie ein empfindsames, armes kleines Mädchen reagierst. Das tust du auch, aber nur, um ihm einen Gefallen zu tun, nicht dir.

In dem roten Auge deines Herzens zeigt sich ein Bild, auf dem du mit sechseinhalb Jahren erscheinst. Du warst zu spät in den Kindergarten gekommen und wurdest in das Büro des Direktors geschickt. Du hörtest, wie er ein anderes Kind anschrie, das zu spät gekommen war, und als du dann an der Reihe warst, hattest du Angst, bestraft und angeschrien zu werden. Du gingst in dieses große Büro, und in dem Augenblick, in dem er den Mund öffnete, fingst du zu weinen an. Deine Tränen besänftigten ihn, und er schrie dich nicht an. Von da an hast du dich deiner Gefühle und psychischen Momente mehr zur Selbstverteidigung bedient als zur spirituellen Entwicklung. Aus dieser Erfahrung ist ein ganzes Vorstellungsschema entstanden, wie du emotional reagieren mußt, wenn jemand Streit mit dir sucht. Du meinst, weil dieses Schema vorher funktioniert hat, muß es jetzt auch noch so sein.

Ehrlich gesagt sieht es so aus, als ob du alle sensitiven Teile deines psychischen Wesens dazu benutzt, Kummer und verletzende Situationen zu beeinflussen oder abzuwenden. Das ist ein mißbräuchliches Verhalten. Emotionen und Sensitivität können nutzbringender eingesetzt werden, um zu kommunizieren und dich selber auszudrükken. Genau das wäre der Fall, wenn die Flügel geöffnet und ausgestreckt wären.«

Musikalische Töne

»In deinem ›Heartsong‹ gibt es drei musikalische Töne und außerdem einen sehr schattenhaften. Zwei liegen mitten im Herzen und stellen deine zwei Söhne dar. Ein Ton liegt außerhalb deines Herzens und steht für ein schöpferisches Vorhaben. Wenn ich den Ton öffne, kommen viele andere Töne zum Vorschein. Die Notenhälse gleichen Pinseln, und jeder Ton enthält ein Ölgemälde. Das größte schöpferische Vorhaben in deinem Leben ist es, eine sehr produktive Ölmalerin zu sein.«

Jessie unterbrach mich. »Ist das Mädchen zu sehen, das ich vor zwei Jahren bei der Geburt verlor?«

»Das ist der schattenhafte Ton, den ich gesehen habe. Dieses Baby, das du verloren hast, war für dich eine Erfahrung des Loslassens, und du konntest den Körper der jungen Seele erfühlen, die ihn erschuf. Doch diese Seele war an dieses Universum nicht gewöhnt und wußte nicht, wie sie ihren Körper benutzen und aufbauen sollte. Es wäre auch sinnlos gewesen. Wäre eine Autopsie vorgenommen worden, dann hätte man festgestellt, daß das Baby ernsthaft behindert und der Tod unvermeidbar war.«

»Du hast recht. Es gab eine Autopsie, und sie war ernsthaft behindert«, erwiderte Jessie fasziniert.

Sonne

»Deine Sonne ist gerade aus dem zweiten Quadranten in den dritten gestiegen. Du beginnst, deinen eigenen Weg zu suchen. Die Kunst, der du dich in den vergangenen drei Jahren gewidmet hast, hat sehr viel mit den Anfängen deiner Suche zu tun.«

Mond

»Dein Mond ist an das Ende der Suche gelangt. Er steht fast am Ende des dritten Quadranten. Deine Seele ist bewußtseinsmäßig etwas weiter als dein Körper, so als wüßtest du zwar, was du in einer bestimmten Situation zu tun hast, könntest aber nicht den Willen aufbringen, es umzusetzen. Der Körper kann das Wissen der Seele nicht umsetzen.«

Erstes oder bedeutungsvolles früheres Leben

»Wenn ich das Herz öffne, springt mir sofort ein früheres Leben entgegen. Wir befinden uns in der Zeit der Französischen Revolution, und du bist Dienstmädchen im Königshaus. All deine Fähigkeiten hast du darauf verwandt, deinen aufständischen Bruder und deine Freunde zu schützen. Häufig kanntest du die Namensliste der Guillotinekandidaten des nächsten Tages und konntest die anderen vorwarnen. Schließlich wurdest du erwischt und selber durch die Guillotine hingerichtet. Deine derzeitige Angst, für dich selber zu sprechen, und dein Wunsch, dich auf eigenes Risiko für andere einzusetzen, entspringen diesem früheren Leben. In diesem Leben mußt du diesen alten karmischen Kreis vollenden, damit du für dich selber sprechen kannst, ohne das Risiko einzugehen, dich in den Bedürfnissen anderer zu verlieren.«

Bevor Jessie ging, fragte sie mich: »Gibt es irgend etwas, das ich tun kann, um meine umgebogenen Flügel zu öffnen?«

»Natürlich. Bring die dogmatische Vorstellung ans Licht, blicke sie an, und stelle dich ihr. Meditation ist sehr hilfreich, da du dir buchstäblich selber helfen kannst, indem du die Flügel durch dein Vorstellungsvermögen öffnen kannst. Das ist einfach und sicher. Stell dir ein Herz mit Flügeln vor, so wie ich es heute zur Lesung gemacht habe. Dann öffne es und breite die Flügel aus. Während du meditierst, wirst du mit den Vorstellungen konfrontiert werden, die hinter dem roten Auge des Dogmas versteckt sind. Wenn du sie erkennst, leite sie in das Erdzentrum ab. Diejenigen, die aus deiner eigenen Energie bestehen, werden als deine eigene Wahrheit zu dir zurückkehren, und diejenigen, die Fremdenergie enthalten, werden zu den anderen Menschen zurückkehren.«

Sensitives Heilen

Ein vollkommener Gesundheitszustand ist dann gegeben, wenn die aurische Energie in einer ständigen Auf- und Abbewegung fließt. Blockierte Energie weist darauf hin, daß Sie den betroffenen Bereich aktiv und gezielt heilen müssen. Die langsam fließende Energie kann aufgrund ihrer Beschaffenheit schließlich so stark blockiert sein, daß sie sich auf der physischen Ebene als eine Erkältung, ein Tumor, ein gebrochenes Bein, eine Depression, Krebs oder sogar als Tod äußert.

Schmerzen und Krankheit sind die physische Bestätigung oder ein Alarmzeichen dafür, daß sich Ihr Klient nicht in Übereinstimmung mit seinem Lebensziel oder seinem Weg befindet. So gesehen kann Krankheit eine Art Verständigungshilfe sein, um das Selbstverständnis zu stärken. Alles Notwendige muß über einen direkten Energieaustausch mittels »channeling«, Kanalisierung, erfolgen. Wenn Sie als Heilungskanal fungieren, müssen Sie die Qualität der Energie, die Sie während des Heilens kanalisieren, stets verfeinern. Das ständige

Erforschen des Heilungs- und Kanalisierungsprozesses stellt einen bewußten Weg dar, der schließlich zum allumfassenden Geist führen wird.

Es ist wichtig, daß Sie als Heiler die Freiheit und Autonomie des Klienten respektieren. Heilung ist immer Selbstheilung, und es liegt an dem Klienten, die Heilenergie in seine Aura fließen zu lassen. Kein Mensch kann zur Heilung gezwungen werden. Es liegt in der Verantwortung des Klienten, die Heilung anzunehmen. Ihre Verantwortung als Heiler liegt darin, daß Sie einen offenen und klaren Kanal für die Heilenergie darstellen müssen und auch eine Art Muntermacher für die Seelen Ihrer Klienten sein müssen, damit sie der Heilung wach und freudig entgegensehen. Ihre Fähigkeit, die Seele eines anderen Menschen wahrhaft zu berühren, ohne ihm dabei Energie zu nehmen, stellt einen wesentlichen Aspekt während dieser experimentellen Unterweisung dar, die Sie mit dem Heilen geben.

Übung zum sensitiven Heilen

1. Stellen Sie sich hinter den sitzenden Partner.
2. Atmen Sie tief ein und reinigend aus.
3. Erden Sie sich.
4. Lassen Sie Ihre Lebensenergie fließen.
5. Setzen Sie sich Ihr Ziel: Ich will ein klarer Kanal für Heilenergie sein.
6. Schaffen Sie sich Ihren inneren Bildschirm, damit Sie die Heilung beobachten können.
   Es ist außerordentlich hilfreich, wenn Sie sich einen gesunden und strahlenden Energiekörper um Ihren Klienten vorstellen.
7. Gehen Sie nun zum Heilen über. Öffnen Sie Ihre Heilungskanäle und *seien* Sie ein offener Kanal. Lassen Sie Ihre

Energie fließen, und statt sie durch die Kopfkrone entweichen zu lassen, lenken Sie sie vom Herzchakra in die Arme. Legen Sie die Handflächen auf den Kopf des Klienten, und leiten Sie heilende Energie über Ihre Hände in die Kopfkrone. Senden Sie die Energie über die rückwärtigen Kanäle des Klienten in das Erdungsband, um so allen Unrat und alle Fremdenergie auszuspülen. Lassen Sie während des Kanalisierens die Erdanziehungskraft auf sich wirken, und versuchen Sie, die kanalisierte Energie zu »sehen«. Öffnen Sie sich, und geben Sie sich ganz dem jetzigen Augenblick hin, konzentrieren Sie Ihr ganzes Selbst auf das Heilen. Gehen Sie vom siebten Chakra angefangen durch jedes Chakra, wobei Sie es mit den rückwärtigen Kanälen verbinden. Beseitigen Sie Fremdenergie und Blockaden; lockern Sie Stränge; entfernen Sie Vorstellungen, Masken, Schutzschirme und wunde Punkte; harmonisieren Sie jedes Chakra, und stellen Sie ein Gleichgewicht her. Reinigen Sie die Armkanäle und die Handchakren, dann die Beinkanäle und Fußchakren. Dann gehen Sie in die Aura Ihres Klienten und reinigen sie von jeglicher Fremdenergie, indem Sie sie regelrecht durchkämmen. Bilden und stärken Sie die Außengrenzen Ihres Klienten, so daß sein Energiekörper deutlich abgeschlossen ist und der Klient seine Integrität bewahren kann. Am Ende der Heilung können Sie Ihre Hände auf die Schultern Ihres Klienten legen und laut aussprechen: »Seien Sie eins, seien Sie ganz, seien Sie geheilt.«

8. Beenden Sie das Heilen sorgfältig.
9. Trennen Sie sich von dem Klienten, entziehen Sie angepaßten und blockierten Vorstellungen ihre Energie, und reinigen Sie sich selbst davon.
10. Lösen Sie sich von dem Heilen, und kommen Sie aus der Trance.

Ein sensitiver Techniker *(von Phil Chan)*

Solange ich mich erinnern kann, habe ich die Aura von Menschen wahrgenommen, aber erst, als ich schon über dreißig war, erkannte ich, daß nicht jeder diese Fähigkeit hat. Oft kann ich aufgrund der Aurafärbung eines Menschen sagen, wo seine Probleme liegen. Einmal stellte mir meine Schwägerin ein befreundetes Paar, Al und Mildred, vor, weil Mildred ständig irgendwelche Krankheiten hatte. An ihrer Aura konnte ich sehen, daß sie physisch gesund war, aber mehr Zuwendung brauchte, als sie bekam. Da es Al eigentlich gutging, hatte man mich nicht gebeten, auch seine Aura zu lesen. Doch ich sah auf Anhieb, daß er ernstlich krank war, denn über seinem Kopf befand sich eine dicke graue Wolke. Deshalb erklärte ich später meiner Schwägerin, was ich gesehen hatte, und bat sie, auf Al einzuwirken, damit er sich ärztlich untersuchen ließe. Tatsächlich diagnostizierte ein Arzt bei ihm zwei Wochen später einen Gehirntumor, und Al starb noch im folgenden Monat.

Als Ingenieur stellten mich diese paranormalen Phänomene natürlich immer wieder vor große Rätsel. Ich suchte nach Beweisen und zweifelte sogar oft an meiner Wahrnehmung, auch wenn die Fakten eigentlich schon klar auf der Hand lagen. Vor sieben Jahren zum Beispiel behauptete mein Vorgesetzter Ralph über den Schreibtisch hinweg: »Was in diesem Brief steht, das kannst du dir sicher nicht vorstellen!« Ich sah jedoch den maschinengeschriebenen Brief vor meinem inneren Auge und las ihn laut vor. Er meinte: »Oh, du kennst ihn also schon!« Dabei war er der einzige Mensch, der den Brief bis dahin zu Gesicht bekommen hatte, denn er war an ihn adressiert, und er hatte ihn auch selbst geöffnet. Außerdem unterschied er sich von der gewöhnlichen Post; er stammte von einer Person, die wir beide nicht kannten, und es ging dabei um unsere Arbeit. Interessanterweise war der Brief handgeschrieben, während ich ihn in Maschinenschrift vor mir gesehen hatte.

Am darauffolgenden Abend waren meine Frau und ich bei Catherine eingeladen, weil sie uns einer medial begabten Frau vorstellen wollte, die gerade von der Duke University getestet worden war. Von Anfang an fühlte ich mich in Gegenwart dieser Frau sehr unwohl: Die ganze Zeit über redete sie von Geistern, die durch das Zimmer schwebten, und sie fragte mich, was denn ich sähe. Komischerweise sah ich ein Bild der Frau meines Kollegen vor mir, die ich bis dahin nur zweimal persönlich getroffen hatte. Beim Abschied bemerkte die medial begabte Frau, welch wunderbare Aura unsere Gastgeberin habe, eine Feststellung, der ich widersprechen mußte. Denn ich hatte bemerkt, daß Catherines Aura am Hals in der Höhe des Schädelansatzes eine Unregelmäßigkeit aufwies. Daher waren alle ein bißchen böse auf mich, als wir aufbrachen.

Am nächsten Morgen erzählte ich meinem Arbeitskollegen, daß ich ungefähr um acht Uhr abends das Bild seiner Frau gesehen hatte, worauf Ralph mich fragte, ob ich die Botschaft verstanden habe. Welche Botschaft denn bitte? Ralph hatte nach Feierabend seiner Frau von meinem Erlebnis mit dem Brief berichtet, während sie in einem Restaurant aßen. Die beiden waren gerade bei der Suppe angelangt, als die Frau bemerkte, daß keine Tabascosoße auf dem Tisch stand. Nur einen Augenblick später kam der Kellner aus der Küche mit einer Flasche Tabascosoße. Als Ralph ihn fragte, woher er denn wisse, daß ihnen dieses Gewürz fehle, meinte er, er habe gerade in der Küche gesessen und plötzlich das deutliche Gefühl gehabt, daß jemand die Soße brauche. Ralphs Frau war darüber so aufgeregt, daß die beiden noch am gleichen Abend versuchten, bei uns anzurufen, was sie noch nie zuvor getan hatten.

Ungefähr ein Jahr später rief Catherine bei meiner Frau an, um sich für unsere Offenheit an jenem Abend zu bedanken. Meine Beurteilung ihrer Aura war richtig gewesen, sie hatte tatsächlich Probleme mit ihrem Hals bekommen, war inzwischen aber wieder gesund.

Nach Ablauf eines weiteren Jahres kam mir plötzlich Catherines Bild in den Sinn, worauf ich sie spontan anrief. Jetzt war sie ernstlich krank, man hatte ihr die Milz herausgenommen, und sie hatte sich noch immer nicht von dem Eingriff erholt. Die Ärzte konnten nicht herausfinden, was ihr fehlte. Nun bat Catherine mich, ihre Aura zu lesen, und ich sah darin eine senfgelbe Färbung, ein Hinweis, daß irgendein Gift in ihren Körper eingedrungen war. Das erklärte ich Catherine auch, doch da ich ihr nicht helfen konnte, blieb mir nichts anderes übrig, als ihr zu raten, in ärztlicher Behandlung zu bleiben.

An dem darauffolgenden Wochenende begleitete ich meine Frau Beth zu einem Seminar. Sie studierte Psychologie, und ich war einfach neugierig, einmal zu sehen, was in ihren Kursen so passierte. Als ich dann allerdings feststellte, daß das Seminar den Titel »Selbstwertgefühl« trug, war ich enttäuscht, denn ich dachte, daß ich eine Beschäftigung mit diesem Thema nicht nötig hätte. Aber schließlich erwies sich das Seminar als so außergewöhnlich, daß es mein ganzes Leben veränderte. Dr. Pecci führte uns in eine Meditation, und ich, der ich noch nie meditiert hatte, spürte ein weißes Licht durch meinen Körper gehen und hatte das Gefühl, ich sei gesegnet. Diese Erfahrung war etwas vollkommen Neues für mich. Dann sagte eine Stimme zu mir: »Lerne zu heilen!« Ich war so überwältigt, daß ich zu weinen begann. Doch es waren Tränen der Freude; es schien, als sei meine Seele geläutert worden, und plötzlich fühlte ich mich eins mit der Welt.

An diesem Abend, gegen Mitternacht, meditierte ich noch einmal, und unversehens sah ich Catherine vor mir. Über ihrem Herzen und ihrem Leib lag ein graues Z. Da stellte ich mir vor, daß blaues Licht ihren Körper umgab. Am folgenden Morgen rief ich sie an und fragte sie nach ihrem Befinden. Sie erklärte mir, daß sie früh schlafen gegangen sei und irgendwann in der Nacht neue Energie bekommen habe, so daß sie sich beim Aufwachen so gut gefühlt habe wie schon lange nicht mehr.

Ich erzählte ihr, was ich getan hatte, und versprach ihr, es an diesem Abend zu wiederholen. Diesmal stellte ich mir bei der Meditation vor, ich befände mich in einem lieblichen, verträumten Garten. Doch dann kam eine wunderschöne Fee, gekleidet in den schillernden Farben des Regenbogens, nahm mich bei der Hand und bat mich, ihr zu folgen. Auf einer langen Wendeltreppe führte sie mich bis über die Wolken, dann sagte sie, ich solle alles um mich herum vergessen und einfach nur spielen. Da ließ ich mich in die Wolken fallen, schlug Purzelbäume und genoß das Gefühl, schwerelos im Raum zu schweben. Nach einer Weile holte die Fee mich wieder ab und führte mich weiter die Treppe hinauf. Wir kamen zu einem malerischen Tempel, der mit weißen Kissen ausgelegt war. Leute in weißen Roben schauten mich an, ihre Gesichter waren mir unbekannt. Wir durchquerten den Tempel und betraten einen Raum, in dem vier Männer an einem Tisch saßen. Der, der ganz außen saß, hatte seinen Kopf mit einer Kapuze verhüllt, doch seine Augen blickten mich voller Wärme an. Der zweite hatte einen langen, weißen, gelockten Bart, und sein Blick verriet große Weisheit, der dritte strahlte unendliche Friedfertigkeit aus, während der letzte ausgesprochen kraftvoll und kriegerisch wirkte.

Plötzlich sprach eine Stimme von oben: »Geh hinaus und heile!«

Ich fragte: »Warum? Ich habe doch ohnehin schon genug zu tun.«

Die Stimme antwortete: »Weil es dein vorgezeichneter Weg ist.«

Ich stellte noch eine Menge Fragen, und die Stimme beantwortete sie alle. So gewann ich neue Erkenntnisse über mich und mein Leben, und das in einem Ausmaß, wie ich es nie zu träumen gewagt hätte. Als ich aus der Trance erwachte, hatte mein Leben eine neue Bedeutung gewonnen. Ich begann durch Handauflegen zu heilen, und zu meiner Überraschung konnte ich damit anderen helfen.

Doch ich war noch immer recht unsicher. Beth erkundigte sich bei ihren Studienkollegen, und jemand machte sie auf das Heartsong Center aufmerksam. An einem Freitagabend fuhren wir hin und nahmen an einem Gruppengespräch teil. Ich fühlte mich dort sogleich wie zu Hause. Ohne zu zögern schrieb ich mich ein und nahm an dem gesamten Programm zur geistigen Weiterentwicklung teil.

Ich werde nie mein erstes öffentliches Auftreten vergessen. Man stellte mir einen Mann vor, dessen Frage selbst Jay, ein Lehrer vom

Heartsong Center, als äußerst ungewöhnlich einstufte, so daß er mir im stillen die Daumen drückte. Ich betrachtete den Mann genau und sah plötzlich einen Oldtimer, einen Mustang aus dem Jahre 1965, in ausgezeichnetem Zustand vor dem Hintergrund blau schimmernden Wassers stehen. Ich beschrieb ihm das Bild, worauf er erwiderte: »Ich wollte wissen, ob ich Zeit und Geld dafür aufwenden sollte, um bis nach Salt Lake City zu fahren und mir einen weißen Mustang anzuschauen, der in einer Anzeige angeboten wurde.«

Da erklärte ich ihm: »Nein. Sie werden Ihren Mustang hier in der Bay Area finden, an einem Ort, wo es klares, blaues Wasser gibt. Mir kommt der Name Benicia in den Sinn.«

Als ich anschließend die Aura eines Ehepaares las, war mein Selbstvertrauen schon größer, und so beschrieb ich all die Geister, die ich sehen konnte. Danach schlug ich den beiden vor, im Behandlungsraum die Geister zu entfernen, doch sie wollten mir zuvor noch ein paar Fotos zeigen. Ich fand das etwas eigentümlich und fragte mich, was das wohl sein könne. Es handelte sich um Kirlian-Fotos, und auf den Aufnahmen konnte man all das wiederfinden, was ich ihnen beschrieben hatte. Diese Technik der Fotografie ist eine große Hilfe für mich, und so kann ich mit der Zeit mein Wissen zu immer größeren Tiefen entwickeln.

Kristallhimmel

Der Kristallhimmel besteht, wie schon früher beschrieben, aus zwölf Kristallen, die auf eine bestimmte Weise angeordnet sind, um geistige Energie zu konzentrieren. Die elektromagnetischen Eigenschaften der Kristalle vertiefen Ihre sensitiven Fähigkeiten. Normalerweise ordnet man die Kristalle auf dem Fußboden oder auf einem Bett im Oval oder im Halbkreis an, so daß dadurch ein Raum geschaffen wird, in den man sich bequem legen oder setzen kann. Bevor Sie in den Kristallhimmel eintreten, muß sich das Energiefeld in diesem Raum zunächst wenigstens eine halbe Stunde lang sammeln und aufbauen. In dieser Zeit stellen die elektromagnetischen Eigenschaften der Kristalle in dem Oval ein elektromagnetisches Feld her.

Praktische Anwendungen

Sie können den Kristallhimmel jederzeit benutzen, um in Ihren verschiedenen Meditationsübungen wacher und aufnahmebereiter zu sein – also bei Astralwanderungen, beim Zurückgehen in frühere Leben, beim Channeling, bei der Kommunikation mit Ihren geistigen Führern, beim Heilen, Auralesen oder bei kreativer Arbeit. Die meisten meiner Bücher, dieses eingeschlossen, habe ich im Kristallhimmel geschrieben. Manche Menschen schlafen sogar darin, weil sie dann intensivere Träume haben.

Übung für den Kristallhimmel

Bauen Sie den Kristallhimmel zirka eine halbe Stunde, bevor Sie ihn benutzen wollen, auf.

1. Setzen Sie sich auf einen bequemen Stuhl mit gerader Lehne in den Kristallhimmel und konzentrieren Sie sich auf die Mitte Ihres Kopfes.
2. Atmen Sie tief ein und reinigend aus.
3. Erden Sie sich, den Kristallhimmel und jeden einzelnen Kristall.
4. Bringen Sie Ihre Lebensenergie zum Fließen.
5. Öffnen Sie Ihr sechstes Chakra, und betrachten Sie dann genau, wie die Energie im Kristallhimmel aussieht. Öffnen Sie Ihr fünftes Chakra, und achten Sie darauf, was Sie hören. Öffnen Sie schließlich Ihr zweites Chakra, und nehmen Sie

Ihre Gefühle wahr. Bleiben Sie insgesamt zwanzig Minuten im Kristallhimmel.

6. Beenden Sie die Übung.

Sie können den Kristallhimmel ruhig stehenlassen, so daß das höhere Energiepotential für die nächste Anwendung erhalten bleibt. Benutzen Sie ihn für die in diesem Buch beschriebenen Übungen.

Regressionen in frühere Leben

Eine geistig-spirituelle Regression ist eine geleitete Astralwanderung entweder in die Vergangenheit des gegenwärtigen Lebens oder in frühere Leben. In vielen Fällen sind die Störungen im Energiefluß der Aura oder den Chakren durch in der Vergangenheit erlittene Traumata entstanden. Über die elektromagnetische Ladung wird tatsächlich ein Teil der Energie des Geschädigten in der Vergangenheit festgehalten, so daß dem Betreffenden sein volles Potential nicht mehr zur Verfügung steht. In diesem Fall ist jedes Erlebnis in der Gegenwart von den Gefühlen aus der Vergangenheit geprägt. Auralesen oder Heilungsversuche sind in dieser Situation fruchtlos, weil der Klient zunächst in die Vergangenheit zurückgehen muß, um seine Erfahrungen aufzuarbeiten.

Diesen Prozeß nennen wir manchmal die »Rettung des inneren Kindes«, doch der Begriff trifft die Sache nicht ganz, weil es im Grunde genommen eine ganze Familie ist, mit der die Seele sich auseinandersetzen muß. Für jedes innere Selbst existiert ein höheres und ein niedereres Bewußtsein, und zu der inneren Familie gehören insgesamt zwölf Mitglieder:

1. Inneres Kind
2. Innerer Erwachsener
3. Innere Mutter
4. Innerer Vater
5. Innere Großmutter
6. Innerer Großvater
7. Innerer Bruder
8. Innere Schwester
9. Innerer Partner
10. Innerer Analytiker
11. Innerer Richter
12. Innerer Führer

Die Regressionen in frühere Leben sind dann nicht mehr nötig, wenn der Klient sich zufrieden und nicht mehr innerlich zerrissen fühlt, also wenn das Trauma und die mit dem Bild verbundenen energetischen Spannungen aufgelöst sind. Die daraus gewonnene neutrale Energie kann entweder den Gedächtnisspeicher oder die Säulen der Erinnerung hinter dem Kopf des Klienten auffüllen.

Als spiritueller Führer beeinflußt man mit jedem Quentchen Negativität im eigenen Körper auch seinen Schüler. Ein von Blockaden freier und mitfühlender Mensch hingegen wird immer Trost und Geborgenheit vermitteln. Durch die Art seiner Fragen fördert der Führer die in der Seele eingeprägten Erinnerungen zutage, und weil er sich auf der astralen Ebene mit seinem Schüler vereinigt hat, wird auch er ihren wahren Gehalt erfahren. Diese Vereinigung ist deshalb so wichtig, weil der Führer nur so seinem Schüler die Sicherheit vermittelt, die dieser braucht, um seine Seele zu erforschen. Außerdem setzt er durch seine Fragen einen Erinnerungsprozeß in Gang, der auch dann nicht aufhört, wenn die eigentliche Regression schon beendet ist. Der Durchbruch ist erreicht, sobald der Betreffende gelernt hat, sich in Trance problemlos in die fragliche Zeit zurückzuversetzen und diese Reise bewußt zu erleben, weil sie nicht mehr traumatisch belastet ist. Dabei wird er immer mehr über sich und sein Leben lernen. So entwickelt er immer größere Autonomie und Stärke.

Übung zur Regression

1. Lassen Sie Ihren Klienten sich in den Kristallhimmel legen.
2. Atmen Sie tief ein und reinigend aus.
3. Erden Sie sich.
4. Bringen Sie Ihre Lebensenergie zum Fließen, und stimmen Sie sich auf die Sie umgebenden Energien ein.
5. Erden Sie Ihren Klienten.
6. Bringen Sie Ihren Klienten durch gezielte Meditationsanweisungen – zum Beispiel durch bewußtes Atmen – in den Zustand der Entspannung. Lassen Sie ihn seine Lebensenergie einatmen und alle Spannungen ausatmen, so daß er alle überflüssigen Gedanken abwerfen und sich auf seinen Kern konzentrieren kann. Gehen Sie mit ihm alle Körperpartien durch, bis er alle Lügen und fremde Energien ausgeatmet und alle Wahrheit der Seele eingeatmet hat. Wenn die Spannungen beseitigt sind und der Klient völlig entspannt ist, können Sie mit der Regression beginnen.
7. Gehen Sie mit Ihrem Klienten in die Mitte seines Kopfes und weisen Sie ihn an, seinen Astralkörper mit einer starken silbernen Schnur zu visualisieren.
8. Sorgen Sie dafür, daß Ihr Klient das Ziel der Astralwanderung formuliert, indem er die Gefühle und Fragen im Zusammenhang mit der Regression in eine vorgestellte Schachtel packt, die er auf seiner Astralwanderung im Arm hält. Diese Schachtel wirkt als Magnet, sie zieht den angezielten Augenblick in der Zeit an.
9. Führen Sie den Astralkörper Ihres Klienten mit der Schachtel im Arm nach oben, über das Kronenchakra hinaus immer weiter in die Höhe, den Zeittunnel entlang. Der Zeittunnel ist eine Röhre, die aus unzähligen Ringen besteht. Jeder Ring repräsentiert jeweils ein Erdenjahr der Zeit.

10. Wenn Sie sich der fraglichen Zeit nähern, treffen Sie auf eine Tür mit einer Schachtel, die der Ihres Klienten gleicht. Sobald die Magnetfelder der beiden Schachteln in Kontakt geraten, verschwinden Schachteln und Tür.
11. Nun sind Sie beide in der fraglichen Zeit angelangt. Gönnen Sie Ihrem Klienten einen Moment der Ruhe, damit er sich daran gewöhnen kann.
12. Die Fragen, die Sie jetzt stellen, sind sehr wichtig. Sie sollten niemals fordernd in den Klienten eindringen, sondern ihm stets die Führung überlassen. Zwar dienen Ihre Fragen dazu, den Klienten an seine Erfahrungen heranzuführen, doch er darf dabei nie seine Autonomie aufgeben. Mit Ihren Fragen sollen Gefühle wiederbelebt, aufgelöst und analysiert werden, so daß Ihr Klient die Erfahrung verarbeiten kann. Sie können lauten: In welcher Zeit befindest du dich? An welchem Ort hältst du dich auf? Wer bist du? Wie heißt du? Zu welchem Volk gehörst du? Wie alt bist du? Was tust du gerade? Was geschieht in deiner Umgebung? Was fühlst du? Was denken die anderen von dir? Außerdem können Sie nach den Erwartungen des Klienten und der Menschen in seiner Umgebung fragen.
13. Eine wichtige Frage zum Abschluß: Gibt es etwas, was du aus dieser Zeit und diesem Leben mitnehmen möchtest?
14. Zur Vorbereitung Ihrer Rückkehr in das Jetzt bitten Sie Ihren Klienten, die Tür wieder erscheinen zu lassen und mit Ihnen erneut den Zeittunnel zu betreten. Anschließend begeben Sie sich auf der Astralebene in die Jetztzeit. Nehmen Sie sich ruhig mehrere Minuten Zeit, um Ihren Klienten zurückzuholen. Bringen Sie ihn schließlich wieder in die Mitte seines Kopfes, während Sie in die Mitte Ihres Kopfes zurückkehren.
15. Beenden Sie die Übung.

Kapitel 7

Einige besondere Fähigkeiten

Hellfühlen

Hellfühlen heißt, die Gefühle und Eindrücke einer anderen Person deutlich wahrzunehmen. Mit folgender Übung können Sie diese sensitive Fähigkeit entwickeln.

Übung zum Hellfühlen

1. Setzen Sie sich auf einen bequemen Stuhl mit gerader Lehne, die Füße berühren sich nicht. Konzentrieren Sie sich auf das Innere Ihres Kopfes.
2. Atmen Sie tief ein und reinigend aus.
3. Erden Sie sich.
4. Bringen Sie Ihre Lebensenergie zum Fließen. Benutzen Sie dazu die hellgrüne Erdenergie und die klare, hellblaue Energie des Kosmos.
5. Schaffen Sie sich eine deutliche Abgrenzung, um die Klarheit Ihrer Aura zu bewahren.
6. Setzen Sie sich Ihr Ziel: Ich möchte mein zweites Chakra öffnen.
7. Denken Sie an eine Person, deren Gefühle Sie oft nicht

nachvollziehen können. Bemühen Sie sich jetzt mit aller Kraft Ihres Bewußtseins darum, daß Sie diese Emotionen in Ihr zweites Chakra aufnehmen. Beobachten Sie, was Sie verspüren, während die Energie dieser Person in Ihr zweites Chakra gezogen wird. Wie fühlen sich die Gefühle des anderen an? Sind sie angenehm oder unangenehm? Was rühren sie in Ihnen auf? Kennen Sie vergleichbare Emotionen? Kommen eigene Gefühle in Ihnen auf?

8. Vergegenwärtigen Sie sich, wessen Gefühle Sie gerade wahrnehmen. Im Grunde ist diese Übung ein Test, ob Ihre eigene Energie klar abgegrenzt ist. Registrieren Sie den Unterschied zwischen Ihrer Energie und der des anderen. Ist sie von einer anderen Farbe? Fühlt sie sich anders an? Ist sie von anderer Konsistenz?
9. Grenzen Sie sich ab von den Gefühlen der anderen Person, indem Sie fünf entscheidende physikalische Unterschiede zwischen Ihnen beiden formulieren. Ziehen Sie anschließend eine Grenze zwischen Ihrer Energie und der der anderen Person, indem Sie alle überflüssige und fremde emotionale Energie über das Erdungsband abgeben. Belassen Sie nur die ureigene Energie Ihrer Seele in Ihrem Körper. Nur Sie bleiben übrig, Sie und Ihre Lebensenergie.
10. Beenden Sie die Übung.

Praktische Anwendungen

Wenn Sie aus beruflichen oder persönlichen Gründen ein tiefes Verständnis für andere Menschen entwickeln wollen, können Sie sie mit Ihrer Hellfühligkeit erspüren. Damit werden deren Gefühle bestätigt, was wiederum das Vertrauen in Sie bestärkt, eine der wichtigsten Grundvoraussetzungen für den offenen Ausdruck der Gefühle.

Vor allem Heilpraktiker, Psychologen, Krankenschwestern, Ärzte und Therapeuten sollten die Gefühle ihrer Klienten gut verstehen können. Aber auch wenn Sie Ihre Hellfühligkeit in persönlichen Beziehungen einsetzen, können sich Respekt und tiefes Vertrauen entwickeln. Denn schließlich kennen Sie eine Person auf eine ganz intime Weise, nachdem Sie erlebt haben, was diese andere Person fühlt. Allerdings erhalten Sie über das Hellfühlen nur dann wertvolle Informationen, wenn Sie sich dabei ganz öffnen. Nur dann haben Sie einen klaren Eindruck von den Gefühlen anderer und können immer unterscheiden, ob das, was Sie wahrnehmen, von Ihnen stammt oder nicht.

Beispiel

Ed war ein noch relativ unerfahrener Psychologe. Von seiner Struktur her war er der typische Intellektuelle. Zwar verfügte er über ein umfangreiches psychologisches Wissen, doch gegenüber seinen Klienten verhielt er sich distanziert und kalt. Sobald den Klienten ihre Probleme bewußt geworden waren, verließen sie ihn und suchten sich einen anderen Therapeuten. Ed konnte jedoch nicht verstehen, warum das geschah.

Als Ed sich seinem eigenen Gefühlsbereich gegenüber öffnete, erkannte er, daß er in einer Familie von Intellektuellen aufgewachsen war, in der man Gefühle mißachtete und sie für unwichtig hielt. Aus diesem Grund stufte auch Ed seine Emotionen, sobald er sie bemerkte, als »bloße« Gefühle ein, und er entwickelte eine ausgefeilte Technik der Rationalisierung, mit der er sie zum Verschwinden brachte. Als er jedoch seinen eigenen Gefühlen gegenübertrat, konnte er auch besser akzeptieren, was in anderen vorging. Der Mut, mit dem er seine Emotionen zuließ, inspirierte schließlich seine Klienten, die ihm allmählich immer mehr vertrauten und in den Sitzungen mit ihm Heilung fanden.

Déjà-vu-Erlebnisse

Manchmal haben wir den Eindruck, bestimmte Ereignisse oder Erfahrungen schon einmal erlebt zu haben. Aber wenn uns eine Situation auch noch so vertraut vorkommt, so können wir uns doch an tatsächliche Vorgänge nicht erinnern. Die folgende Übung sollten Sie abends im Bett unmittelbar vor dem Einschlafen durchführen.

Übung zu Déjà-vu-Erlebnissen

1. Legen Sie sich entspannt auf den Rücken und konzentrieren Sie sich auf Ihr Kraftchakra.
2. Atmen Sie tief ein und reinigend aus.
3. Erden Sie sich, aber stellen Sie sich dabei vor, daß jede einzelne Zelle Ihres Körpers geerdet wird, also daß von jeder Zelle ein eigenes kleines Erdungsband zum Gravitationszentrum der Erde führt.
4. Bringen Sie Ihre essentielle Energie zum Fließen und ziehen Sie eine deutliche Abgrenzung.
5. Setzen Sie sich Ihr Ziel: Ich will in den Traumzustand gelangen, in dem ich meinen Körper verlasse, und will mich an ein Ereignis erinnern, das morgen stattfinden wird.
6. Öffnen Sie Ihr drittes Chakra, und schlafen Sie mit dem Gedanken an Ihr Ziel ein. Oft beruht ein Déjà-vu-Erlebnis auf einem hellseherischen Traum, der sich später bewahrheitet. Sie haben in der Zwischenzeit den Traum vergessen und erinnern sich erst wieder daran, wenn die geträumten Ereignisse tatsächlich eintreten. Gestatten Sie sich also die Möglichkeit, sich an Ihre Träume zu erinnern, indem Sie Ihr Kraftzentrum öffnen. Seien Sie sich *aller* Erfahrungen bewußt, jener im Wachzustand ebenso wie der im Traum.

Lernen Sie außerdem, Ihre Déjà-vu-Erfahrungen zu akzeptieren, indem Sie sich sagen: »Das habe ich schon einmal erlebt!«

7. Wenn Sie am Morgen aufwachen, beenden Sie die Übung.

Praktische Anwendungen

Déjà-vu-Erlebnisse vermitteln Ihnen ein Gefühl für das Kontinuum des Lebens, für den Zusammenhang zwischen Wachen und Träumen. Wenn Sie diese Verbindung deutlich spüren, bekommen Sie zugleich eine Ahnung davon, wie eng Ihre persönliche Realität mit dem übergeordneten Kontinuum zusammenhängt.

Beispiel

Leslie hatte gerade begonnen, sich mit Grenzwissenschaften zu beschäftigen. Sie war nicht gerade der klassische Typ, der sich für diesen Bereich interessiert, aber ihre beste Freundin besuchte unsere Kurse, und Leslie begleitete sie als Gast. Schon bald begann sie mit ihrer Fähigkeit zu spielen, sich an ihre Träume zu erinnern, und hatte mehrere Déjà-vu-Erlebnisse. Daraufhin wuchs ihr Interesse, ihre sensitiven Fähigkeiten auch auf anderen Gebieten weiterzuentwickeln.

Telekinese, Psychokinese und Levitation

Bei Telekinese, Psychokinese und Levitation bewegen Sie ein Objekt oder Ihren Körper ohne direkte physikalische Einflußnahme. Durch die folgende Übung können Sie mit diesen Techniken experimentieren.

Übung zur Psychokinese und Levitation

1. Benutzen Sie für diese Übung eine kleine Feder oder eine brennende Kerze.
2. Setzen Sie sich auf einen bequemen Stuhl mit gerader Lehne, und zentrieren Sie sich in Ihrem dritten Chakra, während sich die Feder oder die Kerze auf einem Tisch vor Ihnen befindet.
3. Atmen Sie tief ein und reinigend aus.
4. Erden Sie sich.
5. Bringen Sie Ihre Energie zum Fließen. Benutzen Sie dazu die hellblauen Energien von Erde und Kosmos.
6. Setzen Sie sich Ihr Ziel: Ich will ohne physische Einflußnahme die Feder oder die Kerzenflamme bewegen.
7. Stellen Sie sich vor, daß Sie mit der Feder oder der Kerzenflamme energetisch in Verbindung stehen. Ebenso wie die Energie in Ihrem dritten Chakra können Sie auch die Energie zwischen sich und dem Gegenstand zum Fließen bringen. Konzentrieren Sie sich also auf die Feder oder die Kerzenflamme, und achten Sie auf das Energiefeld. Die elektromagnetische Kraft Ihrer Energie kann ebenso stark sein wie die der Gravitation. Bewegen Sie die Feder oder die Kerzenflamme vorwärts, dann rückwärts und dann von einer Seite zur anderen. Heben Sie sie anschließend in die Luft.
8. Beenden Sie die Übung.

Praktische Anwendungen

Telekinese oder Psychokinese wird unbewußt von uns allen ausgeführt. Zum Beispiel setzen wir diese Technik ein, wenn wir uns selbst heilen. Dabei treten wir sprichwörtlich mit unseren Zellen in Kontakt und lenken sie, ohne sie zu berühren. Telekinese können Sie aber auch anwenden, wenn Ihr Auto nicht anspringen will oder wenn die Ampel von Rot auf Grün wechseln soll. Doch für diesen Bereich gilt das gleiche wie für alle anderen sensitiven Fähigkeiten auch: Je bedeutsamer und wertvoller das Ziel ist, das Sie damit anstreben, um so größer ist die Kraft, die dabei mobilisiert wird. Das Gute ist göttlich.

Beispiel

Der berühmte australische Parapsychologe Uri Geller hat viele Menschen dazu gebracht, Löffel zu verbiegen und Uhren zu reparieren. Einige Menschen entwickelten diese Fähigkeit, nachdem sie ihn nur einmal gesehen hatten.

Vor fünfzehn Jahren begleitete die damals siebenjährige Melanie ihre Mutter, meine Freundin Mary Mentzel, zu einer Veranstaltung mit Uri Geller. Melanie gehörte zu denen, die auf die Bühne gerufen wurden. Unter Anleitung des Parapsychologen reparierte sie sogleich mehrere Uhren, doch zu unserem Erstaunen bewahrte sie diese Fähigkeit auch noch für einen Zeitraum von mehreren Monaten danach. Es kam uns so vor, als habe Gellers Glaube an ihr Talent dieses geweckt und sie inspiriert.

Vor dem Gebäude des Heartsong Centers kann man oft fünf oder sechs Sensitive sehen, die sich um das Auto eines Kursteilnehmers versammelt haben, weil es nicht anspringen will. Und oft genug bringen sie es zum Laufen!

Außerkörperliche Erfahrungen oder Astralwanderungen

Es mag Ihnen zunächst seltsam erscheinen, daß Sie Ihre Seele oder Ihr Bewußtsein vom Körper trennen können. Aber nach einer gewissen Zeit der Übung werden Sie erkennen, daß jedesmal, wenn Sie daran denken, sich an einen bestimmten Ort zu begeben, ein Teil Ihrer Seele oder Ihrer Aufmerksamkeit tatsächlich dorthin wandert. Wenn Sie zum Beispiel an Ihre Absicht denken, in einem bestimmten Kaufhaus einzukaufen, ist ein Teil Ihres Bewußtseins wirklich dort. Es kann großen Spaß machen, seinen physischen Körper zu verlassen, und wenn man es richtig anfängt, besteht dabei auch keinerlei Gefahr.

Übung zum Verlassen des Körpers

1. Setzen Sie sich auf einen bequemen Stuhl mit gerader Lehne, die Füße berühren sich nicht. Gehen Sie in die Mitte Ihres Kopfes.
2. Atmen Sie tief ein und reinigend aus.
3. Erden Sie sich.
4. Bringen Sie Ihre Energie zum Fließen, und benutzen Sie dabei die hellgrünen Energien von Erde und Kosmos.
5. Setzen Sie sich Ihr Ziel: Ich möchte meinen Körper verlassen.
6. Öffnen Sie Ihr drittes Chakra. Gestalten Sie in Ihrer Vorstellung in der Mitte Ihres Kopfes eine kleine Astralform, die Ihrem physischen Körper gleicht. Sie soll als Transportmittel für Ihre Seele dienen. Verlassen Sie Ihren Körper über den Scheitelpunkt Ihres Kopfes. Um sicherzugehen, daß Sie mit Ihrer augenblicklichen physischen Gestalt auch verbunden bleiben, stellen Sie sich nun ein silbernes Energieband ähnlich dem Erdungsband vor, das vom Ende der Wirbelsäule

des Astralkörpers zum Scheitelpunkt Ihres physischen Körpers führt. Üben Sie verschiedene Ausflüge: Gehen Sie in eine Zimmerecke und dann wieder zurück in die Mitte Ihres Kopfes, anschließend auf das Dach und wieder zurück in die Mitte Ihres Kopfes. Vergegenwärtigen Sie sich jedesmal, wenn Sie auf Astralreise sind, alle Details in Ihrer Umgebung. Sobald Sie oben auf dem Dach angekommen sind, genießen Sie die Aussicht, und atmen Sie die frische Luft ein. Verweilen Sie dort. Beenden Sie jeden Ausflug, indem Sie immer wieder genau in die Mitte Ihres Kopfes zurückkehren. Besuchen Sie als nächstes einen Ort auf der Erde, den Sie besonders gern mögen. Achten Sie wiederum auf alle Eindrücke: die Luft, die Bilder, Ihre Gefühle. Kehren Sie in die Mitte Ihres Kopfes zurück. Schauen Sie jetzt bei einem Freund oder einer Freundin vorbei, und machen Sie deutlich, daß Sie da sind. Das bewerkstelligen Sie zum Beispiel, indem Sie zur Begrüßung seine oder ihre Schulter berühren. Kehren Sie anschließend über den Scheitelpunkt in Ihren physischen Körper, in die Mitte Ihres Kopfes, zurück. Konzentrieren Sie sich jetzt voll und ganz auf die Realität, indem Sie jede Zelle Ihres Körpers in der Gegenwart verankern. Später können Sie den Freund oder die Freundin anrufen und feststellen, ob er oder sie Ihre Anwesenheit gespürt hat.

7. Beenden Sie die Übung.

Praktische Anwendungen

Das Verlassen Ihres Körpers bietet Ihnen eine einzigartige Möglichkeit, Freunde zu besuchen, Probleme zu lösen oder in ungewohnten Situationen Trost zu finden. Wohnt Ihr Freund zum Beispiel in einem anderen Teil des Landes, können Sie sich mit ihm auf der Astralebene treffen. Machen Sie eine bestimmte Uhrzeit ab, zu der Sie beide gleichzeitig meditieren, und gehen Sie dann auf Astralreise. Das erste Mal können Sie sich im Haus des Freundes treffen, das nächste Mal dann bei Ihnen.

Wenn Sie mit einer anderen Person ein Problem haben, können Sie es auf der Astralebene lösen. Meditieren Sie, und stellen Sie sich vor, daß Sie den anderen besuchen und mit ihm über das Problem sprechen. Das nächste Mal, wenn Sie ihm tatsächlich begegnen, werden Sie feststellen, daß Ihr Problem sich bereits erledigt hat.

Wenn Ihnen ein bevorstehender Besuch an einem unbekannten Ort, ein Arbeitsantritt oder der Eintritt in eine neue Schule Sorgen bereiten, sollten Sie am besten vorher schon einmal auf der Astralebene dorthin reisen. So gewinnen Sie schon einen Eindruck von der Umgebung und den Leuten, und der eigentliche Besuch wird Ihnen nicht mehr so schwerfallen.

Beispiel

Als mein viertes Kind, Cassie, geboren wurde, war mein Tag mit den anderen drei Kindern und dem Schulungszentrum eigentlich schon voll ausgefüllt. Jeder Tag verging viel zu schnell, und Freizeit hatte ich praktisch nie. Unser Haus war recht groß, und die Kinder hielten sich oft alle in verschiedenen Räumen auf. Manchmal war ich oben in der Küche, während sie unten in ihren Zimmern oder im Wohnzimmer spielten. Dann mußte ich ständig hinunterlaufen, um nachzusehen, ob auch alles in Ordnung war. Doch eines Tages, als ich gerade beim Kneten des Brotteigs war, fiel mir ein, daß ich ja auch in eine leichte Trance gehen und auf der Astralebene nach den Kindern im unteren Stockwerk schauen konnte. Also besuchte ich jeden Raum und stellte fest, daß alle Kinder zufrieden spielten und daß Cassie, das Baby, bei ihrer großen Schwester Heather war. Nach der Rückkehr in meinen physischen Körper fand ich die Kinder tatsächlich dort, wo ich sie auf der Astralebene gesehen hatte. Diese Methode übte und überprüfte ich im Laufe der Zeit immer wieder, bis ich sie zur Perfektion entwickelt hatte. Für mich ist sie ein großartiges Hilfsmittel bei der Versorgung der Kinder!

Zeitreisen

Zeitreisen unterscheiden sich von der Astralwanderung lediglich darin, daß Sie nach Verlassen des physischen Körpers Ihr Bewußtsein in die Vergangenheit oder in die Zukunft projizieren.

Übung zum Zeitreisen

1. Setzen Sie sich auf einen bequemen Stuhl mit gerader Lehne, die Füße berühren sich nicht. Konzentrieren Sie sich auf die Mitte Ihres Kopfes.
2. Atmen Sie tief ein und reinigend aus.
3. Erden Sie sich.
4. Bringen Sie Ihre Energie zum Fließen und ziehen Sie eine klare Abgrenzung.
5. Setzen Sie sich Ihr Ziel: Ich will einen anderen Zeitabschnitt besuchen – vielleicht eine Phase in der Vergangenheit, als Sie ein Höchstmaß an Kreativität entwickelten, oder einen Abschnitt in der Zukunft, der Sie etwas lehren kann.
6. Schaffen Sie sich wie bereits beim Verlassen des Körpers einen Astralkörper, der mit einem silbernen Band die zarte Energie dieses winzigen Gedankengebildes mit der dichteren Energie Ihres physischen Körpers verbindet. Entwikkeln Sie dieses Band mit einem Gefühl der Fürsorge Ihrer

Person und Ihrem jetzigen Leben gegenüber. Dadurch wird eine elektromagnetische Botschaft formuliert, die sich vom Ende des Rückgrats im Astralkörper über Ihr Rückenmark bis in das Erdungsband fortsetzt.

7. Wenn das silberne Band fest in Ihrem physischen Körper verankert ist, legen Sie das Ziel Ihrer Reise in eine vorgestellte Schachtel, die Sie Ihrem Astralkörper in die Hände geben. Treten Sie in Ihre Astralform ein.
8. Verlassen Sie Ihren Körper über den Scheitelpunkt und steigen Sie auf. Ganz automatisch werden Sie in den Zeittunnel tauchen. Er sieht aus wie ein langer Schlauch, der sich aus Millionen und Abermillionen von einzelnen Ringen zusammensetzt, die jeweils ein Jahr repräsentieren. Dabei sind zwei Richtungen möglich: Nach links führt der Weg in die Vergangenheit und nach rechts in die Zukunft. Die Schachtel, die Sie am Astralkörper bei sich tragen, wird Sie führen, weil sie ja bereits elektromagnetisch mit dem Ziel Ihrer Reise programmiert worden ist. Deshalb wird sie Sie in die richtige Zeitphase bringen. Es besteht auch keine Gefahr, daß Sie sich in der Zeit verlieren, weil Sie ein bestimmtes Ziel verfolgen und weil Sie über das silberne Band mit der Gegenwart verbunden sind. Ihr Bestimmungsort wird als Tür vor Ihnen erscheinen, und die Schachtel in Ihren Händen wird sie mit magnetischen Kräften öffnen.
9. Wenn Sie also vor der Tür angekommen sind, lassen Sie das Päckchen in Ihren Händen mit der Tür verschmelzen, und sie wird sich öffnen. Jetzt befinden Sie sich in dem Zeitabschnitt, den Sie besuchen wollten. Ignorieren Sie alle störenden Gedanken, die Sie in die Gegenwart zurückreißen wollen, und bleiben Sie in der anderen Zeit. Beobachten Sie Ihr kreatives Ich in einem anderen Leben. Vielleicht enthält die Vergangenheit auch traumatische Erfahrungen.

Die Zukunft mag Ihnen wie ein surrealistischer Traum vorkommen, weil wir dann möglicherweise ganz anders leben als jetzt. Wie drücken Sie in dem Leben, das Sie gerade besuchen, Ihre Kreativität aus? Wodurch wird sie gefördert? Geschieht das vielleicht durch andere Menschen? Wie sieht ein Leben aus, das Ihnen Kreativität ermöglicht?

10. Wenn Sie Ihre Mission beendet haben, bitten Sie darum, daß Sie durch die Tür und den Zeittunnel zurückkehren dürfen in die Gegenwart. Treten Sie über den Scheitelpunkt wieder in Ihren Körper ein und verankern Sie sich in der Mitte Ihres Kopfes, die fest mit dem Hier und Jetzt verbunden ist.
11. Beenden Sie die Übung.

Praktische Anwendungen

Sie werden bald merken, daß es Veränderungen mit sich bringt, wenn Sie ein vergangenes oder zukünftiges Leben besuchen. Ihr Energiekörper zieht auf der elektromagnetischen Ebene andere Teilchen und Bruchstücke Ihres Selbst an und integriert sie. Dadurch erfahren Ihr Bewußtsein und die Kenntnis Ihres höheren Selbst eine beträchtliche Erweiterung. Einige Schüler haben bei dieser Art von Sensitivitätsübung praktisch über Nacht ihre Persönlichkeit verändert, indem sie in vollem Bewußtsein Erfahrungen aus einem ihrer vergangenen oder zukünftigen Leben in ihr gegenwärtiges Selbst integriert haben.

Die Regression mittels Hypnose und das Zurückgehen in ein früheres Leben können eine heilende Wirkung haben. Auf diese Weise kann das Zeitreisen zur Lösung gegenwärtiger Probleme beitragen. Wenn Sie zum Beispiel vor Insekten Angst haben, zu viele Zigaretten rauchen oder Übergewicht haben, kann die Lösung dieser Probleme in der Vergangenheit oder in einem früheren Leben liegen. Wollen Sie diesen Weg zur Heilung beschreiten, dann sichern Sie sich jedoch die Hilfe von ausgebildeten spirituellen Führern.

Auf der Suche nach interessanten Themen reisen Science-fiction- oder Drehbuch-Autoren oft weit in die Zukunft. Diese Technik könnte aber auch Wissenschaftlern zu Hilfe kommen, die dann vielleicht eher Impfstoffe oder Gegenmittel für tödliche Krankheiten entwickeln könnten. Sie brauchen nur in die Zukunft zu schauen, wo es diese Mittel ja bereits gibt.

Außerdem können Sie durch Zeitreisen Unfälle vermeiden. Nach der Rückkehr in den eigenen Körper müssen Sie einfach die Umstände ändern, die zu ihrem zukünftigen Unfall geführt haben.

Beispiel

Am Wochenende toben oft viele Kinder durch unser Haus, denn normalerweise bringt jedes unserer Kinder mindestens einen Freund zum Übernachten mit. So saßen am letzten Wochenende an unserem Mittagstisch sieben Kinder unter zwölf Jahren. Schon vorher hatte ich begonnen, auf Astralwanderungen nachzuprüfen, ob mit den Kindern alles in Ordnung war, wenn sie sich in einem anderen Raum befanden. Jetzt wollte ich ausprobieren, ob ich nicht auch Zeitreisen einsetzen konnte, um mein Dasein als Mutter angenehmer zu gestalten. Viel lieber möchte ich nämlich meine Zeit zu dem nutzen, was mir am wichtigsten ist – mit meinen Kindern Spaß zu haben.

An diesem Abend hatte ich gerade den Salat verteilt und war dabei, Milch in die sieben Gläser der Kinder zu gießen. Eines der Gläser stand nahe am Rand des Tisches, und ich überlegte, ob ich es wohl auf einen anderen Platz stellen sollte. »Warum reise ich nicht einfach fünf Minuten weiter in die Zukunft?« fragte ich mich. Gesagt, getan! Und siehe da, das Glas lag auf dem Fußboden, und alles schwamm in Milch. Mit höchster Geschwindigkeit kehrte ich in die

Gegenwart zurück und rettete das gefährdete Glas. Es war ein tolles Gefühl, dieses Mißgeschick vermieden zu haben!

Mitgefühl

Durch Mitgefühl erfahren Sie eine liebevolle, tiefe Verbundenheit zu anderen in vollem Respekt vor deren Autonomie.

Übung zum Mitgefühl

1. Setzen Sie sich auf einen bequemen Stuhl mit gerader Lehne, die Füße berühren sich nicht. Richten Sie Ihre Aufmerksamkeit auf Ihr Herz.
2. Atmen Sie tief ein und reinigend aus.
3. Erden Sie sich.
4. Bringen Sie Ihre Lebensenergie zum Fließen und ziehen Sie eine deutliche Abgrenzung.
5. Konzentrieren Sie sich auf das Ziel: Ich möchte liebevoll in die Realität eines anderen Menschen eintauchen, ohne ihn zu vereinnahmen.
6. Öffnen Sie Ihr Herzchakra und denken Sie an eine Person, deren Probleme und Leiden Sie nicht verstehen, der Sie aber Wohlergehen und nur das Beste wünschen. Den Zustand des Wohlbefindens und der inneren Freiheit können wir am besten mit einer klaren, reinen Verbindung von Herz zu Herz unterstützen. Und so treten beim tiefen Einfühlen in eine andere Person die beiden Herzchakren der Beteiligten in Kontakt. Stellen Sie sich dazu einfach vor, daß von Ihrem Herzchakra ein Band zum Herzchakra der erwählten Person führt. Je tiefer Sie sich ihm annähern und sich in ihn einfüh-

len, um so besser können Sie verstehen, auf welche Art der andere seine Erfahrungen verarbeitet. Damit gewinnen Sie zugleich auch Einsicht in sein ganz normales Alltagsleben. Achten Sie jedoch darauf, daß Sie neutral bleiben, das heißt, daß Sie nichts von der Energie des Betreffenden aufnehmen, solange Sie mit ihm in Verbindung stehen. So kann zwischen Ihnen ein liebevolles Verständnis wachsen. Sie erfahren, woher der andere kommt und wohin er geht. Sie lernen auch einiges über die Bedeutung Ihrer Person im Leben des anderen. Sie sehen, wie sich der einzelne durch eigenen Antrieb ändern und wachsen kann. Letzten Endes stärkt Mitgefühl bei beiden Beteiligten die Autonomie. Wenn Sie zufrieden sind, trennen Sie die Verbindung.

7. Beenden Sie die Übung.

Praktische Anwendungen

Wenn Sie sich in jemanden hineinfühlen, treten Ihre Seelen miteinander in Kontakt. Dies ist die einzige Möglichkeit, das Leben und den Charakter eines anderen Menschen in seiner Ganzheit, in seiner vollen Gestalt, zu erfahren. Denn mit dieser Art von Verstehen berühren Sie sein Innerstes. Außerdem hängen Ihre Ausstrahlung und Ihr Charisma davon ab, wie stark Sie sich in sich selbst und in andere vertiefen können, denn ein tiefes Verständnis Ihrer selbst gewinnen Sie nur dann, wenn zwischen Ihrem physischen Körper und Ihrer Seele eine Verbindung besteht. Genauso fördert die mitfühlende Beziehung, die entsteht, wenn Sie mit der Lebensenergie aus Ihrem Herzen in das Herz eines anderen tauchen, das Wachstum von Liebe, Vertrauen und Zuversicht.

Mitgefühl kann man nicht vortäuschen. Wenn die Verbindung von Herz zu Herz nicht von ehrlichen und klaren Gefühlen getragen wird, entsteht kein Charisma und keine Ausstrahlung. Dann lautet die Botschaft: »Im Grunde bist du mir egal«, oder: »Ich will dich kontrollieren«. Eine wahre Verbindung zwischen zwei Herzen kann unmöglich ohne wahre Gefühle entstehen. Und auf dieser Ebene können Lügen nicht überleben! Eine unehrliche Verbindung fällt ab in das dritte Chakra, denn dort liegt ihre Wahrheit. Wie bei allen anderen Erfahrungen auf spirituellem Gebiet wächst die Kraft, die zur Verfügung steht, je höher das Ziel gesteckt ist. Je niedriger Ihr gestecktes Ziel ist, desto geringer ist auch die Kraft und desto stärker das Verhaftetsein in karmischen Gegebenheiten. Absolute Vorbedingung für Mitgefühl sind also höhere Ziele.

In jeder Phase auf dem Weg zum geistigen Wachstum kann Ihnen wahres Mitgefühl ohne Nebengedanken eine große Hilfe sein. Je reiner Ihr Herz, desto reiner die Sie umgebende Aura. Und es ist leicht, in einer reinen und einfachen Aura zu leben. All Ihre Aktionen und Begegnungen werden sich unkompliziert und wahrhaftig gestalten. Außerdem wirkt eine reine Aura wohltuend auf ihren Besitzer sowie auf all diejenigen, die mit ihm in Berührung kommen.

Beispiel

Gute Beispiele für Mitgefühl höchsten Ausmaßes bieten Jesus, Buddha und Gandhi. Aber lassen Sie sich davon nicht täuschen. Auch normale Sterbliche können diese Fähigkeit erwerben.

Als meine Kinder geboren wurden, brauchten sie meine Fürsorge. Sie konnten sich nicht allein ernähren oder selbst die Windeln wechseln. Wenn sie weinten, nahm ich sie auf den Arm, und manchmal trug ich sie die ganze Nacht herum, um sie zu trösten. Das war völlig selbstverständlich.

Auch als sie älter wurden, brauchten sie meine Unterstützung. Bis sie ungefähr drei Jahre alt waren, konnten sie ohne meinen Rat nicht überleben. Und ich erwartete von ihnen, daß sie ihn befolgten: Iß keine Würmer, schlag dich nicht, zieh deine schmutzigen Sachen aus, putz dir die Zähne, iß den Salat.

In gleichem Maße wie meine Kinder zu selbständigen und verantwortungsbewußten Menschen heranwuchsen, wuchs auch meine Liebe zu ihnen. Und ich fühlte mit ihnen. Heute weiß ich, daß sie die Herren ihrer eigenen Aura sind und daß es gute Gründe dafür gibt, daß sie so sind, wie sie sind. Wenn sie Probleme haben, sind sie selbst in der Lage, auch Lösungen dafür zu finden.

Aus diesem Grunde ist es mir jetzt möglich, ihnen vollkommen unvoreingenommen mit offenem Herzen zu begegnen. Und auf die gleiche Weise begegnen sie mir. In Momenten der Intimität sind wir uns unvorstellbar nahe, und dennoch ist jeder für seine eigene Energie verantwortlich. Wir verstehen und lieben uns aus tiefstem Herzen, glauben aber gleichzeitig, daß der andere seine Probleme schon selbst wird bewältigen können. Wir schenken uns gegenseitig bedingungslose Unterstützung und Liebe, also wahres, wertfreies Mitgefühl.

Nähe

Zwar ist die folgende Übung der vorhergehenden sehr ähnlich, doch in der Art, wie die Energie ausgetauscht wird und wie tief Sie in den anderen eintauchen, gibt es einen wichtigen Unterschied: Beim Mitgefühl teilen Sie mit dem anderen seine Erfahrungen, seine Gefühle und seine Leidenschaften. In gewissem Sinne unterstützen Sie ihn auch und helfen ihm beim Verständnis seiner Probleme. Die eigentliche Lösung des Problems jedoch muß der andere allein finden. Bei der Nähe hingegen bleiben Sie dauernd zusammen, Sie verschmelzen und werden zu einer Einheit. Sie sind verbunden mit einem einfachen Band von Energie, das von einem Herzchakra zum anderen läuft. Dabei ist es keineswegs so, daß Sie die Energie der anderen Person in Ihren Körper aufnehmen, sondern Ihrer beider Energie verschmilzt in dem Band. Nähe zu erleben heißt auch, mit sich selbst, mit den anderen und mit dem allumfassenden Geist im Einklang zu sein.

Übung zur Nähe

1. Setzen Sie sich auf einen bequemen Stuhl mit gerader Lehne, die Füße berühren sich nicht.
2. Atmen Sie tief ein und reinigend aus.
3. Erden Sie sich.
4. Lassen Sie Ihre Lebensenergie fließen.
5. Setzen Sie sich Ihr Ziel: Ich möchte mit einem anderen Menschen verschmelzen.
6. Öffnen Sie Ihr Herzchakra. Wählen Sie eine Person aus, die mit Ihnen in wesentlichen Dingen übereinstimmt: vielleicht eine Freundin, die die gleiche Sportart ausübt, einen Arbeitskollegen, der Ihre politischen Ansichten teilt, oder Eltern, die an ihrem Kind genausoviel Freude haben wie Sie. Stellen Sie sich vor, daß diese Person vor Ihnen steht. Schlagen Sie von Ihrem Herzchakra zum Herzchakra des anderen eine Brücke, die aus einem Energieband besteht, und halten Sie sich zugleich vor Augen, wie stark die Gemeinsamkeiten zwischen Ihnen sind. Denken Sie daran, wieviel Ihnen der Sport, Ihre politische Überzeugung oder Ihr Kind bedeuten. Sobald Sie über das Band von Herz zu Herz verbunden sind, können Sie spüren, daß Sie mit dem anderen eins geworden sind.
7. Beenden Sie die Übung.

Praktische Anwendungen

Wenn zwischen mehreren Menschen Nähe besteht, herrscht in ihrem Verhältnis zueinander zugleich auch Frieden. Sie müssen jetzt nicht mehr ständig ausprobieren, ob sie auch der gleichen Meinung sind, sondern sie wissen einfach, daß es so ist. Aus diesem Grunde ist ein von Nähe geprägtes Verhältnis gut für Gruppen, die nach außen hin stark sein wollen wie Familien, Paare, politische Parteien, religiöse oder aufklärend wirkende Organisationen, Firmen, Sportgruppen, um nur einige zu nennen. Durch die Nähe entsteht zwischen den Beteiligten eine starke Verbindung und ein fester Zusammenhalt.

Beispiel

Unsere freiwilligen Helfer wollten im Heartsong Center einen Buchladen eröffnen. Alle anderen hielten das für eine gute Idee, und so verbanden wir in Übereinstimmung unsere Herzen. Der Buchladen besteht nun schon seit vier Jahren und wird ausschließlich von freiwilligen Helfern geführt. Das Projekt ist deshalb so erfolgreich, weil zwischen allen Beteiligten eine starke Nähe besteht und der Kontakt zwischen ihnen auch außerhalb des Projektes aufrechterhalten wird.

Die bedeutsamste Anwendung der Nähe in unserer heutigen Zeit wäre die Übereinstimmung zwischen den Herzen aller Menschen in der Absicht, Frieden auf Erden zu schaffen. Mit dieser Art von kollektiver Übereinkunft könnten wir die Gesellschaft verändern.

Klarriechen

Menschen mit diesem Talent haben außerordentlich intensive Wahrnehmungen über ihren Geruchssinn; es scheint, als könnten sie Sorgen oder sogar Todesfälle schon lange vorher »riechen«.

Übung zum Klarriechen

1. Setzen Sie sich auf einen bequemen Stuhl mit gerader Lehne, die Hände und die Füße berühren sich nicht. Konzentrieren Sie sich auf Ihr Halschakra.
2. Atmen Sie tief ein und reinigend aus.
3. Erden Sie sich.
4. Bringen Sie Ihre Lebensenergie zum Fließen. Benutzen Sie dazu die hellgrüne Energie der Erde und die blaue des Kosmos.
5. Setzen Sie sich Ihr Ziel: Ich will meine Fähigkeit zum Klarriechen steigern.
6. Öffnen Sie Ihr fünftes Chakra. Richten Sie Ihre Aufmerksamkeit auf die Nase und die Nebenhöhlen, und atmen Sie zehn Minuten durch die Nase ein und aus, um diesen Bereich zu sensibilisieren. Beachten Sie währenddessen, welche Art von emotionalen, physischen und sensitiven Energien Sie spüren. Können Sie einen Unterschied zwischen den verschiedenen Bereichen riechen? Was riechen Sie überhaupt? Ist der Geruch süß, angenehm oder unangenehm? Woran erinnert er Sie? Ziehen Sie eine Grenze zwischen Ihrem Selbst und dem wahrgenommenen Geruch, indem Sie an der Haut Ihres Unterarms schnuppern. Vergegenwärtigen Sie sich Ihren eigenen Geruch, indem Sie zwei Minuten lang Ihre Lebensenergie durch die Nase ein- und ausatmen.
7. Beenden Sie die Übung.

Praktische Anwendungen

Wenn Sie die Fähigkeit des Klarriechens besitzen, können Sie Probleme, Krankheiten oder den herannahenden Tod praktisch »riechen«. Damit haben Sie die Möglichkeit, diesen Dingen auszuweichen. Die Menschen mit dieser Fähigkeit erfreuen sich am Geruch der Natur oder des Alltagslebens. Wenn Sie glauben, allergisch auf einen bestimmten Geruch zu reagieren, können Sie mit Hilfe eines kleinen Tests in Trance leicht herausfinden, wie stark Ihre Allergie tatsächlich ist. Lassen Sie jemand anderen mit dem betreffenden Objekt (Jakobskraut, Katzenhaare, Chlorbleiche oder was auch immer), beginnend bei einem Abstand von eineinhalb Metern, langsam auf Sie zugehen, bis sich der Stoff schließlich direkt unter Ihrer Nase befindet. Beobachten Sie die Reaktion Ihres Körpers bei diesem Vorgang.

Beispiel

Als ich zehn Jahre alt war, lag meine Tante Madie im Sterben. Sie war immerhin schon dreiundachtzig. Ich erinnere mich noch genau, daß mir immer, wenn ich mich über sie beugte, um zur Begrüßung ihre eingefallenen Wangen zu küssen, ein derartig unangenehmer Geruch in die Nase stieg, daß ich mich fast übergeben mußte. Es fiel mir sehr schwer, sie zu besuchen, weil ich das Gefühl hatte, in ihrem Zimmer ersticken zu müssen. Der Geruch ging von ihrem Körper aus, anscheinend konnte ich dessen beginnenden Verfall bereits deutlich wahrnehmen. Aber ihre Augen leuchteten immer auf, wenn meine Brüder und ich ihr Zimmer betraten, und so diktierte mir mein Gefühl, sie auch weiterhin jede Woche zu besuchen, auch wenn meine Nase es kaum ertragen konnte. Bis zu ihrem Tode wurde der Geruch immer stärker.

In entsprechenden Büchern las ich später, daß der Geruch von Sterbenden auch süß sein kann, nämlich dann, wenn sie im Laufe ihres Lebens überwiegend einfache, aber gesunde Kost gegessen haben, wenn sie meditiert haben und wenn sie ihren Energiekörper regelmäßig von Stauungen und traumatischen Bildern befreit haben. Meine Tante Madie jedoch war an einen Rollstuhl gefesselt und lebte allein im zweiten Stock. Sie war seit Jahren nicht mehr im Freien gewesen. Mit Sicherheit trug sie Bilder der Furcht vor der Außenwelt in ihrem Innern.

Klangheilung

Der Klang Ihrer Stimme übt einen starken Einfluß auf andere aus. Er kann entweder störend oder aber katalysierend, tröstend, inspirierend und oft genug auch heilend wirken.

Übung zur Klangheilung

1. Setzen Sie sich auf einen bequemen Stuhl mit gerader Lehne, die Füße berühren sich nicht. Konzentrieren Sie sich auf Ihr Halschakra.
2. Atmen Sie tief ein und reinigend aus.
3. Erden Sie sich.
4. Bringen Sie Ihre Lebensenergie zum Fließen. Benutzen Sie dazu die hellgrüne Energie der Erde und die hellgelbe kosmische Energie.
5. Setzen Sie sich Ihr Ziel: Ich möchte heilende Klänge erzeugen.
6. Öffnen Sie Ihr fünftes Chakra und geben Sie einen angenehm summenden Ton von sich. Sprechen Sie dann die Worte »Ich liebe dich« mit so viel Gefühl, wie Sie mit Ihrer Stimme nur ausdrücken können. Wiederholen Sie diesen

Satz mindestens zwanzigmal. Konzentrieren Sie sich nun auf den Tonfall und den Klang Ihrer Stimme beim Aussprechen dieser Worte, und geben Sie die Satzmelodie von »Ich liebe dich« wieder, ohne die Worte zu benutzen. Spielen Sie mit dem Klang, und fügen Sie der Melodie immer mehr liebende Töne hinzu. Zwitschern Sie wie ein Vogel, schnurren Sie wie eine Katze, oder skandieren Sie einen Gesang wie ein Guru, wenn Sie ausdrücken: »Ich liebe dich«. Probieren Sie die verschiedensten Töne und Klangfarben aus, und achten Sie dabei auf deren Auswirkung auf Ihren Körper und Geist.

7. Beenden Sie die Übung.

Praktische Anwendungen

Wenn Sie Kinder haben oder als Psychologe, Krankenschwester oder Heilpraktiker arbeiten, werden Sie die heilende Kraft der Stimme in Gesprächen mit Familie oder Patienten sicherlich schätzen lernen. Auch Sänger, Schauspieler oder Sprecher setzen Klangheilung ein, wenn sie auf der Bühne stehen. Oft erreichen sie die Aufmerksamkeit ihres Publikums eher über die Kraft der Töne, die sie erzeugen, als über das gesprochene Wort. Das Publikum wird von der Macht ihrer Stimme gebannt.

Mit Klängen und Tönen können wir mehr ausdrücken als mit Worten. Ein liebevoller Ton wird in jeder Sprache der Welt und zu jedem Zeitpunkt der Geschichte verstanden. Diese Laute haben sich nicht verändert, seit das erste Baby an der Brust seiner Mutter saugte, und ihre Koselaute sind seitdem von allen Frauen auf der ganzen Welt über Jahrhunderte hinweg wiederholt worden.

Wenn Psychologen, Ärzte und Krankenschwestern in ihrem Tonfall Anteilnahme und Besorgnis ausdrücken, fühlt sich der Patient gleich viel wohler, und dies kann entscheidend zum Heilungsprozeß beitragen. Verständlicherweise schreitet der Gesundungsprozeß besser voran, wenn um den Patienten eine Atmosphäre der Sicherheit und des Wohlbefindens herrscht. Hingegen können barsche, böse oder rauhe Töne den anderen so stark aufregen, daß er Kopfschmerzen oder Magenbeschwerden bekommt. Ein Heiler sollte sich der Macht seiner Stimme also immer bewußt sein.

Beispiel

In Heartsong haben wir eine Technik des Heilens mit Klangfarben und Tönen entwickelt, die wir Klangheilung nennen. Dabei sammeln die Heiler alle Gefühle, Gedanken und Vorstellungen, die zum Wohlbefinden und zur Gesundheit beitragen, und kanalisieren deren Energie in ihrer Stimme. Damit bestärken sie ihre Klienten im Heilungsprozeß. Manchmal sprechen sie auch mit ihnen im normalen Gesprächston und singen anschließend Töne, Melodien, ja sogar Lieder oder Hymnen. Damit wollen sie erreichen, daß sich ihre Patienten wohl fühlen. Denn natürlich ist jede Heilung eine Selbstheilung und kann nur durch den Willen des Klienten stattfinden. Die Heiler haben dabei die Funktion eines geistigen Wegbereiters. Durch die Töne und Klänge, die sie erzeugen, verstärken sie im Patienten den Willen, gesund zu werden. Sie bringen den Energiekörper der Klienten in Ordnung wie ein Chiropraktiker die Knochen. Im Verlauf der Heilung wird den Klienten ein meditativer Freiraum gegeben, der ihren Selbstheilungsprozeß fördert. Dadurch haben sie die Möglichkeit, nach innen zu gehen und so den Gesundungsprozeß einzuleiten. So wie die Behandlung durch einen Chiropraktiker dem Patienten zeigt, wie er eine Rückgratverkrümmung beseitigen kann, so zeigt psychisches Heilen dem Patienten, wie er seine Energie in die richtigen Bahnen lenkt.

Als ich an meinem Buch über das Erwecken der Sensitivität arbeitete, benutzte ich ein Tonband mit tibetischen Glocken und Klangschalen, um meine Aufmerksamkeit auf das Schreiben zu richten und mich nicht von meinen Aufgaben als Mutter und Leiterin eines Kurszentrums ablenken zu lassen. Sobald ich das Band hörte, konnte ich mich voll und ganz auf das Manuskript konzentrieren, und nichts vermochte mich abzulenken. Die Klänge und Töne versetzten mich sofort in eine leichte meditative Trance. Ganz gleich, was gerade in den anderen Räumen geschah, mit Hilfe dieser Klänge konnte ich mich immer in einen Zustand konzentrierten Schreibens versetzen.

Die innere Stimme

Ihre innere Stimme vermittelt Ihnen Führung und Unterstützung durch Ihr höheres Selbst.

Übung für das Vernehmen der inneren Stimme

1. Setzen Sie sich auf einen bequemen Stuhl mit gerader Lehne, die Füße berühren sich nicht. Konzentrieren Sie sich auf Ihr Halschakra.
2. Atmen Sie tief ein und reinigend aus.
3. Erden Sie sich.
4. Bringen Sie Ihre Lebensenergie zum Fließen, und ziehen Sie eine deutliche Abgrenzung.
5. Setzen Sie sich Ihr Ziel: Ich möchte mit meiner inneren Stimme sprechen.
6. Öffnen Sie Ihr Halschakra, als ob Sie die Blende einer Kamera öffnen würden. Machen Sie sich klar, daß alles Gute, das in Ihnen wohnt, also der wertvollste Teil Ihres Selbst, durch eine einzige wahre Stimme verkörpert wird. Viele

nennen dies das höhere Selbst oder die unsterbliche und göttliche Güte oder das Göttliche in uns. Sobald Sie sich jetzt ruhig und entspannt fühlen, begrüßen Sie den höheren Ausdruck Ihrer Persönlichkeit. Sie werden diese Stimme auf Anhieb von allen anderen Stimmen unterscheiden können, weil es die einzige ist, die Ihnen auf der Stufe der Lebensenergie begegnet. Nachdem Sie Ihre innere Stimme begrüßt haben, achten Sie auf die Antwort. Wenn Sie sich dabei dumm vorkommen oder Ihnen ständig störende Gedanken durch den Kopf schießen, dann steuern Sie diesen Prozeß, indem Sie überflüssige Gedanken über Ihr Erdungsband freundlich fortschicken und zu Ihrer inneren Kommunikation zurückkehren. Fragen Sie Ihre innere Stimme: »Was ist der nächste Schritt auf meinem spirituellen Weg?« Hören Sie sich an, was sie antwortet.

7. Beenden Sie die Übung.

Praktische Anwendungen

Wenn Sie erst einmal mit dem Teil Ihrer Persönlichkeit in Kontakt getreten sind, der Sie liebt und der nur das Beste für Sie wünscht, können Sie von ihm auch jederzeit die richtigen Ratschläge und Anweisungen bekommen. Wollen Sie also wissen, welche Nahrungsmittel gut für Sie sind, wie Sie Ihren Freunden gegenübertreten oder welche Arbeit Sie aufnehmen sollen, fragen Sie einfach Ihre innere Stimme. Sie antwortet Ihnen ganz bestimmt.

Beispiel

Zum ersten Mal vernahm ich meine innere Stimme, als sie mir konkrete Anleitungen zur Meisterung des täglichen Lebens gab. Ich hatte gerade aufgehört, Heather zu stillen, doch sie war noch immer recht klein. Und für mich gab es nichts Wichtigeres auf der Welt, als eine gute Mutter zu sein – so dachte ich wenigstens. Da sprach von innen eine Stimme zu mir:

»Der Planet Erde ist ein Übungsfeld für deine Seele. Das Universum ist eine Universität, und die Erde ist der Hörsaal, wo deine Seele lernt, wie sie sich in ihrer reinsten Essenz auf Erden manifestiert. Alle Seelen erleben immer wieder den Kreislauf von Leben und Vergehen, Tod und Wiedergeburt. Dabei stellt jedes Leben ein Semester dar – Leben 101, Leben 102 und so weiter. Das Ziel ist erreicht, wenn sich die reine Seele in ihrem dichtesten und schwierigsten Energiebereich verwirklicht, indem sie die physikalische Materie beherrscht.

Du schaffst dir deine Erfahrungen und Möglichkeiten, indem du dir Eltern und Lebensumstände auswählst, durch die du wachsen kannst. Das Ziel ist die multidimensionale Wahrnehmung deines höheren Selbst, das dir vielleicht bereits bekannt ist. Wenn du eine bestimmte Lektion nicht annimmst oder eine geistige Eigenschaft nicht erwirbst, auch wenn du den Tod durch Selbstmord herbeiführst, bist du gezwungen, ein ähnliches Leben noch einmal zu wiederholen, bis du die für dich bestimmten Lektionen gelernt hast. Dieser Studienplan wird Karma genannt. Was du nicht erfüllst, mußt du wiederholen. Der Vorgang, bei dem das Karma durchgearbeitet wird, heißt Dharma oder das rechte Gesetz.

In dem Zusammenwirken deiner Überzeugungen, Gedanken und Gefühle über dich und die dich umgebende Welt schaffst du dir deine eigene Realität. Eine jede Seele ist mit den gleichen Möglichkeiten und den gleichen Voraussetzungen ausgestattet, wenn sie in ihren physischen Körper eintritt. Von nun an strebt sie danach, die höchste Wahrheit der Seele, das höhere Selbst in den Grenzen der physikalischen Materie zu verwirklichen. Es gibt keine ›bessere‹ oder ›schlechtere‹ Seele, höchstens eine, die ›bewußter‹ ist als eine andere.

Wo immer du auch bist, deine Gedanken und Ansichten sind ein Abbild der eigenen Sprache deiner Seele. Deine Worte und Gesten sind Ausdruck der Energie, die in elektromagnetischen Wellen abgestrahlt wird. Diese zieht wiederum ähnliche und ergänzende Energien an, die auch in Form von Menschen oder Umständen erscheinen können. Diese werden deine Gedanken und Ansichten stützen. Auf diese Weise schaffst du dir deine Realität!«

Zuerst wußte ich nicht, was ich von der Stimme halten sollte. Denn was sie sagte, war zu jener Zeit noch absolut neu und daher vollkommen verwirrend für mich. Doch nachdem ich mehrere Jahre lang regelmäßig mein fünftes Chakra gereinigt hatte, lernte ich allmählich, wie ich die Stimme herbeirufen und wie ich sie von den vielen durcheinanderschießenden Gedanken in meinem Kopf unterscheiden konnte. Immer mehr wurde die Stimme zur ausschlaggebenden Kraft bei Entscheidungen über mein Arbeits- und Privatleben. Mit der Zeit gab sie mir auch keine formellen Anweisungen mehr, sondern wir unterhielten uns in raschen und einfachen Gesprächen. Jetzt kann ich sie jederzeit herbeirufen, und sie ist immer für mich da.

Hellhörigkeit

Bei der Hellhörigkeit vernehmen Sie Stimmen und Musik, oder Sie kommunizieren mit Ihrem Schutzengel, Ihrem geistigen Führer oder mit unsichtbaren Freunden.

Übung zur Hellhörigkeit

1. Setzen Sie sich auf einen bequemen Stuhl mit gerader Lehne, die Hände und die Füße berühren sich nicht. Konzentrieren Sie sich auf Ihr Halschakra.
2. Atmen Sie tief ein und reinigend aus.
3. Erden Sie sich.
4. Bringen Sie Ihre Lebensenergie zum Fließen. Benutzen Sie dazu die hellblauen Energien von Erde und Kosmos.
5. Setzen Sie sich Ihr Ziel: Ich möchte die Laute körperloser Wesen (Seelen ohne Körper, geistige Führer und Sphärenmusik) vernehmen.
6. Öffnen Sie Ihr Halschakra, damit Sie den Klang der Sie umgebenden Energie aufnehmen können. Zuerst hören Sie vielleicht nur die Geräusche Ihrer realen Umgebung. Versuchen Sie jedoch, diese zu ignorieren, und horchen Sie in sich hinein. Vernehmen Sie vielleicht ein Gespräch, das zwischen zwei losgelösten Seelen stattfindet? Gibt es eine bestimmte Seele, die Ihnen etwas sagen möchte? Ein geistiger Führer läßt sich von Ihrer inneren Stimme durch die Energieebene unterscheiden, auf der er mit Ihnen in Kontakt tritt. Ihre innere Stimme besteht nämlich aus Ihrer essentiellen Energie, während ein geistiger Führer aus einer anderen Energie besteht, die lediglich von Ihrer essentiellen Energie angezogen wird und mit ihr in Verbindung tritt. Fragen Sie den geistigen Führer nach seinem Namen. Erkundigen Sie sich, wobei er Ihnen helfen kann. Hören Sie Musik? Ist es die heutige Popmusik oder eher eine klassische Symphonie? Erfreuen Sie sich eine Zeitlang an der Musik.
7. Beenden Sie die Übung.

Praktische Anwendungen

Musiker haben oft das Talent, mittels Hellhörigkeit in sich hineinzuhören und der Sphärenmusik zu lauschen. So wie aus der Verbindung der verschiedenen physikalischen Energien unser materielles Universum entsteht, verbinden sich die tonalen oder musikalischen Energien zu einer Art von parallelem »Klanguniversum«. Wenn wir mit diesen ineinanderspielenden Schwingungen der Töne in Kontakt treten, entdecken wir eine unvorstellbare Anzahl von Melodien.

Unter spirituell orientierten Menschen sind die geistigen Führer ein vertrautes Phänomen, denn viele von uns brauchen im Verlauf ihrer Entwicklung zum Sensitiven jede nur denkbare Hilfe. Ein geistiger Führer gibt Ihnen möglicherweise nicht nur die gleichen Antworten wie Ihre innere Stimme, sondern er kann auch für Sie arbeiten. Zum Beispiel können Sie Ihren geistigen Führer aussenden, damit er eine Ihnen verwandte Seele, eine passende Arbeit oder das ideale Haus für Sie sucht. Und da Sie allein für Ihre Aura verantwortlich sind, können Sie Ihren geistigen Führer sogar entlassen. Wenn die Dinge, die er tut, Ihrem Leben nicht zuträglich sind, besteht immer die Möglichkeit, ihn fortzuschicken und sich in der Meditation einen neuen zu suchen.

Beispiel

Der Mietvertrag für unsere Räume vom Heartsong Center lief aus. Vier Jahre hatte sich unser Schulungszentrum in einem dunklen Hinterhaus in der Innenstadt von Berkeley befunden. Wir hätten nun gern ein helleres Gebäude in einer sichereren Gegend gehabt. Doch als alleinerziehende Mutter von vier Kindern, die in Scheidungsschwierigkeiten steckte und zudem noch die Leitung des ganzen Zentrums innehatte, blieb mir wenig Zeit, um nach den passenden Räumlichkeiten zu suchen. Also beauftragten wir einen geistigen

Führer, der sich für uns als Häusermakler auf die Suche machen sollte. Innerhalb von einer Woche kam der geistige Führer auf mich zu und empfahl mir, mich nur wenige Straßen von meinem Haus in Albany entfernt umzuschauen. Und dort fand ich es – ein Eckhaus an einer Hauptstraße mit vier Zimmern im Obergeschoß und einem Laden zu ebener Erde. Es war das ideale Gebäude für unser expandierendes Schulungszentrum, und auch für unseren geplanten Buchladen waren Räumlichkeiten vorhanden.

Doch es gibt noch andere Möglichkeiten, wie Sie Hellhörigkeit einsetzen können. Eine meiner Lieblingsbeschäftigungen ist es, der Musik in meinem Inneren zu lauschen und sie auf der Gitarre nachzuspielen. Manchmal entstehen auf diese Weise richtige Lieder mit Texten, aber manchmal kann ich die Melodien auch nicht wiedergeben. Trotz allem ist dieses »innere Radio« sehr unterhaltsam, besonders wenn man im Wartezimmer sitzt oder irgendwo Schlange steht.

Hellseherische Träume

Die folgende Übung führen Sie am besten abends aus, bevor Sie einschlafen, oder tagsüber, wenn Sie sich dem Zustand des Halbschlafs beim Tagträumen hingeben können. Auf diese Weise träumen Sie leichter von Ereignissen, die später einmal stattfinden werden.

Übung für hellseherische Träume

1. Legen Sie sich ins Bett, und konzentrieren Sie sich auf die Mitte Ihres Kopfes.
2. Atmen Sie tief ein und reinigend aus.
3. Erden Sie sich.
4. Bringen Sie Ihre essentielle Energie zum Fließen, benutzen

Sie dazu die leuchtend türkisfarbene Energie der Erde und die klare mittelblaue Energie des Kosmos. Ziehen Sie um Ihre Aura eine deutliche Abgrenzung.

5. Setzen Sie sich Ihr Ziel: Ich möchte von zukünftigen Ereignissen träumen.
6. Öffnen Sie Ihr sechstes Chakra und blicken Sie hindurch. Vielleicht hat sich bei Ihnen das Talent zu hellseherischen Träumen schon spontan in der Vergangenheit eingestellt. Wenn das jedoch nicht der Fall sein sollte, können Sie es wie andere sensitive Fähigkeiten auch bewußt entwickeln. Stellen Sie sich einfach ein Herz vor, das die Energien der Antworten auf Ihre Fragen repräsentiert. Setzen Sie dieses Herz im Geiste vor sich hin, direkt außerhalb von Ihrer Aura. Fragen Sie: »Was sollte ich über den morgigen Tag wissen?« (oder über ein beliebiges anderes Datum). Werfen Sie die Frage nun in das Herz. Sobald die Energie der Frage mit der Energie des Herzens zusammentrifft, werden Bilder vor Ihnen aufsteigen. Öffnen Sie sich dem Unbekannten und beobachten Sie genau. Je konkreter Sie Ihre Fragen formuliert haben, desto genauer werden die Antworten ausfallen. Vielleicht schlafen Sie bald ein und träumen von der Zukunft, möglicherweise aber erfahren Sie auch mehr darüber im Halbschlaf.
7. Beenden Sie die Übung.

Praktische Anwendungen

Selbst wenn Sie nur wenig über energetische Prozesse wissen, können Sie über hellseherische Träume Ihr Leben entscheidend verändern. Denn mit deren Hilfe entwickeln Sie leichter einen bildhaften Eindruck von Ihrem Ziel. Sie haben die Möglichkeit, mittels Ihrer freien Entscheidung unwillkommene Ereignisse in der Zukunft abzuwenden, indem Sie die Realität ändern. Sie können das Herz immer wieder fragen: »Auf welche Weise sollte ich mein augenblickliches Verhalten ändern, um eine bessere Zukunft zu schaffen?« Schenken Sie dem Beachtung, was Sie sehen, hören oder fühlen.

Beispiel

Mit der drei Monate alten Cassie, der dreijährigen Sarah, dem fünfjährigen Salomon und der neunjährigen Heather bestieg ich ein Flugzeug. Ich hatte mich schon daran gewöhnt, daß ich des öfteren mit meinen Kindern allein war, allerdings nur in den sicheren vier Wänden zu Hause. Mit ihnen aber über eine Entfernung von eintausendfünfhundert Kilometern zu verreisen, bereitete mir hingegen ein gewisses Unbehagen. Unser Flugzeug war eine funkelnagelneue glänzende Maschine, und dennoch fühlte ich eine bedrückende Dunkelheit auf mir lasten, als ich die Kinder und unser Gepäck auf den Sitzen verstaute.

Immer mehr ergriff die Dunkelheit von mir Besitz. »Leide ich an Wahnvorstellungen?« fragte ich mich. »Vielleicht paßt es mir nicht, daß ich unser Haus verlassen und mit dem Baby und drei kleinen Kindern eine derartig weite Reise angetreten habe.« Und verzweifelt suchte ich in meinem Intellekt nach einer rationalen Begründung für meine Ängste und Befürchtungen. Ohne Erfolg!

Dann glitt ich wie im Traum mit Cassie an meiner Brust in den altvertrauten Zustand des Halbschlafs, in den ich oft beim Stillen verfiel. Ich hatte es gelernt, diesem Platz in mir zu vertrauen, und so gab ich dem Sog nach und ließ den Tagtraum zu. Vor mir sah ich eine schematische Zeichnung des Flugzeugs. In seinem Innern befand sich eine blutrote Blase, während die übrigen Maschinen in strahlendem Königsblau leuchteten. Plötzlich begann die blutrote Blase zu brennen und explodierte. Aufgeschreckt von dieser Vision erkannte ich, daß wir bereits auf die Startbahn rollten. Hastig sandte ich eine telepathische Botschaft an den Piloten. »Wenn Sie irgendwelche Zweifel an der Sicherheit dieser Maschine haben, brechen Sie den Start ab und verlassen Sie die Startbahn.«

Im nächsten Augenblick verstummten die Motoren, und wir rollten zurück zum Hangar. Was mir früher als Zufall erschienen wäre, war für mich zu jenem Zeitpunkt ein erneuter Beweis für die Stärke der hellseherischen Fähigkeiten, die in mir steckten. Wir mußten in ein anderes Flugzeug umsteigen, und der Flug verlief angenehm und ohne Komplikationen.

Weissagen

Durch Weissagen können Sie zukünftige Ereignisse voraussagen. Mit folgender Übung lernen Sie, in Ihrer möglichen Zukunft zu lesen.

Übung zum Weissagen

1. Setzen Sie sich auf einen bequemen Stuhl mit gerader Lehne, die Füße berühren sich nicht. Konzentrieren Sie sich auf die Mitte Ihres Kopfes.
2. Atmen Sie tief ein und reinigend aus.
3. Erden Sie sich.
4. Bringen Sie Ihre essentielle Energie zum Fließen. Benutzen Sie dazu die leuchtend blaue Energie der Erde und die leuchtend gelbe Energie des Kosmos.
5. Setzen Sie sich Ihr Ziel: Ich möchte bewußt meine Zukunft voraussagen.
6. Öffnen Sie Ihr drittes Auge. Visualisieren Sie ein goldenes Energieband, das von der Mitte Ihres Kopfes durch die Ener-

giekanäle läuft und über Ihren Scheitelpunkt austritt. Stellen Sie sich vor, daß es von dort aus in den Himmel steigt, weit in den Kosmos hinauf. Senden Sie das goldene Band zum Zentrum unseres Universums, zu jenem Ort, der im allgemeinen von Metaphysikern das höhere Bewußtsein, die kollektive Erinnerung oder das kollektive Unbewußte, der göttliche Erinnungsspeicher oder die Akasha-Chroniken genannt wird. Erden Sie sich im höheren Bewußtsein, das Ihnen vielleicht als ein großer Ball von goldener Energie erscheint. Für andere nimmt es eher die Form einer riesigen Bibliothek an oder die eines Tempels, der von Engeln in langen wallenden Gewändern bewacht wird.

7. Bleiben Sie weiterhin in der Mitte Ihres Kopfes zentriert. Senden Sie nun Ihre Frage bezüglich der Zukunft über das goldene Energieband zum höheren Bewußtsein. Eine mögliche Frage wäre: »Wie verläuft die Entwicklung meiner Seele in den kommenden Monaten?« Sehen Sie zu, wie die Frage über das goldene Band geleitet wird. Sobald sie auf das höhere Bewußtsein trifft, wird sich vor Ihnen eine visuelle Darstellung Ihrer Zukunft entfalten. Betrachten Sie die Antwort. Vielleicht sehen Sie Farben, die bestimmte geistige Eigenschaften in der Entwicklung Ihrer Seele repräsentieren. Oder vielleicht entsteht vor Ihnen ein Symbol, zum Beispiel ein Herz. Das bedeutet, daß die Entwicklung Ihrer Seele in der näheren Zukunft von Liebe zu Ihnen selbst oder zu einem anderen Wesen bestimmt wird. Andere sehen vielleicht eine Szene vor sich, an der Bekannte oder unbekannte Menschen beteiligt sind. Diese Szenen können so plastisch sein, daß es Ihnen vorkommt, als sei das goldene Band das Antennenkabel zu einem Fernsehsender und die Ereignisse der darin gezeigte Spielfilm. Betrachten Sie Ihre Visionen zehn bis zwanzig Minuten lang in allen Einzelheiten. Welche Rückschlüsse ziehen Sie daraus?

8. Kehren Sie in die Mitte Ihres Kopfes zurück.
9. Beenden Sie die Übung.

Praktische Anwendungen

Die Fähigkeit, Aussagen über die Zukunft zu machen, ist außerordentlich hilfreich für Börsenmakler und andere Spekulanten. Sinnvoll ist sie auch für Studienberater, die Studenten dabei helfen, sich für eine Universität oder ein Fach zu entscheiden. Wenn wir Aussagen über die Zukunft anderer Menschen machen, sollten wir dabei allerdings immer beachten, daß sie ihre Zukunft nach freiem Willen und eigener Neigung gestalten. Die Zukunft entwickelt sich aus den Gelegenheiten und Chancen eines Augenblicks in der Gegenwart. Wird die Gegenwart verändert, verändern sich auch die Gelegenheiten und Chancen.

Beispiel

Auf einem überregional bekannten, angesehenen Kongreß sollte ich einen Vortrag halten, und diese Aussicht machte mich ausgesprochen nervös. Dabei hatte ich keine Befürchtungen, was den Inhalt des Vortrags betraf, denn über das vorgesehene Thema konnte ich auch im Schlaf sprechen. Meine Sorgen rankten sich vielmehr um die Frage, wie ich auf die Zuhörer wirken würde, ja, ob überhaupt zu der angesetzten Stunde um neun Uhr vormittags am Ostersonntag irgend jemand erscheinen würde.

Als einzige Möglichkeit, eine Antwort auf meine brennenden Fragen zu finden, fiel mir die Meditation ein. Ich wollte meine hellseherischen Fähigkeiten nutzen und nachsehen, was mich erwartete. Als das goldene Band, das meine Frage transportierte, die Akasha-Chroniken berührte, erschien auf dem inneren Bildschirm vor mir der große Saal, in dem der Vortrag stattfinden sollte. Die Zuhörer drängten sich auf den Sitzen und standen sogar noch in der Eingangstür. Das Bild war klar und eindeutig: Es würde alles gutgehen.

Nachdem ich aus der Trance erwacht war, kamen Gewißheit und Selbstsicherheit über mich. Tatsächlich erfüllte sich eine Woche später meine Weissagung: Vierhundert Menschen besuchten meinen Vortrag am Ostersonntag. Und ich hatte eine neue Technik gelernt, Gewißheit zu gewinnen.

Hellsehen

Beim Hellsehen haben Sie lebendige innere Wahrnehmungen und plötzliche Erkenntnisse über Menschen und deren Lebensumstände. Dabei entstehen vor Ihnen in deutlichen visuellen Eindrücken die inneren Bilder, Auren und andere psychische Ausdrucksformen Ihrer Mitmenschen. In folgender Übung werden Ihnen drei Arten des Hellsehens vorgestellt: Auralesen, Chakralesen und das Beantworten konkreter Fragen. Sie können diese Übung auch mit einem Partner ausführen. Wenn Sie keinen Partner haben und dennoch in einem anderen Menschen lesen möchten, um Ihr Verständnis zu erweitern, nehmen Sie einfach an, daß eine bestimmte Person als Ihr Partner vor Ihnen sitzt. Selbst wenn er sich in großer räumlicher Entfernung von Ihnen befindet, können Sie aufgrund des visuellen Eindrucks, den Sie einmal von ihm gewonnen haben, seine Aura lesen.

Regeln für den Schutz der persönlichen Integrität

Eine genaue Kenntnis von Ihrem Selbst ist der beste Schutz der persönlichen Integrität, der Autonomie und des freien Willens während des Auralesens. Wenn Sie wissen, wer Sie sind, dann wissen Sie auch, wer Sie nicht sind. Jesus drückte diese Erkenntnis sehr deutlich aus, als er sagte: »Die Wahrheit wird dich befreien.« Wenn Sie nach dem Reading einer Person feststellen, daß Sie deren Energie angenommen haben, gibt es drei Wege, wie Sie die Integrität Ihrer Energie und somit Ihrer Persönlichkeit wiederherstellen können. Die erste und einfachste haben wir Ihnen bereits vorgestellt: Benutzen Sie das Wissen von Ihrem Selbst. Zweitens: Senden Sie alle Fremdenergien über Ihr Erdungsband fort. Drittens: Formulieren Sie fünf physische oder psychische Eigenschaften, in denen Sie sich von Ihrem Partner unterscheiden.

Übung zum Hellsehen

1. Setzen Sie sich gegenüber von Ihrem Partner auf einen bequemen Stuhl mit gerader Lehne, die Füße berühren sich nicht. Konzentrieren Sie sich auf die Mitte Ihres Kopfes.
2. Atmen Sie tief ein und reinigend aus.
3. Erden Sie sich.
4. Bringen Sie Ihre Lebensenergie mit den leuchtend blauen Energien von Erde und Kosmos zum Fließen.
5. Setzen Sie sich Ihr Ziel: Ich möchte die energetischen Prozesse meines Partners wahrnehmen.
6. Öffnen Sie Ihr sechstes Chakra, als ob Sie die Blende einer Kamera öffneten.
7. **Auralesen:** Schließen Sie Ihre Augen und öffnen Sie Ihr drittes Auge. Stellen Sie sich Ihren Partner vor, wie er auf dem Stuhl Ihnen gegenübersitzt. Lassen Sie das Bild ohne Anstrengung in sich entstehen. Wenn es klar und deutlich vor Ihnen erscheint, visualisieren Sie die Aura, die Ihren Partner umgibt.

Welche Form hat sie? Umhüllt sie den Körper Ihres Partners gleichmäßig abgerundet wie ein Ei? Ist sie am oberen oder am unteren Ende des Körpers weiter? Ist sie vorne und hinten gleichmäßig ausgedehnt? Wenn sich der größte Teil der Energie vor Ihrem Partner befindet, heißt das, daß seine Aufmerksamkeit vorwiegend auf andere Menschen gerichtet ist. Vielleicht ist er jemand, der im Kontakt zu anderen große Freude findet, vielleicht ist er aber auch ein Aufschneider, ein Gernegroß oder ein Wichtigtuer. Wenn sich der größere Teil der Energie hinter Ihrem Partner befindet, ist er wahrscheinlich schüchtern und zurückhaltend und hat Schwierigkeiten, auf andere Menschen zuzugehen. Ist die Aura am oberen Ende des Körpers weiter ausgedehnt als am unteren, weist das darauf hin, daß Ihr Partner eine intellektuell orientierte Person ist, die gern denkt, schlußfolgert und argumentiert.

Vielleicht entsteht die Aura vor Ihnen in ihrer symbolischen Form, zum Beispiel als Gefängnispforte. Das würde heißen, daß Ihr Partner sich im Leben gefangen fühlt und die Möglichkeiten seiner Seele nicht voll ausdrücken kann. Wenn die Aura Ihres Partners Ihnen als Wolke erscheint, bedeutet das, daß er den Kopf »in den Wolken« hat oder gerade träumt und entspannt ist. All diese Symbole sind gute Hinweise auf den energetischen Zustand Ihres Partners, und sie drücken jeweils den realen Zustand seiner Aura aus. Wenn also eine Wolke am Himmel schwebt, heißt das, daß auch Ihr Partner schwebt. Sollte die Aura Ihres Partners also in symbolischer Form vor Ihnen erscheinen, dann beschreiben Sie das Bild Ihrem Partner. Vielleicht kann er mehr damit anfangen als Sie.

Die Farbe der Aura gibt Aufschluß über die Stimmung und den Zustand Ihres Partners. Die Farbtafel in Kapitel 3 hilft Ihnen beim Entschlüsseln der Aurafarben.

Hat die Aura Ihres Partners eine Grenze? Wenn ja, wie weit ist sie vom Körper entfernt? Ist sie fest, beweglich, hart oder unsichtbar? Welchen Eindruck macht sie? Sehen Sie helle Funken oder Energiestrahlen, die von der Aura Ihres Partners austreten? Welche Farbe haben sie? Diese Strahlen repräsentieren die geistigen Führer, und ihre Farbe deutet auf die Eigenschaften hin, die Ihr Partner mit Hilfe der geistigen Führer anstrebt. Ein grüner Funke steht zum Beispiel für innere Ruhe und Frieden, auf die der geistige Führer Ihren Partner hinführt. Mit der Farbtafel in Kapitel 3 können Sie feststellen, welche Absichten die geistigen Führer Ihres Partners verfolgen.

8. **Chakralesen:** Visualisieren Sie die sieben Hauptchakren Ihres Partners. Welche Farbe haben sie? Betrachten Sie das erste Chakra Ihres Partners am Ende der Wirbelsäule. In welcher Farbe stellt es sich dar? Studieren Sie ausführlich auch die anderen Chakren Ihres Partners und interpretieren Sie deren Farben anhand der Farbtafel in Kapitel 3. Wenn sein erstes Chakra zum Beispiel orangefarben leuchtet, ist er sehr kreativ in der Art seiner Lebensführung. Er könnte einen guten Unternehmer abgeben oder seine Umgebung auf ungewohnte Art und Weise gestalten. Benutzen Sie bei der Interpretation der Energiebilder Ihre Phantasie. Für die Details können Sie sich auch immer wieder auf die Übersicht über die Chakren in Kapitel 3 stützen. Die jeweilige Farbe sollte im Zusammenhang mit dem jeweiligen Chakra eine sinnvolle Aussage ergeben. Wenn Sie alle Chakren einschließlich der der Hände und Füße interpretiert haben, wenden Sie sich dem Erdungsband Ihres Partners zu. Können Sie es sehen? Ist es dick oder dünn? Gibt es in der Verbindungsschnur Ihres Partners zur Erdmitte Unterbrechungen? Der Umfang und die Stärke des Erdungsbands zeigen an, wie sehr Ihr Partner in der Realität veran-

kert ist. Je kräftiger das Band, um so stärker ist Ihr Partner geerdet und dem Augenblick hingegeben.

9. **Das Beantworten spezieller Fragen:** Ihr Partner trägt die Antwort zu seinen Fragen bereits in sich, ganz unabhängig davon, ob er es nun weiß oder nicht. Schaffen Sie zwischen sich und Ihrem Partner ein Herz, das außerhalb Ihrer beider Auren schwebt. Sorgen Sie dafür, daß dieses Herz die Antworten zu den Fragen Ihres Partners aufnimmt und sie trägt. Bitten Sie nun Ihren Partner, seine Frage zu stellen, und beobachten Sie, wie die Energie der Frage in das Herz fließt. Sobald die Frage mit dem Herz verschmilzt, wird vor Ihnen die Antwort entstehen. Lesen, entschlüsseln und übersetzen Sie die Energie der Antwort.
10. Lösen Sie sich von Ihrem Partner, indem Sie sich fünf physikalische Eigenschaften bewußt machen, in denen Sie sich von ihm unterscheiden. Außerdem ist es ratsam, nach einem Reading fünf bis zehn Minuten die eigene Lebensenergie ein- und auszuatmen.
11. Beenden Sie die Übung.

Praktische Anwendungen

Durch das Hellsehen können Sie die Probleme und Freuden anderer Menschen besser verstehen. Aber im Grunde genommen können Sie in jeder Lebenssituation »lesen«, um zu einem besseren Verständnis Ihrer selbst zu gelangen. Auch Körperarbeit wird durch Hellsehen effektiver. Ein hellseherisch begabter Chiropraktiker zum Beispiel sieht den Energiekörper seines Klienten vor sich und weiß so, wo sich die Unregelmäßigkeiten im physischen Körper befinden. Auf diese Weise kann er nicht nur die körperlichen Schmerzen heilen, sondern auch deren geistige und seelische Ursache.

Viele Erfinder setzen hellseherische Kräfte ein. Oft haben sie ein klares inneres Bild von dem, was sie erfinden wollen, vor Augen, bevor sie es tatsächlich entwickeln. Auch Modeschöpfer, Filmregisseure, Designer und Architekten benutzen die gleiche kreative visuelle Kraft für ihre Tätigkeit.

Beispiel

Lynda Caesara, meine erste Schülerin in Heartsong, war eine angehende Chiropraktikerin. Sie hatte ein unglaubliches Talent, Energie zu bewegen, und bereits nach einem Jahr der Ausbildung begann sie, in Heartsong die Anfängerklassen zu unterrichten. Eines Tages zog ich Lynda beiseite und bat sie um Hilfe, weil ich Nackenschmerzen hatte. Zunächst führte sie ein paar chiropraktische Handgriffe aus, und dann las sie in mir hellseherisch. Sie entdeckte, daß ich mich in den ersten Jahren als Lehrerin für sensitive Entwicklung nicht klar genug von der Energie, die meine Schüler auf mich richteten, abgegrenzt hatte. Ich war besonders empfindlich für die Energiebündel, die auf mein fünftes Chakra hinten am Nackenwirbel auftrafen. Jedesmal wenn ein Schüler ein »Rede mit mir« oder ein »Erklär mir, was passiert« auf mich richtete, nahm mein Hals die Botschaft auf. Lynda sah die Energiebündel eines bestimmten Geschichtslehrers an der Grundschule, der meine Aufmerksamkeit gewann, indem er seine Energie auf mein Halschakra richtete.

Da ich aber wußte, von wem diese Bündel kamen und welche Bilder sie beinhalteten, konnte ich lernen, damit umzugehen und sie abzulegen. Lynda hatte deutlich gesehen, wie die Schüler sich an mich hängten. Und so arbeitete sie mehrere Monate lang an meinem Nacken. Gleichzeitig verbrachte ich viel Zeit damit, mir die Energiebündel der anderen hellseherisch anzusehen, zu beobachten, wo sie auftrafen, und deren Inhalte freizugeben. Allmählich lernte ich, zu kontrollieren, was ich in meinen Körper aufnahm und was nicht.

Mittlerweile bin ich in der Lage, die Energie, die in der Kommunikation mit anderen auf mich zukommt, vor meinem fünften Chakra anzunehmen, so wie es sein sollte – und ich habe keine Nackenschmerzen mehr.

Erinnerungen an frühere Leben

Diese Übung soll Ihnen helfen, sich an Ihr Leben in früheren Zeiten zu erinnern und kurze Bilder von damals in sich auftauchen zu lassen.

Übung zur Erinnerung an frühere Leben

1. Setzen Sie sich auf einen bequemen Stuhl mit gerader Lehne, die Füße berühren sich nicht. Konzentrieren Sie sich auf die Mitte Ihres Kopfes.
2. Atmen Sie tief ein und reinigend aus.
3. Erden Sie sich.
4. Bringen Sie Ihre Lebensenergie zum Fließen. Benutzen Sie dazu die hellgrüne Energie der Erde und die hellblaue Energie des Kosmos.
5. Setzen Sie sich Ihr Ziel: Ich möchte mich an mein Leben in früheren Zeiten erinnern.
6. Öffnen Sie Ihr drittes Auge. Es ist durchaus möglich, daß Ihnen Bilder aus der Vergangenheit schon oft im Laufe Ihres Lebens durch den Kopf geschossen sind und daß dieser Vorgang so schnell geschah, daß Sie ihn kaum wahrgenommen haben. Diese Bilder sind flüchtige Erinnerungen an frühere Leben, die in jenem Teil Ihres Bewußtseins festgehalten wurden, den wir Seele nennen. Damit diese Übung gelingt, sollten Sie ein bestimmtes Leben wählen, an das Sie sich

erinnern wollen – an die letzte Inkarnation, in der Sie mit Ihrer Mutter zu tun hatten. Stellen Sie sich vor, daß außerhalb von Ihrer Aura eine Leinwand wie im Kino vor Ihnen schwebt. Drücken Sie den Wunsch aus: »Zeige mir ein vergangenes Leben mit meiner Mutter.« Senden Sie nun die elektromagnetische Energie dieses Wunsches zur Leinwand, und beobachten Sie aufmerksam, was passiert. Sie werden Bilder, Metaphern und Eindrücke erhalten. Je genauer Sie Ihre Frage formulieren, um so deutlicher wird die Antwort ausfallen. So können Sie zum Beispiel fragen: »Welche Erlebnisse in früheren Leben führten dazu, daß ich meine Mutter nicht akzeptieren kann?« Oder: »Welches Karma muß ich mit meiner Mutter durcharbeiten?« Sie dürfen jede beliebige Frage stellen, die zu einem besseren Verständnis Ihrer Beziehung zu Ihrer Mutter beiträgt. Prägen Sie sich die Erkenntnisse, die Sie aus dieser Übung gewinnen, gut ein. Wenn Sie die verlangten Antworten bekommen haben, lassen Sie die Leinwand verschwinden, indem Sie sie auflösen und durch das Erdungsband fortschicken.

7. Beenden Sie die Übung.

Praktische Anwendungen

Für einen Studenten oder Lehrer der Geschichte ist die Möglichkeit, sich an frühere Leben zu erinnern, ein Geschenk des Himmels, denn so erfährt er vieles über unsere Vergangenheit aus erster Hand.

Aber vor allem können Sie durch die Erinnerungen an frühere Leben besser verstehen, worauf sich Ihre Schwierigkeiten im Umgang mit anderen Menschen begründen. Die Bilder aus der Vergangenheit stellen oft sinnbildlich dar, was in Ihren Beziehungen von heute abläuft.

Beispiel

Nachdem sich meine Freundin Julie psychisch geöffnet hatte und sich gesund und glücklich fühlte, war sie bereit, eine ernsthafte Beziehung einzugehen. Nun fiel es ihr nicht mehr schwer, sich einen Mann zu suchen und Verabredungen zu treffen. Als offene Sensitive stand ihr ein psychisch geschultes Bewußtsein zur Verfügung, mit dem sie sich schützen konnte und das sie davor bewahrte, sich auf einen Mann einzulassen, der ihr irgendwann nicht mehr gefallen würde.

Bald schon fühlte sie sich angezogen von einem Mann, der ein Boot besaß und demnächst eine größere Erbschaft antreten sollte. Julie war Fotografin, und es gab für sie nichts Schöneres, als einen Regenbogen oder einen Sonnenuntergang über dem Meer zu fotografieren. Aber irgend etwas stimmte an der Beziehung nicht. Auf ganz subtile Weise übte der Mann Druck auf sie aus und benutzte die zukünftige Erbschaft als Köder, um Julie näherzukommen. Julie hingegen wollte die Dinge langsamer angehen. Nach mehreren nervtötenden Telefongesprächen beschloß sie, zu meditieren und sich das letzte Leben anzusehen, in dem sie diesem Mann begegnet war. Sofort erschien ein Piratenschiff auf ihrem inneren Bildschirm, und es stellte sich heraus, daß er ein Pirat gewesen war. Julie entschied, daß ein Mann mit einer derartigen Vergangenheit es nicht wert war, daß sie es noch einmal mit ihm versuchte. Mit den Worten: »Nein, danke, vielleicht sehen wir uns im nächsten Leben unter besseren Umständen wieder« gab sie ihm den Laufpaß. So hat sich Julie durch die Erinnerung an ein früheres Leben und durch eine sensitive Beurteilung der Ereignisse viel Kummer erspart.

Kommunikation mit anderen Gattungen

Die folgende Übung sollte mit einem Partner aus einer anderen Gattung, sei es Tier oder Pflanze, durchgeführt werden. Es mag Ihnen vielleicht albern erscheinen, gegenüber einer Pflanze in Trance zu versinken, aber es ist durchaus nicht albern, mit anderen Lebensformen kommunizieren zu können. Wir leben auf diesem Planeten in einer Gemeinschaft, warum also sollten wir nicht miteinander sprechen – auch wenn einige von uns zur Gattung der Tiere oder der Pflanzen gehören.

Übung zur Kommunikation mit anderen Gattungen

1. Setzen Sie sich auf einen bequemen Stuhl mit gerader Lehne, die Füße berühren sich nicht. Konzentrieren Sie sich auf die Mitte Ihres Kopfes.
2. Atmen Sie tief ein und reinigend aus.
3. Erden Sie sich.
4. Bringen Sie Ihre Lebensenergie zum Fließen. Benutzen Sie dazu die smaragdgrüne Energie der Erde und die königsblaue Energie des Kosmos.
5. Setzen Sie sich Ihr Ziel: Ich möchte mit dem Vertreter einer anderen Gattung, die auf der Erde lebt, sprechen.
6. Öffnen Sie Ihr drittes Auge, und stellen Sie sich die Aura vor, die Ihren Partner aus der Tier- oder der Pflanzenwelt umgibt. Wenn Ihr Partner eine Pflanze ist, werden Sie vielleicht bemerken, daß sie Durst hat, oder aber Sie schalten sich ein in die Prozesse der Photosynthese oder anderer lebensnotwendiger Vorgänge. Möglicherweise sehen Sie auch, wie diese Pflanzensorte zum erstenmal auf der Erde Wurzeln geschlagen hat. Wenn Ihr Partner ein Tier ist, sehen Sie

vielleicht vor sich, wie es gerade frißt. Ist es hungrig? Es kann sein, daß ein Name vor Ihrem inneren Auge entsteht. Dies ist der richtige Name des Tieres. Es teilt Ihnen möglicherweise in Bildern mit, daß es gestreichelt werden oder spielen will. Außerdem kann es Ihnen sagen, wer seine Besitzer in seinem früheren Leben waren. Vielleicht ist das Tier oder die Pflanze auch ein geistiger Führer für Ihre Entwicklung. Sollte das der Fall sein, werden Sie sehen, wie Ihr Partner Sie führt. Unter diesen Umständen nehmen Sie die Seele der Pflanze im übertragenen metaphorischen Sinne wahr, nämlich als Nymphe, Fee, Faun oder Deva.

7. Beenden Sie die Übung.

Praktische Anwendungen

Wenn Sie mit ihnen sprechen, werden Sie immer wissen, wann Ihre Tiere oder Pflanzen hungrig und durstig sind oder sonst etwas brauchen. Doch darüber hinaus können Sie aus dem Kontakt zu anderen Gattungen große Weisheit gewinnen. Durch das Einstimmen auf den universellen göttlichen Geist erfahren Sie, daß wir alle aus einem Ursprung kommen und eins sind.

Beispiel

Nach Cassies Geburt hatte ich so viel zu tun, daß die Sorge um meine Pflanzen oft zu kurz kam, und logischerweise litten sie unter diesem Mangel an Pflege. Eines Nachmittags war ich mit allen vier Kindern in der Küche und achtete ständig auf das intensive Spiel jedes einzelnen Kindes.

Plötzlich kam mir in den Sinn, daß jemand ein Glas Wasser haben wollte. Zu diesem Zeitpunkt stellte ich derartige Gedanken nicht mehr in Frage, sondern ich folgte meinen Impulsen. Ich füllte also ein Glas mit Wasser und wartete am Spülbecken darauf, daß eines der vier Kinder es abholen kam. Als sich niemand meldete, fragte ich schließlich, wer telepathisch ein Glas Wasser bestellt habe, eine ganz und gar nicht ungewöhnliche Frage in meinem Haus. Aber keines der Kinder antwortete mir. Da fiel mein Blick auf einen Christusdorn, der in einer Zimmerecke vor sich hinwelkte. Ich brauchte nicht in Trance zu gehen, um die Bilder zu erkennen, die der Blumenstock in verzweifeltem Verlangen nach unserer Aufmerksamkeit aussandte: »Wasser! Wasser!« Und die Pflanze war wirklich am Verdursten.

Sich telepathisch an andere Orte versetzen

Durch die Fähigkeit, sich an andere Orte zu versetzen, visualisieren und betrachten Sie Szenen und Erlebnisse, die weit entfernt von Ihnen vor sich gehen.

Übung für einen Blick auf andere Orte

1. Setzen Sie sich auf einen bequemen Stuhl mit gerader Lehne, die Füße berühren sich nicht. Konzentrieren Sie sich auf die Mitte Ihres Kopfes.
2. Atmen Sie tief ein und reinigend aus.
3. Erden Sie sich.
4. Bringen Sie Ihre essentielle Energie zum Fließen. Benutzen Sie dazu die leuchtend gelbe Energie der Erde und die leuchtend grüne Energie des Kosmos.
5. Setzen Sie sich Ihr Ziel: Ich möchte telepathisch einen Blick

auf die Vorgänge in den anderen Zimmern meiner Wohnung werfen.

6. Öffnen Sie Ihr drittes Auge, und stellen Sie sich vor, daß vor Ihnen ein Bildschirm schwebt. Bitten Sie nun darum, daß Sie Ihre Küche sehen, aber achten Sie darauf, daß Ihr Bewußtsein dabei in der Mitte Ihres Kopfes verankert bleibt. Sehen Sie sich die Küche an. Befindet sich jemand darin? Betrachten Sie jede Einzelheit, wie zum Beispiel die Arbeitsplatte oder den Herd mit dem, was darauf steht. Wenn Sie sich auf diese Weise Ihre Küche angeschaut haben, lassen Sie die Bilder von diesem Raum über das Erdungsband verschwinden, und bitten Sie darum, Ihr Wohnzimmer zu sehen. Sehen Sie sich wiederum die Einzelheiten mit den darin befindlichen Personen oder auch Haustieren genauestens an. Verfahren Sie so mit sämtlichen Zimmern Ihrer Wohnung, und schauen Sie sich jeden Raum und die darin anwesenden Menschen in aller Ruhe an. Lösen Sie die jeweiligen Bilder über Ihr Erdungsband auf.
7. Beenden Sie die Übung.

Praktische Anwendungen

Das Betrachten fremder Orte sollte nicht zum Weissagen angewandt werden, sondern dazu dienen, Ihre Lebenserfahrung zu erweitern. Wenn Sie diese Fähigkeit jedoch einsetzen, um im Leben anderer herumzuschnüffeln oder um andere zu manipulieren, begeben Sie sich auf ein schlüpfriges und gefährliches Terrain. Es ist nämlich durchaus möglich, daß andere Energien, die ebenfalls in der Lage sind, Gedanken, Gefühle und Lebewesen zu manipulieren, die Situation ausnutzen und sich einen Spaß mit Ihnen machen.

Ein Feuerwehrmann kann mit dieser Technik ein brennendes Haus besichtigen, um nach dem Brandherd zu suchen. Ein Goldsucher kann auf diese Weise nach den Schätzen forschen, die in der Erde ruhen. Wenn Sie in einem Verkehrsstau stecken, können Sie so herausfinden, wie weit er reicht. Und wenn Sie einen Blick auf Ihre Kinder werfen wollen, die im Freien spielen, bietet Ihnen das Betrachten fremder Orte eine gute Möglichkeit dazu.

Eine interessante Anwendungsform dieser Technik besteht darin, Länder und Völker dieser Welt zu »besuchen« und kennenzulernen. Das kann eine unschätzbare Erfahrung sein und ermöglicht ein besseres Verständnis davon, wer wir sind im Verhältnis zum Rest der Welt. Schließlich ist jeder und alles ein Teil von uns, denn alles ist eins im universellen Geist!

Beispiel

Schon vor langer Zeit habe ich mir angewöhnt, Astralreisen durch das Haus zu unternehmen, um zu sehen, was meine Kinder machen. Als sie älter wurden, schien es mir jedoch nicht mehr nötig zu sein, in vollem Bewußtsein durch das ganze Haus zu fliegen, und deshalb versuchte ich es mit einem Blick auf fremde Orte. Ich lernte diese Technik, indem ich zunächst einen Raum und die darin befindlichen Kinder beobachtete und dann physisch hineinging, um zu sehen, ob meine Beobachtungen richtig gewesen waren. Ich vertraute keiner Technik so ohne weiteres, bevor ich sie nicht genauestens überprüft hatte, vor allem wenn es um meine Kinder ging. Doch nach langem Probieren konnte ich mich auch auf meine Fähigkeit verlassen, fremde Orte zu betrachten. Mit meiner Sicherheit wuchs mein innerer Friede. Inzwischen kommt es mir manchmal so vor, als sei mein Haus ein Präzisionsuhrwerk, in dem sich jede Person synchronistisch auf ihrem eigenen Orbit bewegt. Dabei sehe ich uns als Einheit, als Seelen im Einklang, die damit beschäftigt sind, sich in ihrem irdischen Körper zu manifestieren.

Channeling

Mit der folgenden Übung zum Channeling können Sie tiefe Veränderungen in Ihrer Persönlichkeit herbeiführen.

Übung zum Channeling

1. Setzen Sie sich auf einen bequemen Stuhl mit gerader Lehne, die Füße berühren sich nicht. Konzentrieren Sie sich auf die Mitte Ihres Kopfes.
2. Atmen Sie tief ein und reinigend aus.
3. Erden Sie sich.
4. Bringen Sie Ihre Energie zum Fließen.
5. Öffnen Sie das siebte Chakra am Scheitelpunkt Ihres Kopfes. Stellen Sie sich vor, daß sich oberhalb davon ein Herz mit zwölf einzelnen Federn befindet. Das Herz symbolisiert Ihre jetzige Lebensspanne, und die Federn stehen für Ihre innere Familie – anders ausgedrückt für Sie in anderen Inkarnationen. Zusammengefaßt stellt dieses Symbol die Verbindung Ihrer geflügelten Seele mit dem pochenden Herzen Ihres Körpers dar – oder Ihre innere Familie, wie sie sich in der gegenwärtigen Inkarnation präsentiert. Öffnen Sie sich gegenüber diesem gegenwärtig bestehenden Netz und den dazugehörigen Verkörperungen aus Vergangenheit und Zukunft. In der folgenden Aufstellung wird erklärt, wie die Federn als Repräsentanten Ihrer inneren Familie am Herz befestigt werden.

Linke Seite von unten nach oben	Rechte Seite von unten nach oben
1. Inneres Kind	7. Innerer Bruder

2. Innerer Erwachsener
3. Innere Mutter
4. Innerer Vater
5. Innere Großmutter
6. Innerer Großvater
8. Innere Schwester
9. Innerer Partner
10. Innerer Analytiker
11. Innerer Richter
12. Innerer Führer

6. Befestigen Sie die erste Feder unten an der linken Seite des Herzens. Sie repräsentiert Ihr inneres Kind. Lernen Sie es zunächst erst einmal kennen, und geben Sie alle vorgefertigten Vorstellungen darüber auf. Lassen Sie statt dessen Ihr gesundes, glückliches und ausgeglichenes inneres Kind in dem Herzen über Ihrem Kopf entstehen. Besinnen Sie sich auf seinen Namen, ohne sich auf andere Chakren oder Techniken zu berufen. Wie alt ist es, und in welchem Jahrhundert hat es gelebt? Hat es eine Botschaft für Sie? Erkundigen Sie sich danach. Welches sind die niedereren Aspekte Ihres inneren Kindes? Welches sind die höheren, spirituellen Aspekte seiner Persönlichkeit?
7. Befestigen Sie die zweite Feder ein Stückchen weiter oben am Herzen. Sie repräsentiert Ihren inneren Erwachsenen. Lernen Sie ihn zunächst erst einmal kennen, und geben Sie alle vorgefertigten Vorstellungen über Erwachsene auf. Lassen Sie statt dessen Ihren gesunden, glücklichen und ausgeglichenen inneren Erwachsenen in dem Herzen über Ihrem Kopf entstehen. Besinnen Sie sich auf seinen Namen. Wie alt ist er, und in welchem Jahrhundert hat er gelebt? Hat er eine Botschaft für Sie? Erkundigen Sie sich danach. Welches sind die niedereren Aspekte Ihres inneren Erwachsenen? Welches sind die höheren, spirituellen Aspekte seiner Persönlichkeit?
8. Befestigen Sie darüber die dritte Feder am Herzen. Sie repräsentiert Ihre innere Mutter. Lernen Sie sie zunächst erst einmal kennen, und geben Sie alle vorgefertigten

Vorstellungen über Mütter auf. Lassen Sie statt dessen Ihre gesunde, glückliche und ausgeglichene innere Mutter in dem Herzen über Ihrem Kopf entstehen. Besinnen Sie sich auf ihren Namen. Wie alt ist sie, und in welchem Jahrhundert hat sie gelebt? Hat sie eine Botschaft für Sie? Erkundigen Sie sich danach. Welches sind die niedereren Aspekte Ihrer inneren Mutter? Welches sind die höheren, spirituellen Aspekte ihrer Persönlichkeit?

9. Befestigen Sie die vierte Feder weiter oben an der linken Seite des Herzens. Sie repräsentiert Ihren inneren Vater. Lernen Sie ihn zunächst einmal kennen und geben Sie alle vorgefertigten Vorstellungen über Väter auf. Lassen Sie statt dessen Ihren gesunden, glücklichen und ausgeglichenen inneren Vater in dem Herzen über Ihrem Kopf entstehen. Besinnen Sie sich auf seinen Namen. Wie alt ist er, und in welchem Jahrhundert hat er gelebt? Hat er eine Botschaft für Sie? Erkundigen Sie sich danach. Welches sind die niedereren Aspekte Ihres inneren Vaters? Welches sind die höheren, spirituellen Aspekte seiner Persönlichkeit?
10. Befestigen Sie oberhalb davon die fünfte Feder. Sie repräsentiert Ihre innere Großmutter. Lernen Sie sie zunächst erst einmal kennen, und geben Sie alle vorgefertigten Vorstellungen über Großmütter auf. Lassen Sie statt dessen Ihre gesunde, glückliche und ausgeglichene innere Großmutter in dem Herzen über Ihrem Kopf entstehen. Besinnen Sie sich auf ihren Namen. Wie alt ist sie, und in welchem Jahrhundert hat sie gelebt? Hat sie eine Botschaft für Sie? Erkundigen Sie sich danach. Welches sind die niedereren Aspekte Ihrer inneren Großmutter? Welches sind die höheren, spirituellen Aspekte ihrer Persönlichkeit?
11. Befestigen Sie oben an der linken Seite des Herzens die sechste Feder. Sie repräsentiert Ihren inneren Großvater. Lernen Sie ihn zunächst erst einmal kennen, und geben Sie

alle vorgefertigten Vorstellungen über Großväter auf. Lassen Sie statt dessen Ihren gesunden, glücklichen und ausgeglichenen inneren Großvater in dem Herzen über Ihrem Kopf entstehen. Besinnen Sie sich auf seinen Namen. Wie alt ist er, und in welchem Jahrhundert hat er gelebt? Hat er eine Botschaft für Sie? Erkundigen Sie sich danach. Welches sind die niedereren Aspekte Ihres inneren Großvaters? Welches sind die höheren, spirituellen Aspekte seiner Persönlichkeit?

12. Befestigen Sie unten an der rechten Seite des Herzens die siebte Feder. Sie repräsentiert Ihren inneren Bruder. Lernen Sie ihn zunächst erst einmal kennen, und geben Sie alle vorgefertigten Vorstellungen über Brüder auf. Lassen Sie statt dessen Ihren gesunden, glücklichen und ausgeglichenen inneren Bruder in dem Herzen über Ihrem Kopf entstehen. Besinnen Sie sich auf seinen Namen. Wie alt ist er, und in welchem Jahrhundert hat er gelebt? Hat er eine Botschaft für Sie? Erkundigen Sie sich danach. Welches sind die niedereren Aspekte Ihres inneren Bruders? Welches sind die höheren, spirituellen Aspekte seiner Persönlichkeit?
13. Befestigen Sie darüber die achte Feder. Sie repräsentiert Ihre innere Schwester. Lernen Sie sie zunächst erst einmal kennen, und geben Sie alle vorgefertigten Vorstellungen über Schwestern auf. Lassen Sie statt dessen Ihre gesunde, glückliche und ausgeglichene innere Schwester in dem Herzen über Ihrem Kopf entstehen. Besinnen Sie sich auf ihren Namen. Wie alt ist sie, und in welchem Jahrhundert hat sie gelebt? Hat sie eine Botschaft für Sie? Erkundigen Sie sich danach. Welches sind die niedereren Aspekte Ihrer inneren Schwester? Welches sind die höheren, spirituellen Aspekte ihrer Persönlichkeit?
14. Befestigen Sie darüber die neunte Feder. Sie repräsentiert Ihren inneren Partner. Lernen Sie ihn zunächst erst einmal

kennen, und geben Sie alle vorgefertigten Vorstellungen über Partner auf. Lassen Sie statt dessen Ihren gesunden, glücklichen und ausgeglichenen inneren Partner in dem Herzen über Ihrem Kopf entstehen. Besinnen Sie sich auf seinen Namen. Wie alt ist er, und in welchem Jahrhundert hat er gelebt? Hat er eine Botschaft für Sie? Erkundigen Sie sich danach. Welches sind die niedereren Aspekte Ihres inneren Partners? Welches sind die höheren, spirituellen Aspekte seiner Persönlichkeit?

15. Befestigen Sie oberhalb davon auf der rechten Seite des Herzens die zehnte Feder. Sie repräsentiert Ihren inneren Analytiker. Lernen Sie ihn zunächst erst einmal kennen, und geben Sie alle vorgefertigten Vorstellungen über Analytiker auf. Lassen Sie statt dessen Ihren gesunden, glücklichen und ausgeglichenen inneren Analytiker in dem Herzen über Ihrem Kopf entstehen. Besinnen Sie sich auf seinen Namen. Wie alt ist er, und in welchem Jahrhundert hat er gelebt? Hat er eine Botschaft für Sie? Erkundigen Sie sich danach. Welches sind die niedereren Aspekte Ihres inneren Analytikers? Welches sind die höheren, spirituellen Aspekte seiner Persönlichkeit?
16. Befestigen Sie weiter oben auf der rechten Seite des Herzens die elfte Feder. Sie repräsentiert Ihren inneren Richter. Lernen Sie ihn zunächst erst einmal kennen, und geben Sie alle vorgefertigten Vorstellungen über Richter auf. Lassen Sie statt dessen Ihren gesunden, glücklichen und ausgeglichenen inneren Richter in dem Herzen über Ihrem Kopf entstehen. Besinnen Sie sich auf seinen Namen. Wie alt ist er, und in welchem Jahrhundert hat er gelebt? Hat er eine Botschaft für Sie? Erkundigen Sie sich danach. Welches sind die niedereren Aspekte Ihres inneren Richters? Welches sind die höheren, spirituellen Aspekte seiner Persönlichkeit?

17. Befestigen Sie oben auf der rechten Seite des Herzens die zwölfte Feder. Sie repräsentiert Ihren inneren Führer. Lernen Sie ihn zunächst erst einmal kennen, und geben Sie alle vorgefertigten Vorstellungen über Führer auf. Lassen Sie statt dessen Ihren gesunden, glücklichen und ausgeglichenen inneren Führer in dem Herzen über Ihrem Kopf entstehen. Besinnen Sie sich auf seinen Namen. Wie alt ist er, und in welchem Jahrhundert hat er gelebt? Hat er eine Botschaft für Sie? Erkundigen Sie sich danach. Welches sind die niedereren Aspekte Ihres inneren Führers? Welches sind die höheren, spirituellen Aspekte seiner Persönlichkeit?
18. Nachdem Sie alle Federn an dem Herzen befestigt haben, ziehen Sie es in den Scheitelpunkt Ihres Kopfes, wobei die Flügel nach unten geklappt sind. Erfahren Sie dabei seine Zusammensetzung, die die höhere Komponente Ihrer Seele, die höchste Essenz Ihres Wesens, darstellt.
19. Beenden Sie die Übung.

Um den Charakter Ihrer inneren Familie in allen Einzelheiten kennenzulernen, sollten Sie die Übung mit dem sechsten, dem fünften und dem zweiten Chakra wiederholen.

Möglicherweise treffen Sie im Verlauf dieser Übung auf entsetzliche, furchterregende Erlebnisse und Todeserfahrungen aus früheren Leben. Wenn dies beispielsweise passiert, während Sie eigentlich Ihr inneres Kind rufen, leiten Sie diese Erfahrung über Ihr Erdungsband ab und fragen Sie erneut nach Ihrem inneren Kind. Jetzt bekommen Sie die Gelegenheit, Ihr inneres Kind zu retten. Vielleicht müssen Sie es aus einem See, einer Höhle oder einem Grab befreien oder aus Lebensumständen herausholen, in denen es schlecht behandelt wird. Auf diese Weise kann jedes Mitglied Ihrer inneren Familie aus der Manifestation seiner niedereren Aspekte gerettet werden, damit es in seinen höheren Aspekten zur Geltung kommen kann. Ein eifersüchtiges inneres Kind zum Beispiel kann durchaus fähig sein, anderen mit Großmut und Wohlwollen zu begegnen. Und eine gequälte innere Mutter kann sehr wohl ihrem Kind Mitgefühl zeigen. Diese Eigenschaften sind keine Gegensätze, sondern wirken wie die zwei Seiten einer Medaille. Ihr höchstes Selbst ist die alchimistische Synthese der höchsten, altruistischen Anteile Ihrer inneren Familie.

Praktische Anwendungen

Öffnen Sie sich Ihrem höheren Selbst! Stehen Sie zu allen Facetten Ihrer Persönlichkeit, die sich zu anderen Zeiten und an anderen Orten einmal manifestiert haben. Wenn Sie alle Eigenschaften aus Vergangenheit, Gegenwart und Zukunft in Ihr augenblickliches Ich integrieren, erweitern Sie zugleich auch das Bewußtsein von Ihrem höheren Selbst. Dann wird jede Ihrer Erfahrungen in einer bisher ungeahnten Intensität stattfinden; Musik wird schöner, Gerüche stärker und Liebe tiefer sein.

Als ich meine innere Erwachsene, Alta aus Atlantis, in meine gegenwärtige Persönlichkeit namens Petey integrierte, wußte ich endlich, wie ich erwachsen und verantwortungsbewußt mein Leben, meine Handlungen und meine Realität gestalten konnte. Von meiner inneren Großmutter, der alten Indianerin vom Stamme der Montauk, bekam ich milde Weisheit und Kraft. Aber alle diese Mitglieder meiner inneren Familie mußten zunächst ihre niedereren Aspekte überwinden, bevor sie ihre höheren Aspekte ausdrücken konnten. Aus Nefphsies extremer Angst wurde überschäumende Freude; Altas distanzierte Reserviertheit wurde zu warmer, einfühlsamer Menschlichkeit. Lachendes Wasser schließlich, die neugierige Alte, die ihre Nase immer in alles stecken mußte, wurde eine weise, in sich ruhende, ruhige Frau.

Ohne Vorurteile in eine neue Welt *(von Bonnie Welles)*

Eines der ersten paranormalen Erlebnisse, an das ich mich bewußt erinnern kann, hatte ich bereits als kleines Kind. Damals wußte ich natürlich nicht, was vor sich ging, aber ich erinnere mich noch genau, daß es mir keine Angst machte.

Jeden Abend nach dem Schlafengehen, wenn die Lichter gelöscht waren und ich mich in meine Kissen kuschelte, legte ich mich auf den Rücken, schlug die Füße übereinander und verschränkte die Arme über der Brust. (Später erfuhr ich, daß ich in einem meiner früheren Leben im alten Ägypten gelebt hatte und daß dies die Position war, in der dieses Volk damals seine Toten begrub.) Dann holte ich tief Luft und wandte meinen Kopf zur Türschwelle, um zu sehen, ob mein Freund aus der Geisterwelt über mich wachte – mein Hüter und Beschützer.

Ich wuchs in einem kleinen Ort am Kankakee River in Indiana auf. Die Menschen dort lebten in einer engen Gemeinschaft, jeder kannte jeden. In dem einzigen Laden des Ortes an der Hauptstraße, gegenüber von der freiwilligen Feuerwehr, traf man sich, um über die anderen herzuziehen. Das Haus, in dem unsere Familie lebte, war ein altes, zweistöckiges, zugiges Gebäude, in dem die Dachbalken ächzten und die Dielenbretter knarrten. In einer Ecke des Wohnzimmers stand ein alter Ölofen, der kaum das Erdgeschoß heizte, vom Rest des Hauses ganz zu schweigen. Ich erinnere mich noch, daß ich an vielen eisigkalten Wintermorgenden meine Kleider an ihm vorwärmte, bevor ich zur Schule ging. Aber dieser Ofen war auch mein Schutzwall, hinter den ich mich, wenn nötig, verkriechen konnte. Das machte ich immer dann, wenn meine Gefühle verletzt worden waren, wie zum Beispiel, nachdem ich meiner Familie erzählt hatte, daß ein freundlicher Geist an meiner Türschwelle über mich wachte und daß ich oft seine Schritte oder Papierrascheln von ihm im Nebenzimmer hörte. Meine Mutter hingegen versuchte immer wieder, mir zu erklären, daß diese Geräusche von Mäusen stammten. Daraus lernte ich, den

Leuten in meiner Umgebung besser nichts von meinen Erlebnissen zu erzählen.

So vergingen mehrere Jahre. Immer wieder mußte ich mir zu meiner Demütigung anhören, daß alle die Dinge, die ich erlebte, nur in meinem Kopf passierten, und häufig machten sich meine Schwestern über meine Schlafstellung lustig. Eines Tages jedoch wurden meine »Geschichten« von meinem Schwager bestätigt. Er wurde von seltsamen Geräuschen aus seinem Mittagsschlaf geweckt, und als er nachschaute, mußte er feststellen, daß er offensichtlich allein im Haus war. Daraufhin entschuldigte er sich bei mir dafür, daß er an meinen Berichten gezweifelt hatte, und erklärte den anderen, daß er sich bei zukünftigen Disputen über dieses Thema immer auf meine Seite schlagen werde. Anschließend gaben zwei meiner Schwestern widerstrebend zu, daß auch sie bereits gelegentlich seltsame Geräusche gehört hatten. Aber mein Vater, ein Geistlicher der Kirche Christi, tat unsere Erfahrungen nach wie vor als Einbildung ab, die in einem alten Haus nun einmal leicht hervorgerufen werden konnten. Ich aber wußte es besser.

Ohne daß ich jemandem davon erzählte, las ich alles, was mir über Geister und paranormale Phänomene in die Hände fiel. In jener Zeit war ich ungefähr elf oder zwölf Jahre alt, und in unserem Provinznest war es nahezu unmöglich, interessante Bücher aufzutreiben, ganz zu schweigen von Büchern zu dem Thema Parapsychologie. So mußte ich mich meistens auf meinen Instinkt verlassen, um zu beurteilen, was ein reales Erlebnis war und was nicht.

Meine Familie war sehr christlich, und ich war die fünfte und jüngste Tochter. Bei meiner Geburt sagte mein Vater: »Ganz gleich, ob Mädchen oder Junge, dieses Kind wird mein Sohn!« Demzufolge verbrachte ich viel Zeit mit meinem Vater, natürlich auch, wenn er die Bibel las. Mit sechs Jahren wollte ich mich so schnell wie möglich taufen lassen, weil ich sonst in der Hölle schmoren müßte, sollte ein unvorhergesehener Unfall mich vorzeitig dahinraffen. Mein Vater allerdings erklärte mir, daß ich mich nicht so einfach taufen lassen konnte. Ich müßte erst die Heilige Schrift studieren, so daß mir klar sei, wozu ich mich gegenüber Gott verpflichtete. Schließlich lasse man sich nur einmal im Leben taufen, und wenn ich später sündigte, könnte ich diese Sünden nicht mehr fortwaschen, indem ich mich ein zweites Mal taufen ließe. Ich jedoch fühlte den Geist Christi sehr deutlich in meinem Herzen, und so erhob ich mich im zarten Alter von sieben Jahren bei einem Gottesdienst von der harten Holzbank in unserer Kirche, schluckte den Knoten im Hals herunter und schritt mit zitternden Knien zum Altar und bekannte vor Gott und den Anwesenden, daß ich ein Sünder sei und um die Taufe bitte.

Eine Woche später empfing ich, gekleidet in ein Gewand aus weißem Leinen, die heilige Taufe und verpflichtete mich, dem Herrn zu dienen. Diesen erschreckenden und wundervollen Augenblick werde ich nie vergessen. Auch heute noch bin ich mir des Geistes Christi in mir sehr bewußt.

Von diesem Zeitpunkt an diente ich also dem Herrn. Schon als Teenager schrieb ich Predigten und durfte sie vor der Gemeinde vortragen. Außerdem fertigte ich Kreidezeichnungen mit religiösen Darstellungen an und stellte sie in der Kirche aus. Dann, nach einem bösen Streit, spaltete sich die Kirchengemeinde unseres Ortes, und mein Vater errichtete eine neue Kirche am anderen Ende des Städtchens. Dort unterrichtete ich, noch immer im Teenageralter, die Kinder in der Sonntagsschule. Irgendwann wies mich allerdings ein Geistlicher darauf hin, daß ich in meinen modischen Kleidern keinen Religionsunterricht geben könne. Das sei in seinen Augen Blasphemie.

Daraufhin begann ich, mich mit dem Selbstverständnis der organisierten Religionen zu beschäftigen. Zu meiner Aufregung mußte ich entdecken, daß sie mit ihren Dogmen die persönliche Entwicklung des einzelnen einschränkten und jegliches Hinterfragen verboten. Ich erkannte, wie groß die Heuchelei war und mit welch großer Bereitschaft auch nur ansatzweise Andersdenkende verurteilt wurden. Aus diesem Grunde gab ich den Unterricht in der Sonntagsschule auf und besuchte auch nicht mehr die Gottesdienste. Statt dessen führte ich in meinen Gebeten intensive Gespräche mit Gott oder bat in der Meditation meine Freunde aus der Geisterwelt um Unterstützung und um Klarheit.

Bis zu meiner Hochzeit im Alter von neunzehn Jahren lernte ich noch vieles über Metaphysik und Parapsychologie, und allmählich zeichnete sich in meiner geistigen Entwicklung eine klare Linie ab. Aber auch in meiner Familie wurde allmählich mit einer größeren Offenheit über außergewöhnliche Phänomene gesprochen, und meine Verwandten begannen Bücher zu lesen und auf ihre eigene unverwechselbare Art ihre Wahrheit zu finden. Schließlich lernte meine Schwester die Geistheilerin Reverend Betty Ballinger kennen und besuchte deren Meditationen. Schon bald darauf bekam sie die Gelegenheit, das, was sie dort gelernt hatte, bei mir anzuwenden.

Eines Abends hatte ich entsetzliche Zahnschmerzen. Da kam meine Schwester zu mir und bot mir an, mich zu heilen. Sie wies mich an, mich zu setzen, und wir löschten das Licht und zündeten eine Kerze an. Sie ließ mich die Augen schließen und forderte mich auf, meine Aufmerksamkeit auf die Hände zu konzentrieren, Kraft in sie zu senden und sie dann zusammenzuführen, jedoch ohne daß sie sich berührten. Wenn ich sie aufeinander zubewegte, könnte ich die Energie spüren, die sich zwischen ihnen aufgebaut hatte. Das, so erklärte meine Schwester, sei meine Aura, ein Energiefeld, von dem mein Körper umgeben sei. Jedes körperliche Leiden könne geheilt werden, indem man an der entsprechenden Stelle der Aura arbeite. Dies klang für mein Verständnis außerordentlich logisch, und so konzentrierten wir uns wieder auf meine Zahnschmerzen. Meine Schwester begann zu meditieren und lenkte ihre ganze Aufmerksamkeit auf ihre Hände, durch die sie in der Höhe meiner Wange die Infektion aufnahm. Ich weiß noch, daß während dieses Vorgangs ein fürchterlicher Gestank auftrat. Anschließend führte sie ihre Hände über die Kerzenflamme, öffnete sie, und der Gestank löste sich auf. Diesen Vorgang wiederholte sie mehrere Male, bis meine Schmerzen verschwunden waren. Am nächsten Morgen war auch die Schwellung abgeklungen. Dieser Erfolg führte dazu, daß ich mehr über Meditation, die Aura und über Heilen erfahren wollte, und so erklärte ich meinem Mann, daß ich die Kurse einer Parapsychologin aus der Umgebung besuchen wollte. Mein Mann allerdings interessierte sich nicht im geringsten für derartige Phänomene, sie machten ihm vielmehr angst.

Eines Abends saß ich bei Freunden und wartete zusammen mit ihnen auf die Ankunft eines weiteren Gastes, unseres Freundes Pete. Während wir uns unterhielten, hörte ich plötzlich das Quietschen von Bremsen, ein Krachen und das Klirren von zersplitterndem Glas. Vor meinem inneren Auge sah ich, wie Petes Auto einen Abhang herabstürzte und Feuer fing. Unvermittelt sprach ich aus, daß Pete gerade einen Autounfall gehabt habe, daß sein Wagen brenne, und daß er Schnittwunden von zersplittertem Glas habe. Alle Anwesenden starrten mich an, als sei ich verrückt geworden; ich zitterte am ganzen Leibe und konnte nur mit Mühe meine Tränen zurückhalten. Keiner nahm mich ernst, und ich wurde darüber sehr wütend. Nach fünfundvierzig Minuten, während wir noch immer auf den überfälligen Pete warteten, hörten wir plötzlich ein dumpfes Klopfen an der Tür, und als sie geöffnet wurde, stolperte Pete herein. Er blutete. Sein Wagen hatte sich überschlagen, und er hatte sich geschnitten, als er durch die zersplitterte Windschutzscheibe aus dem Auto gekrochen war, nachdem es Feuer gefangen hatte.

In den darauffolgenden Jahren wurde immer deutlicher, daß meine paranormalen Fähigkeiten ein kostbarer und wichtiger Teil meiner Persönlichkeit waren. Allerdings schmerzte es mich tief, daß ich diese besonderen Erfahrungen nicht mit meinem Ehemann teilen konnte. Allmählich entwickelten wir uns auseinander. Es gab auch noch andere Probleme in unserer Beziehung, und trotz der Freude an unserer hübschen kleinen Tochter waren wir nicht glücklich miteinander. Also ließen wir uns scheiden. Meine Tochter ist mittlerweile ein Teenager und beschäftigt sich gern mit ihren übersinnlichen Fähigkeiten. Ihr Vater allerdings weigert sich noch immer, sich damit auseinanderzusetzen.

Nun lebte ich also wohl oder übel allein. Viele Leute hielten meine damalige Situation für unerträglich, doch für mich ergaben sich daraus einige wichtige Lektionen. Vor allem lernte ich, mich selbst zu lieben, und ich erkannte, daß ich gut und stark war und somit auch Gutes verdiente. Ich entdeckte, wie wir unsere eigene Realität schaffen und daß wir nicht Opfer bestimmter Umstände sind. Ich begriff, daß Strafe eine Erfindung der Menschen ist, daß der Geist Gottes keine Schuldzuweisung kennt, also daß Strafe letztendlich überflüssig ist. Ich lernte, daß Gott unsere Taten nicht bewertet, daß nur wir Menschen dies tun und immer dann anderen Schuld zuschieben, wenn wir zu ängstlich sind, selbst die Verantwortung für unser Leben zu übernehmen. Im Geiste Gottes gibt es kein Recht oder Unrecht, nur Wissen und Aufmerksamkeit oder Unwissenheit.

Erst wenn viele Menschen an der Erweiterung ihres Bewußtseins arbeiten, kann unser Planet gerettet werden. Dann werden die Völker in Frieden miteinander leben, und die vereinigte Kraft der Liebe wird Nahrung für die Hungernden liefern. Letzten Endes arbeiten alle Seelen an der übergeordneten Aufgabe, im göttlichen Bewußtsein zur Einheit zu gelangen. Indem jeder von uns diese Aufgabe anerkennt und seinen Mitmenschen in bedingungsloser Liebe begegnet, können wir wachsen und uns miteinander auf der Seelenebene vereinen. Wenn Menschen der verschiedensten Kulturen einander in die Augen schauen und in ihrem Gegenüber sich selbst erkennen, wird das Verlangen nach Zerstörung schwinden. Statt dessen wird zwischen allen Beteiligten nur die Liebe zum eigenen Ich und zur Welt bestehen sowie die Erkenntnis, daß es keine Unterschiede zwischen ihnen gibt.

In den letzten Jahren habe ich meine geistigen Führer kennengelernt, die mich immer begleiten und mich noch nie enttäuscht haben. All denjenigen, die bezweifeln, daß sie die Verantwortung für ihre Entwicklung übernehmen können, kann ich nur empfehlen, ihre geistigen Führer genau kennenzulernen. In ihnen werden Sie die guten, vertrauenswürdigen Freunde finden, die Sie sich bisher immer gewünscht haben. Dann sind Sie nie mehr allein. Wenn Sie Angst haben, stehen die geistigen Führer Ihnen bei. Wenn Sie verwirrt sind, helfen sie Ihnen, die richtigen Antworten zu finden. Wann immer Sie Beistand suchen, brauchen Sie nur darum zu bitten. Bei allem werden Ihre geistigen Führer Ihnen helfen. Allerdings greifen sie nicht ein, wenn Sie gerade eine bestimmte Lektion lernen sollen.

Ich rufe meine Führer mehrere Male am Tag bei den unterschiedlichsten Unternehmungen zu Hilfe. Selbst während ich jetzt darüber berichte, werde ich von einem Geist unterstützt, den ich erst kürzlich kennengelernt habe. Aber zusätzlich habe ich auch die geistigen Führer, mit denen ich schon lange zusammenarbeite, um Beistand bei der Aufgabe gebeten, von meinen Erfahrungen mit dem Heilen zu berichten. Zusammen kümmerten wir uns um einige wunde Punkte in meiner Persönlichkeit, die mich einschränkten. Als eine gewisse Besserung in diesen Bereichen spürbar wurde, ließ ich meine Aura lesen. Dabei stellte sich mir eine neue geistige Führerin vor, deren Aufgabe darin besteht, mich beim Schreiben zu unterstützen. Sie zeigt mir, wie man schreibt und wie ich ein hohes Energiepotential halten kann, ohne daß ich zu schnell müde werde. Sie heißt Heleniqua, und sie stammt aus den Mythen. Sie ist schön wie eine Statue. Auf dem Kopf trägt sie einen großen goldenen Helm in der Form eines Hahnenkamms. Ihre blauen Augen schimmern klar wie Kristalle. Ein fließendes Gewand umhüllt ihren Körper in weichen Falten, und mit einer Schriftrolle und einer Feder in den Händen sitzt sie aufrecht da, bereit zu schreiben. Bei der ersten Botschaft, die sie an mich richtete, sagte sie mir, daß sich in meinem Körper eine grundlegende physische Wandlung vollziehen würde, damit ich lange Zeit schreiben könnte, ohne müde oder hungrig zu werden. Ich kann nur bestätigen, daß ihre Macht sehr groß ist, denn jetzt schreibe ich schon seit zehneinhalb Stunden ohne Unterbrechung.

Ein anderer Führer, mit dem ich gelegentlich zusammenarbeite, ist ein älterer Indianer namens Simal. Er wurde mir in einer Heilungszeremonie vorgestellt, aber eigentlich hatte ich seine Anwesenheit schon lange vorher bemerkt. Doch da ich bis dahin nie direkt mit ihm in Kontakt getreten war, kanalisierte er sich durch meinen Heiler und sprach mich an. Da er mir sogleich sehr bekannt vorkam, stellte ich ihm ein paar Fragen und erfuhr, daß dies der Geist war, der in meiner Kinderzeit immer nachts auf meiner Türschwelle über mich gewacht hatte. Seitdem hat er mich nie verlassen, und ich war sehr froh, als ich ihn endlich kennenlernte.

Bei ungezählten Gelegenheiten hat Simal mir bereits geholfen, vor allem, wenn es um praktische Dinge ging. So assistiert er mir oft, wenn ich etwas suche oder wenn ich bei einer Heilung oder beim Auralesen nicht weiterweiß. (Allerdings rufe ich bei einer Heilung im allgemeinen den Geist Christi an.) Ich unterhalte mich mit Simal sowohl in Trance als auch im normalen Leben. Er ist sehr mächtig, und ich kann mich immer auf ihn verlassen. Wenn ich Klarheit oder einen Fingerzeig brauche, ist er immer da, um mir zu helfen. Es gab zum Beispiel eine Zeit, da war ich sehr unzufrieden über meine Arbeitsstelle. Ich fühlte mich überqualifiziert und unterbezahlt und konnte meine Fähigkeiten nicht einsetzen. Ich dachte oft daran, mir eine andere Stelle zu suchen, aber ich mochte meine Arbeitskollegen wirklich gern und wollte diesen Arbeitsplatz eigentlich nicht gern aufgeben. Eines Abends ging ich nach der Arbeit in Trance und rief Simal. Ich erklärte ihm meine Situation und bat ihn, mir zu zeigen, wie ich meinen Verdienst verbessern, meine Talente einsetzen und meine Kreativität ausdrücken konnte, so daß davon alle einen Nutzen davontrügen.

Als ich aus der Trance erwachte, war ich sehr müde, was sonst eigentlich nicht der Fall ist. Deshalb legte ich mich schlafen. Ich träumte, ich befände mich im Büro an einem Schreibtisch und wikkelte die Geschäfte der Agentur am Computer ab. Außerdem erledigte ich noch einige andere Aufgaben. Bis dahin hatte ich noch nie am Computer gearbeitet, und deshalb kam mir der Traum ein wenig seltsam vor. Aber zugleich fand ich die Idee auch großartig. Als ich aufwachte, rief ich sofort meine Vorgesetzten an und machte mit ihnen einen Termin für den kommenden Tag aus. In dem Gespräch erklärte ich ihnen in allen Einzelheiten, was ich geträumt hatte. Auch sie waren von der Idee begeistert. Allerdings standen wir nun dem Problem gegenüber, jemanden zu finden, der meine Aufgaben übernahm.

Deshalb bat ich in einer weiteren Meditation Simal, uns die Person zu schicken, die mich ersetzen würde. Nur wenige Tage später tauchte eine Frau auf, die gerade von Los Angeles in unseren Ort gezogen war und die all die Qualifikationen hatte, die sie für meine alte Arbeitsstelle brauchen würde. Somit wurde sie eingestellt, und ich konnte mich meinem neuen Aufgabenbereich in der inzwischen sehr bedeutsamen Abteilung unseres Unternehmens widmen. Auf diese Weise kam ich zu der Beförderung, ohne die ich nicht weiter in dieser Firma hätte arbeiten können.

Im Alltagsleben wende ich meine medialen Fähigkeiten auf so vielfältige Weise an, daß ich es unmöglich alles beschreiben kann. Zu meinen ständigen Problemen gehört, daß ich mich nicht nach den Gesetzen der linearen Zeit richten kann, das heißt, ich komme oft zu spät. Deshalb bitte ich gelegentlich Simal, helfend einzugreifen. So sorgt er zum Beispiel dafür, daß ich nicht verschlafe, oder er richtet die Umstände so ein, daß meine Verspätung keine Probleme verursacht. Manchmal hilft er mir auch direkt, indem er den Weg freimacht, so daß ich schnell an meinen Bestimmungsort gelangen kann. Morgens verlasse ich mich deshalb oft darauf, daß Simal für erträglichen Verkehr sorgt. Gelegentlich fordere ich zusätzlich den Fahrer vor mir telepathisch auf, sich entweder zu beeilen oder aber meine Spur zu verlassen. Außerdem stimmen Simal und ich die Verkehrsampeln auf mein Tempo ab. Natürlich mache ich das alles nicht nur für mich, sondern im Interesse aller Beteiligten. Und niemals vergesse ich, mich für das Gelingen zu bedanken.

Inzwischen arbeite ich die meiste Zeit am Computer. Da ich vorher noch keine Erfahrungen am PC sammeln konnte, bitte ich jetzt oft Simal, mir bei der Lösung eines Problems zu helfen. Und meistens fällt mir dann schon nach wenigen Minuten eine Möglichkeit ein, wie ich die Situation bewältigen kann. Während der Arbeit benutze ich das Erden und das Säubern der Chakren, um Streß abzubauen. Viele meiner Kollegen beschäftigen sich ebenfalls mit den verschiedenen Techniken der Bewußtseinserweiterung, und deshalb helfen wir uns beim Erden und beim Säubern eines bestimmten Chakras oft gegenseitig. Manchmal führen wir sogar im Büro kleine Heilungen durch.

Wenn in der Halle Besucher auf mich warten, sehe ich mir oft noch schnell ihre Aura oder ihre Chakren an, so daß ich weiß, wie ich möglichst konstruktiv mit ihnen umgehen kann. Hauptsächlich setzen wir jedoch im Büro die sensitiven Techniken ein, um in Streßsituationen besser miteinander umgehen zu können oder um herauszufinden, warum manche Geschäftspartner in gewissen Bereichen nicht richtig mitziehen wollen.

Immer wenn ich die ersten Anzeichen für Erschöpfung spüre, halte ich inne, reinige mich und bringe meine Energie wieder zum Fließen. Manchmal unterstütze ich diesen Vorgang mit Kristallen oder Affirmationen. Die Kraft der Affirmationen lernte ich 1973 kennen, als ich ein Buch über positives Denken las. Damals erkannte ich, welch wichtige Rolle die Worte spielen, die man in seinen Gebeten benutzt. Bei jeder Bitte sollte man darauf achten, daß ihre Erfüllung auch dazu beiträgt, die Seele auf dem Weg zur Vervollkommnung weiter voranzubringen. Außerdem sollte man sich über den Ursprung seiner Wünsche im klaren sein und sicherstellen, daß sie nicht aus einer Gier entspringen oder aus der Absicht, einen anderen zu manipulieren.

Mit Hilfe von Affirmationen konnte ich den Mann auf mich aufmerksam machen, mit dem ich jetzt eine enge Liebesbeziehung führe. Ich hatte bereits viele Bücher über positives Denken gelesen, bis ich schließlich auf eine Affirmation stieß, mit der ich gegen meine Einsamkeit angehen konnte. So begann ich, diese Worte in meinen Meditationen einzusetzen. Zuvor reinigte ich ausgiebig meine

Chakren und wiederholte dann mindestens zehnmal die Affirmation laut. Dies machte ich mehrmals am Tag. Dabei sprach ich, wie im Buch empfohlen, auch immer wieder laut aus, daß die Gemeinschaft, die wir zwei bilden wollten, zum größten Nutzen aller Beteiligten dienen sollte. Dann dankte ich den Göttern für ihre Hilfe.

Wenn man mit Affirmationen arbeitet, braucht man Geduld und Zuversicht. Manchmal müssen sich erst bestimmte Lebensumstände ändern, bevor eine Bitte in Erfüllung geht, und das kann eine Weile dauern. Auch in diesem Falle sollten Sie Ihre Affirmationen weiterhin wiederholen und darauf vertrauen, daß die Zeit für Sie arbeiten wird. Ich habe das damals jedenfalls so gemacht, und nach acht Wochen lernte ich einen wunderbaren Mann namens David kennen.

Unsere Beziehung ist stark und lebendig. David unterstützt und ermutigt mich in allen Bereichen meiner Persönlichkeit, so auch in meinen paranormalen Fähigkeiten. Angeregt durch unsere Beziehung, arbeitet er selbst mit großem Ernst an der Weiterentwicklung seiner Persönlichkeit. Wir haben uns gegenseitig viele Dinge beigebracht und gehen trotzdem noch immer mit einer spielerischen Leichtigkeit miteinander um. Gleichzeitig herrschen in unserer Beziehung tiefe Liebe, Vertrauen und Freundschaft. Ich bin sehr glücklich, und ich habe gemerkt, daß ich durch diesen besonderen Menschen, der mein Leben mit mir teilt, noch stärker motiviert bin, an der Verwirklichung meines Traumes zu arbeiten – unseres Traumes.

Anhang

Das Leben eines Sensitiven

Nach den kosmischen Gesetzen leben

Seine sensitiven Fähigkeiten erwecken zu wollen, heißt zugleich auch, den spirituellen Weg einzuschlagen. Die Schlüssel, mit denen wir das Tor zum Himmel auf Erden aufsperren können, sind jederzeit verfügbar, wir finden sie im richtigen Umgang mit den kosmischen Gesetzen. Der Himmel auf Erden liegt also eingebettet in der psychischen Energie, die in unserer Aura fließt.

Die Energie in der Aura eines offenen Sensitiven pulsiert in einer lebendigen Schwingung, die jeden anspricht, der mit ihr in Kontakt kommt. Diese Person verbreitet um sich eine Atmosphäre der Vergebung, des Annehmens, des Mitgefühls und einer erfrischenden Unvoreingenommenheit. Im wesentlichen stammt ihr Charisma aus der Art und Weise, wie sie ihre sensitiven Fähigkeiten einsetzt. Weil sie voll und ganz die Verantwortung für sich übernimmt, fühlen sich andere im Licht ihrer Weisheit und ihrer liebevollen Grundhaltung ausgesprochen wohl. Niemals gibt sie anderen für ihre Taten, ihre Reaktionen oder für die Umstände die Schuld. Sie versucht auch niemals, andere zu ändern, sondern sie akzeptiert das, was der andere darstellt.

Wenn Sie die wahre Essenz Ihrer Seele zum Vorschein bringen wollen, ist es unerläßlich, daß Sie die kosmischen Gesetze kennenlernen, die den Energiefluß leiten und bestimmen. Psychische Energie hat elektromagnetische Eigenschaften und funktioniert nach den entsprechenden Regeln. Die Buddhisten sprechen vom spirituellen Weg. Die folgenden Gesetze werden Sie auf diesem Weg zu Ihrem höheren Selbst sicher geleiten – auf dem Weg zur Verwirklichung der höchsten Schwingung der essentiellen Energie Ihrer Seele.

Das Gesetz der Anziehung

Eine bestimmte Energie zieht ähnliche oder komplementäre Energien an. Welche Schwingung Sie auch immer in die Welt abstrahlen, sie wird mit Sicherheit ähnliche oder komplementäre Schwingungen zu Ihnen zurückbringen. Auf diese Weise funktioniert Ihre Aura wie ein riesiger elektromagnetischer Spiegel. Somit sind Sie Ursache und Wirkung zugleich. Das, was Sie geben, bekommen Sie zurück. Dieser Mechanismus ist auch bei den Energiebündeln oder bei Ihren inneren Bildern von sich selbst am Werk. Ein altes Sprichwort, in dem es heißt: »Was du nicht willst, daß man dir tu', das füg' auch keinem anderen zu«, bezieht sich ebenfalls auf das Gesetz der Anziehung. Und immer wieder müssen wir feststellen, daß Altruismus und Nächstenliebe nicht nur Früchte tragen, sondern auch eine wirksame Art des Selbstschutzes darstellen.

Eigensucht und Grausamkeit ziehen Erlebnisse mit entsprechender Qualität an, so wie Altruismus dazu führt, daß andere Menschen Ihnen positiv begegnen. Durch das Gesetz der Anziehung können Sie das herbeirufen, was Sie sich wünschen – nämlich indem Sie es zunächst selbst durch Ihre Aura ausleben. Wenn Sie also Liebe suchen, müssen Sie sich selbst und andere lieben. Wenn Sie gut behandelt werden möchten, müssen Sie sich selbst und andere gut behandeln. Die Qualität der Energie Ihrer Bilder bestimmt Ihr Handeln und wird genau das herbeirufen, was zu der Energie in Ihrer Aura paßt.

Beispiel. Susie wurde als Kind schlecht behandelt. Ihr Leitbild besagte: »Ich bin schlecht, deshalb verdiene ich nicht, daß man mich liebt oder gut behandelt.« Dieses Bild war fest in ihrem Herzchakra verankert, und aus diesem Grunde hatte sie regelmäßig Beziehungen mit Männern mit einem ähnlichen oder komplementären Bild. Sie selbst und auch die entsprechenden Männer behandelten ihren jeweiligen Partner schlecht und erwarteten, schlecht behandelt zu werden. Immer wieder erlebte Susie mit verschiedenen Männern die gleiche Art von Beziehung, das heißt, alle Männer behandelten sie schlecht. Als Susie eines Tages mit ihrem gegenwärtigen Partner Ted zu einer Beziehungsanalyse ins Heartsong Center kam, zeigte sich beim Auralesen, daß die beiden sich gegenseitig über ihre Energiebündel schmerzliche Erinnerungsbilder sandten. Im sprichwörtlichen Sinne zerrten die beiden in einer Art von manipulativem Energiekrieg gegenseitig an ihrer Aura und ihren Chakren und wiederholten damit die Erfahrungen aus den chaotischen und ungesunden Familienverhältnissen ihrer Kinderzeit. Daraufhin begannen Ted und Susie in einer Anzahl von Sitzungen, ihre prägenden Bilder zu verarbeiten. Das geschah, indem sie sich klarmachten, wo die Bilder verankert waren, sie dann auf ihren inneren Bildschirm projizierten und schließlich die traumatischen Erfahrungen und Erinnerungen aufarbeiteten. Anschließend verbanden sie sich mit gesunden positiven Energiebündeln. Allmählich konnten die beiden immer liebevoller miteinander umgehen. Zwei Jahre später sagte mir Susie, daß all ihre Beziehungen, selbst die zu ihrer Familie und zu Arbeitskollegen, einfacher geworden seien, seitdem sie die Bilder aufgegeben hatte, nach denen sie erwartete, schlecht behandelt zu werden.

Das Gesetz des Widerstands

Das, wogegen Sie sich wehren, wird eintreffen. In Ihrem Energiekörper tragen Sie ein Bild von all dem, was Sie verhindern wollen, doch dieses Bild zieht gerade genau das an. Es zieht und zerrt an dem, wogegen Sie sich wehren, so daß in Ihrem Innern eine richtiggehende

Schlacht tobt, ein Prozeß, der auf der elektromagnetischen Energieebene abläuft. Als Folge des Widerstands versteift sich Ihr physischer Körper, das heißt, Sie pressen die Lippen zusammen, und Ihr Körper wird starr. In schweren Fällen des Widerstands wird das Energiefeld in Ihrer Aura flach und unbeweglich und erzeugt so in Ihrer Umgebung eine Atmosphäre des Unbehagens. In diesem Zustand wird Ihnen alles auf die Nerven gehen, weil es Sie irritiert und Sie nicht wagen, die Dinge von sich zu schieben.

Beispiel. Janet war Produzentin bei einem großen Fernsehsender. Sie kam zu mir, nachdem sie bei einer Beförderung übergangen worden war, die ihr sehr wichtig gewesen wäre. Als ich ihre Aura las, mußte ich feststellen, daß zwischen ihr und ihren Mitarbeitern als Leitmotiv ein Bild der Schuld stand. Dieses Bild stammte aus der energetischen Dreiecksbeziehung, die in ihrer Kindheit in dem Verhältnis zwischen ihrer Mutter, ihrem Vater und ihr selbst bestanden hatte. Ich wußte sofort, daß ich ihr Leitbild sah, weil es dreidimensional und leuchtend vor mir stand und dabei das ganze Spektrum von Janets Emotionen, Gefühlen und Eindrücken aufwies. Janets Mutter hatte eine sehr schwere Geburt, als sie Janets Bruder zur Welt brachte, und als Folge davon verweigerte sie ihrem Mann jegliche Zuneigung. Daraufhin lenkte Janets Vater seine gesamte Aufmerksamkeit, mit Ausnahme der Sexualität, auf Janet und machte ihr oft im Beisein der Mutter Komplimente. Janet war zu diesem Zeitpunkt fünf Jahre alt und verstand sehr gut, was hinter der Verlagerung der Energie steckte. Sie fühlte sich schuldig, weil sie von ihrem Vater die Aufmerksamkeit bekam, die eigentlich, wie in der Vergangenheit geschehen, ihrer Mutter zustand. So verschloß sie sich den Komplimenten ihres Vaters.

Mit der Schuld als Leitmotiv wies Janet die Komplimente ihres Vaters zurück, auch wenn sie sie eigentlich verdiente. Manchmal reagierte sie sogar unwirsch über Komplimente, die an ihre Mutter selbst gerichtet waren. Später konnte sie überhaupt keine Komplimente mehr annehmen. In ihrem grundsätzlichen Widerstand konnte sie auch die Verdienste anderer nicht gutheißen oder würdigen, so wie es sich bereits im Verhältnis zu ihrer Mutter abgezeichnet hatte. Weil sie das Verdienst, das ihr zukam, an eine bestimmte Kollegin weiterleitete, wurde sie auch nicht befördert. Denn ihr Chef glaubte, daß diese Mitarbeiterin – und nicht Janet – das große Talent der Abteilung war. Aufgrund von Janets ablehnender Haltung und ihrem Widerstand stand diese Arbeitskollegin in einem weitaus besseren Licht da, als ihr eigentlich zukam. Und weil sie in ihrer ablehnenden Haltung wahre Kämpfe mit den Drachen aus der Vergangenheit ausfocht, war Janet nicht in der Lage, das, was die Gegenwart ihr schenkte, anzunehmen.

Doch als Janet während einer Heilungszeremonie das schuldbehaftete Bild aus der Vergangenheit aufgab, tat sie nur den ersten Schritt. Ihr gesamtes Energiesystem mußte erst lernen, Komplimente anzunehmen. Sie erwarb die Fähigkeit zur Nähe, indem sie die Energie ihres Herzchakras in vollkommener Harmonie auf ehrliche Komplimente einstimmte. Außerdem lernte sie, manipulativen Komplimenten keinen Widerstand mehr entgegenzusetzen. Wenn man dies tut, sieht die Aura aus wie klares Glas, alle Energie kann so leicht hindurchfließen wie Licht durch eine Glasflasche. Bereits am Beispiel von Mahatma Gandhi haben wir gesehen, wie ungeheuer wirkungsvoll passiver Widerstand sein kann. Er gewann die Freiheit für sein Land nicht durch Kämpfen, sondern indem er sich weigerte, auf Provokationen zu reagieren. Auf diese Weise bewies er eine große Beherrschung, und viele andere lernten von ihm.

Das Gesetz der Verantwortlichkeit

Die Verantwortung für die eigene Energie liegt bei jedem einzelnen selbst. Freunde, Verwandte oder Ihre Berater können Ihnen zwar helfen, aber nur Sie selbst können entscheiden, wie Sie Ihre Energie einsetzen. Das gleiche Prinzip gilt auch für den Umgang mit anderen.

Zwar ist es möglich, daß Sie ihnen Beistand und Hilfe geben, aber die Verantwortung können Sie ihnen nicht abnehmen.

Beispiel. John war als Kind schwach und kränklich. Deshalb wurde ihm viel Verständnis und Mitgefühl entgegengebracht. Seine Mutter begegnete ihm mit großem Mitleid und war davon überzeugt, daß sie irgendwie an seinem schlechten Gesundheitszustand schuld war. Sie vermutete, daß sie sich in der Schwangerschaft falsch ernährt hatte. Im Verlauf der Jahre übernahm sie die Verantwortung nicht nur für Johns körperlichen Zustand, sondern auch für viele andere Dinge.

John kam zu mir, als er gesundheitliche Probleme hatte: Seine Nieren wollten nicht mehr richtig arbeiten. Seine Mutter war inzwischen gestorben, und erst kürzlich hatte ihn seine Freundin verlassen, weil sie es müde war, sich ständig um ihn sorgen zu müssen. Als er das Behandlungszimmer betrat, übergab er mir im geistigen Sinne sofort die Energie seines Problems. Normalerweise zeigen mir die Klienten die Energie, die ich lesen soll, indem sie die Bilder in ihre Aura rufen, damit ich sie betrachten kann. Aber John warf seine Bilder mit solcher Gewalt in meine Aura, daß ich das Gefühl bekam, ich müßte mich von nun an um all seine Probleme kümmern. Gleichzeitig kam es mir vor, als habe man mich mit Öl übergossen, und ich verspürte kein dringenderes Bedürfnis, als meine Chakren zu reinigen. Aus diesem Grunde erklärte ich John, daß ich ihm nur helfen könne, seine alten Bilder aufzugeben und seine Aura neu auszurichten, wenn er seine Energie in den Bereich innerhalb seiner Auragrenzen zurückzöge. Er müsse lernen, selbst auf seine Energie zu achten, vor allem darauf, wie er gesund bleiben könne. Über ein Band, das von meinem Herzchakra zu seinem führte, gab ich ihm daraufhin die Energie seiner Probleme zurück.

Für eine echte Hilfe ist eine mitfühlende Verbindung von Herz zu Herz wirkungsvoller als mitleidende Energiebündel aus dem zweiten Chakra. Mitfühlende Projektionen vertrauen auf die Kraft des anderen, daß er seine Energie selbst ausrichten kann. Mitleid hingegen nimmt dem anderen die Kraft.

Das Gesetz der Autonomie

Über die eigene Aura kann jeder nur selbst bestimmen. Denn niemand außer Ihnen lebt in Ihrem Körper, niemand außer Ihnen denkt, schläft, ißt oder fühlt damit. Aus diesem Grunde hat auch kein anderer Mensch das Recht, Ihre Energie zu manipulieren oder gar zu beherrschen. Deren einziger Gott oder deren einzige Göttin sind nur Sie. Letztendlich hängt jede Entscheidung nur von Ihnen ab.

Beispiel. Als Irene zu mir kam, war sie in einem Zustand geistigen Aufruhrs. Sie hatte das Gefühl, in mehrere Richtungen gleichzeitig gezogen zu werden. Nach außen hin wirkte sie glücklich, aber bei näherem Hinsehen wurde deutlich, daß sie nervös und hyperaktiv war. Nur mit Mühe konnte sie still sitzen, solange ich ihre Aura las. Ich erklärte ihr, daß ihr Leitbild offenbar war, anderen unbedingt gefallen zu wollen. Ihre Eltern waren Alkoholiker gewesen, und so hatte Irene sehr früh gelernt, das zu tun, was man von ihr verlangte – also Hausarbeit, Schulaufgaben und so weiter –, und sich nie zu beklagen. Sie wollte sich am liebsten unsichtbar machen, weil die einzige Art der Zuwendung, die sie von ihren Eltern erhalten hatte, in Unduldsamkeit oder Wut bestand.

Später heiratete Irene einen erfolgreichen Rechtsanwalt. Mit ihren zwei Kindern wohnte das Ehepaar in einem hübschen Haus. Hatte sie nicht alles, was sie sich nur wünschen konnte? Doch während der Auralesung wurde deutlich, daß Irene sich ununterbrochen damit beschäftigte, wie andere ihr Leben beurteilten. Um sich vor der schlechten Behandlung durch ihre Eltern zu schützen, hatte sie schon frühzeitig gelernt, sich von deren Ansichten und Gedanken leiten zu lassen. Sobald sie unausgesprochene Wünsche von ihnen verspürte, richtete sie sich danach, damit sie sich freuten und nicht wütend wurden. Nach außen hin, auch nach Ansicht ihres Ehemanns, wirkte Irene kooperativ und glücklich, und auch sie selbst hielt sich dafür. Doch tief im Innern fühlte sie sich mißbraucht. Um ihrer Familie und ihren Freunden zu gefallen, gab sie deren Meinungen und Vorstellungen ständig den Vorrang, und so war nichts mehr in ihr, was zu ihrem eigentlichen Selbst gehörte. Nachdem sie diese Bilder verarbeitet und aufgegeben hatte und sich der geistigen Prozesse bewußter geworden war, erkannte Irene, wie wichtig es für sie war, wirklich glücklich zu sein und sich nicht nur so zu verhalten, als ob sie es wäre. Außerdem begriff sie, daß sie durch ihre Beurteilungen und Meinungen unbewußt anderen die Macht gegeben hatte, ihr Leben zu kontrollieren. Und je mehr Kontrolle und Autonomie sie über ihr Handeln gewann, desto glücklicher und zufriedener wurde sie.

Das Gesetz des Überflusses

Es besteht kaum jemals ein realer Grund, sich mit einem Mangel zufriedenzugeben, denn in unserem Universum herrscht ein unvorstellbarer Überfluß an allen Dingen, einschließlich an Liebe. Wenn Sie einen Mangel befürchten, tragen Sie Gedanken und Gefühle in sich, die wiederum das anziehen, was Sie befürchten. Wenn Sie hingegen von Bildern des Überflusses geprägt sind, wird Sie auch Überfluß umgeben. Die Großzügigkeit, die Sie abstrahlen, schafft ein Feld, das ähnliche Energien anzieht. Das heißt, Sie bekommen immer mehr, indem Sie geben. Das ist das Gesetz des Überflusses.

Beispiel. Jim kam zu einer Auralesung, weil er liebevoller werden wollte. Er war ein erfolgreicher Grundstücksmakler, doch es war ihm nahezu unmöglich, anderen Menschen Liebe zu schenken. Ein Bild in seinem dritten Chakra zeigte seine traumatische Fixierung. Seine Mutter hatte von der Sozialhilfe leben müssen und ihn allein großgezogen. Damals hatte er sich entschlossen, nie wieder arm zu sein. Seine Mutter hatte ihm erklärt, seine Familie sei arm und andere seien reich, weil nicht genug für alle da sei. Damit hatte sie ihm das für einen Sozialhilfeempfänger typische Bewußtsein beigebracht. Die Empfänger von Wohlfahrtsleistungen haben nicht nur häufig das Gefühl, daß Geben tatsächlich Wegnehmen ist, sondern daß Annehmen eigentlich sogar Stehlen bedeutet – weil alles so knapp ist. Zwar versuchte Jim, sich selbst zu lieben, doch er wagte es nicht, andere zu lieben, weil er befürchtete, daß dann nicht mehr genügend Liebe für ihn selbst da sei. Er glaubte, daß ihm nur ein bestimmtes Quantum an Liebe zur Verfügung stünde, und er hatte Angst, dieses Potential aufzubrauchen.

Gemeinsam arbeiteten wir dieses Leitbild auf. Dann zeigte ich Jim, wie er sein Herz weit machen konnte, um mehr Liebe aufzunehmen. Daraufhin öffnete er sein Herzchakra, wie man die Blende einer Kamera öffnet. Während er das Bild aus seinem dritten Chakra aufarbeitete, gewann Jim immer mehr Kontrolle über seine Energie und sein Leben. Bei seiner Hochzeit im letzten Jahr war Jim von rosaroter Energie umgeben. Er kam auf mich zu, schloß mich in die Arme und sagte: »Je mehr Liebe ich gebe, desto mehr bekomme ich. Es ist einfach toll!«

Das Gesetz der Rechtschaffenheit

Man könnte es auch das Gesetz vom Etwas-Rechtes-Schaffen nennen. Wenn Sie Ihre Energie zum Nutzen aller einsetzen, schwingt sie im Gleichklang mit der Energie, die von großer spiritueller Weisheit abgegeben wird. Bei reinen und sauberen Gedanken, Gefühlen und Vorstellungen ist die Schwingungsebene Ihrer Energie also ähnlich der der großen spirituellen Meister. Auf dieser hohen Schwingungsebene ziehen Sie nicht nur Gedanken und Gefühle von ähnlich hoher Qualität zu sich heran, sondern Sie sind auch offen für die höchsten Gedanken und Gefühle des kollektiven Unbewußten.

Beispiel. Nachdem ich mein Schulungszentrum gegründet hatte, war ich auf der Suche nach grundsätzlichen moralischen Richtlinien. Ich meditierte über dieses Thema, bis auch die letzte Energiefaser meiner Aura und die letzte Zelle meines Körpers nur noch die höchsten erreichbaren Ziele anstrebten. Von meiner Persönlichkeit war nichts mehr übrig – ich war nichts weiter als ein kristallener Rundfunkempfänger. Ich ging in meditative Trance und schickte ein goldenes Band zu den höchsten und wertvollsten Bereichen unseres kollektiven Unbewußten. Innerhalb von nur fünf Minuten stieg der Verhaltenskodex des Heartsong Centers oder der »Eid der Sensitiven«, wie wir ihn auch nennen, vor mir auf. Ich habe ihn nicht selbst geschrieben, ich habe ihn lediglich empfangen. Er kam zu mir über mein Chakra am Scheitelpunkt des Kopfes und lief dann durch die Kanäle in meinem Arm, so daß ich die Sätze praktisch in Trance aufschrieb. Sobald mein Energiekörper also auf eine bestimmte Schwingungsebene eingestimmt war und mein physischer Körper von der Bedeutung des Vorgangs überzeugt war, verwirklichte sich die Information durch mich hindurch auf dem Papier.

Unser Verhaltenskodex

Indem Sie einer Person in einer Auralesung, einer Heilungszeremonie oder einer Regression beistehen, ist Ihre Position derjenigen von Mitgliedern der helfenden Berufszweige vergleichbar. Um sich wirklich professionell zu verhalten, sollten Sie sich die höchsten Maßstäbe setzen. Diese Maßstäbe geben Ihnen die Möglichkeit, zugleich Sie selbst zu bleiben und die Integrität, Autonomie und Freiheit Ihres Klienten wahren zu helfen. Sowohl Sie als auch Ihr Klient sind für die Dauer der Sitzung offen und verletzbar. Nur Ihr Wissen von den Funktionsmechanismen der Energie und die genaue Kenntnis Ihrer Persönlichkeit können Sie dabei schützen. Der einzige Schutz Ihres Patienten hingegen besteht in Ihrem Verantwortungsgefühl und in der Tatsache, daß Sie sich den hohen moralischen Maßstäben unseres ethischen Codes verpflichtet fühlen. Der Verhaltenskodex des Heartsong Centers, auch der Eid der Sensitiven genannt, enthält die grundlegenden Aussagen, die dafür sorgen, daß dem Klienten weitergeholfen wird und er sich entwickeln kann. Manchmal formulieren unsere

Kursteilnehmer auch ihren eigenen Verhaltenskodex in Form eines persönlichen Heilungsgebetes, das meistens zwar kürzer ist als unser Eid, aber dennoch die wichtigsten Sätze im Interesse des höchsten Nutzens enthält.

Der Eid der Sensitiven

Ich übernehme die Verantwortung für das Fließen meiner Energie.

Ich nehme mir genügend Zeit, mich immer ausreichend zu erden.

Ich gebe mich meinem Körper hin und lebe nur im Augenblick.

Ich bleibe neutral in meinen Gefühlen und unterscheide immer genau, welche Energie die meine ist und welche nicht.

Ich untergrabe die Position der anderen nicht, indem ich ihre Probleme übernehme. Ich schaffe keine Abhängigkeiten. Statt dessen zeige ich ihnen Mitgefühl und das Leben nach den Gesetzen der Autonomie und des freien Willens.

Ich setze meine Fähigkeiten nicht ein, um andere zu kontrollieren, zu manipulieren oder zu programmieren.

Ich gebrauche meine Hellsichtigkeit, um herauszufinden, was für jeden einzelnen wahr ist, und nicht, um anderen zu schaden.

Ich lese in der Vergangenheit und der Gegenwart meines Klienten, um sicherzustellen, daß er unter Beachtung seiner persönlichen Freiheit und Autonomie alle Möglichkeiten und Wahrscheinlichkeiten für die Gestaltung seiner Zukunft wahren kann.

Ich sorge dafür, daß mein Klient sich öffnet, so daß er auf die leichteste und angenehmste Weise Energie aufnehmen kann, und ich suche immer nach den positiven Absichten hinter seinen Aktionen und Reaktionen.

Ich schaffe mit meinem Klienten eine enge Verbindung von Herz zu Herz und zolle ihm die gleiche Ehre und den gleichen Respekt wie mir selbst, weil ich ihn als gleichwertigen Menschen akzeptiere.

Ich ermögliche meinem Klienten seinen Privatbereich, der allen Seelen heilig ist.

Ich sorge dafür, daß sich die Reinheit und die essentielle Kraft meiner Seele durch mein Herz ausdrücken, und ich unterstütze andere in der Aufgabe, die Reinheit und Wahrheit ihrer Seele zu finden.

Ich stelle mich auf den individuellen Prozeß einer jeden Seele auf ihrer Suche nach Gesundheit, Wohlbefinden und letztendlich nach dem allumfassenden Gott ein.

Das Finden der inneren Weisheit

Als jemand, der sich bewußt auf der Suche befindet, werden Sie immer auf Menschen mit einer magischen und charismatischen Ausstrahlung stoßen, die für Ihre innere Entwicklung eine große Rolle spielen werden. Außerdem werden Bücher und Meditationen, die Ihnen zunächst vielleicht als Träume – auch als Tagträume – erscheinen mögen, eine bedeutsame Rolle bei der Suche nach Ihrer inneren Weisheit spielen. Diese Bücher enthalten den Schlüssel zum Verständnis des Universums und der kosmischen Gesetze und zur Pforte zum Himmel auf Erden. Sie zeigen Ihnen, wie Sie leben sollen, wer Sie sind, wer oder was Gott ist, wie Sie sich spirituell ausdrücken und wie Sie Ihr eigenes Paradies im Umgang mit Ihrer Seelenenergie in Ihrer Aura schaffen. Die Gedanken und Parabeln in diesen Büchern rufen Bilder und Vorstellungen aus Ihrem inneren Wissensschatz herauf. Dazu gehören beispielsweise die Bibel oder das I-Ging.

In meinem eigenen Öffnungsprozeß spielten diese Bücher eine bedeutende Rolle. Aber noch wichtiger war für mich der erzwungene meditative Zustand während des Stillens und beim Kinderbetreuen. Dies sollte mein Dharma werden.

Beim Geschirrspülen oder beim Stillen ging ich oft in Trance und hörte eine innere Stimme, die mir Ratschläge gab. Beim Wischen des Fußbodens oder beim Anstreichen der Bücherregale blieb ich stundenlang in Meditationen versunken. Währenddessen gab mir meine innere Stimme Tips zur Kindererziehung und für meine spirituelle Weiterentwicklung. Auf diese Weise gewann ich mit der Zeit eine wachsende innere Familie von Lehrern und Führern mit magischen Kräften, die mir deutlich machten, wer ich war und was ich zu tun hatte. Sie zeigten mir eine Richtung und gaben mir wichtige Unterstützung und Informationen, ohne die ich niemals das Heartsong Center hätte gründen und dieses Buch hätte schreiben können.

Das neue Bewußtsein von unseren sensitiven Fähigkeiten

Das neue Bewußtsein von unseren sensitiven Fähigkeiten ist ein wichtiger Schritt in Richtung auf die Lösung der Probleme der heutigen Zeit. In ihm verbinden sich die innere Welt der Seele mit der äußeren Welt des Körpers und das Unbewußte mit dem Bewußtsein. Mit der Entwicklung Ihres sensitiven Selbst bauen Sie eine Brücke, und indem Sie diese Fähigkeiten im täglichen Leben einsetzen, überschreiten Sie sie. Außerdem führt der Abbau von Energieblockaden dazu, daß sich Ihre Seele – also Ihr höheres Selbst – mit dem in Ihnen schlummernden Potential voll und ganz entwickeln kann.

Bei der praktischen Anwendung Ihrer sensitiven Fähigkeiten können Sie nichts falsch machen, wenn Sie das kosmische Gesetz berücksichtigen: Eine bestimmte Energie zieht immer ähnliche Energien an. Für eine negative Einstellung uns selbst oder anderen gegenüber zahlen wir einen hohen Preis, weil die Energie von unfreundlichen, beleidigenden Bildern und Gedanken, Worten und Taten eine feindselige und kalte Welt schafft. Für eine positive Lebenseinstellung hingegen werden wir reich belohnt, denn dadurch schaffen wir eine Welt, in der Wohlwollen und Frieden herrschen. Möglicherweise erreichen Sie in der Entwicklung Ihres Potentials sogar globale Dimensionen, denn schließlich ist unsere gesamte Realität vom kollektiven Unbewußten bestimmt.

Wenn Sie Ihr niederes Selbst bewältigt haben, werden Sie in einer Aura leben, die dem Himmelreich auf Erden, von dem Jesus sprach, sehr nahekommt. Um die höheren Aspekte Ihrer Persönlichkeit zu verwirklichen, können die Übungen in diesem Buch sehr hilfreich sein. Wieviel Sie davon tatsächlich ausleben, hängt ganz allein von Ihnen ab. Durch die Übungen in diesem Buch lernen Sie:

Sensitives Bewußtsein. Sie entwickeln ein besseres Gespür für energetische Vorgänge, und Sie lernen, Ihre sensitiven Fähigkeiten im täglichen Leben einzusetzen.

Verantwortungsbewußtsein. Mit dem tiefen Verständnis von Energieprozessen können Sie Aktionen, Reaktionen und Verhaltensweisen sowohl Ihrer Person als auch anderer besser einschätzen. Dadurch fällt es Ihnen leichter, das in Ihnen angelegte Potential zu verwirklichen.

Umgang mit der Zeit. Sie lernen, zu welchem Zeitpunkt Sie einen bestimmten Schritt tun sollten, Sie verstehen Zusammenhänge und erkennen Synchronizitäten. Vor allem aber können Sie die Zeit zu Ihrem persönlichen Gewinn nutzen.

Autonomie. Sie bestimmen Ihr Leben und geben Ihren Absichten und Vorstellungen Vorrang.

Selbsterkenntnis. Sie gewinnen ein größeres Verständnis von Ihrer Persönlichkeit, von Ihren Motivationen und davon, wie es zu Ihren Erfahrungen und Angewohnheiten kam.

Innere Gewißheit. Sie entwickeln Selbstsicherheit über Ihre Ansichten und Taten, die bis in die letzte Zelle Ihres Körpers verankert ist.

Magische Ausstrahlung und Charisma. Auch den normalsten Dingen des Alltags begegnen Sie mit einem kindlichen Staunen und mit

Begeisterung. Auf diese Weise wirken Sie anziehend und mitreißend auf andere.

Lebenshaltung. Sie erkennen, daß alle Ereignisse von Ihrer Lebenshaltung und Ihren Erwartungen abhängen und nicht vom Schicksal bestimmt sind. Dadurch fühlen Sie sich nicht länger als Opfer der Umstände, sondern als Schöpfer Ihrer eigenen Realität.

Das Wissen vom allumfassenden Gott. Sie gewinnen ein tieferes Verständnis vom Zusammenhang und von der inneren Verbundenheit sämtlicher Menschen und allen Lebens auf Erden.

Zusammenwirken

In der Tatsache, daß zahllose Menschen auf der ganzen Welt an der Erweiterung ihres Bewußtseins arbeiten, manifestiert sich das neue Zeitalter, das Zeitalter des Wassermanns. Das Zeitalter der Fische, symbolisiert durch zwei Fische, die sich gegenseitig in den Schwanz beißen, ist gerade zu Ende gegangen. In den letzten zweitausend Jahren haben sich die Menschen in einer endlosen Kette von Feindseligkeiten, hervorgerufen durch Egoismus, unterschiedliche Religionen, Politik, Geld und Hautfarbe, bekriegt. Der Wassermann hingegen wird symbolisiert durch ein weises Wesen, das vitale Lebenskraft über das Land ergießt. Das bedeutet, daß unsere Gattung in den kommenden zweitausend Jahren lernen wird, die Lebenskraft – die natürlich nichts anderes ist als Energie – zu meistern. Da alle Dinge letzten Endes aus Energie bestehen, werden wir somit auch die Materie beherrschen.

Sowohl wir Menschen als auch alle Dinge bestehen aus der vitalen Lebensenergie. Das bedeutet auch, daß wir alle gleich sind. Wir sind gleichberechtigte Bewohner eines Planeten, der wiederum Teil eines größeren Ganzen ist. Dieses größere Ganze ist die Energie, aus der wir alle zusammengesetzt sind. Unsere kollektive Energie ist der universelle Geist. In diesem Sinne bedeuten Ihr persönliches Öffnen und die Anerkennung der kosmischen Gesetze Ihre Initiation in das neue Zeitalter, in dem Ihre Integrität beiträgt zur Verbesserung des gemeinschaftlichen Bewußtseins. Wenn wir offen durch das Leben gehen, brauchen wir uns nicht mehr zu bekämpfen. Nicht die verschiedenen Rassen spielen dabei eine Rolle, sondern allein die Tatsache, daß wir alle zu derselben Menschheit gehören. Es hat keinen Sinn, gegeneinander zu konkurrieren, weil es im Wettbewerb der einzelnen Egos sowieso keinen Gewinner gibt. Das gutwillige und verantwortungsbewußte Arbeiten an einer neuen Gesellschaftsordnung macht uns hingegen alle zu Gewinnern. Indem wir sowohl die sensitiven Fähigkeiten als auch unseren Körper beherrschen und weiterentwickeln, setzen wir die Vorstellungen und Ideale in die Realität um, die es uns ermöglichen, auf diesem Planeten in Harmonie zu leben – offen, bewußt und sprühend vor Energie.

Als pulsierende Energieeinheit ist es unser Ziel, zu überleben, zu wachsen und zu gedeihen. Deshalb liegt die Verantwortung für die Bewältigung der globalen Probleme bei jedem einzelnen von uns. Sie übernehmen bereits dann eine aktive Rolle bei der Heilung der Welt, wenn Sie die Beziehung zu sich selbst und zu anderen heilen. Geheilt zu sein, heißt ganz zu sein. Deshalb müssen wir alle Vorstellungen aufgeben, mit denen wir uns selbst begrenzen, weil nur so unsere Seelen kraftvoller werden können.

Wir alle sind göttliche und unsterbliche Seelen, und alle sind wir in der Lage, unser volles Potential zu entfalten. Zunächst heißt das, die Verantwortung für das Fließen der eigenen Energie zu übernehmen. Als Menschen müssen wir uns mit der Essenz unserer Seele in dem dichtesten Bereich, also in der physikalischen Materie, manifestieren. Jede Seele besitzt einen bestimmten Ton der Energieschwingung, den wir den Gesang des Herzens, auf englisch Heartsong, nennen. Gemeinsam bildet unser Gesang einen Chor für den Frieden auf Erden. Das neue Bewußtsein ist der erste Schritt ins Zeitalter des Wassermanns, in jenes Zeitalter, in dem der innerliche Friede der Menschen den Frieden auf Erden schafft.

Laßt uns gemeinsam Frieden schaffen

Gemeinsam gehören wir zu dem allumfassenden göttlichen Geist, in dem jeder einzelne eine Zelle darstellt. Wenn alle Menschen zur gleichen Zeit an Frieden denken und sich auf jedem Fleckchen der Erde zugleich darauf einstimmen, könnten wir das Gruppenbewußtsein auf dem gesamten Planeten innerhalb von vielleicht nur vierundzwanzig Stunden in einer wahren Woge mit friedvollen, freundlichen und positiven Gedanken füllen.

Wir sollten das New Age begrüßen, indem wir jeden Freitag von 19.00 bis 20.00 Uhr gemeinsam für den Frieden auf Erden meditieren. In der folgenden Übung gebe ich dazu einige Vorschläge:

Übung für Frieden auf Erden

1. Setzen Sie sich auf einen bequemen Stuhl mit gerader Lehne, die Füße berühren sich nicht. Konzentrieren Sie sich auf Ihr Herz.
2. Atmen Sie tief ein und reinigend aus.
3. Erden Sie sich.
4. Bringen Sie Ihre essentielle Energie mit der silbernen und rosafarbenen Energie der Erde und der goldenen Energie des Kosmos zum Fließen.
5. Stellen Sie sich vor, daß das allumfassende Ganze einen riesigen Körper bildet, in dem Sie eine einzige Zelle sind. Welche Zelle verkörpern Sie? Wo ist sie angesiedelt? Welches ist ihre Funktion im allumfassenden Ganzen? Gehen Sie in der Ganzheit auf. Seien Sie ein Teil des Ganzen.
6. Stellen Sie sich vor, daß Sie in einem Kreis stehen, und laden Sie Ihre Freunde und Ihre Familie ein, sich zu Ihnen zu gesellen. Laden Sie dann Ihre Arbeitskollegen und anschlie-

ßend Ihre Nachbarn ein, in den Kreis zu treten. Vergrößern Sie den Kreis, und bitten Sie die ganze Stadt hinzu. Als nächstes treten alle Bürger Ihres Landes in den Kreis. Dann alle aus Ihrem Erdteil. Ziehen Sie den Kreis noch weiter, und lassen Sie alle Menschen des Planeten Erde hineintreten. Genießen Sie das Gefühl der Einigkeit, das zwischen Ihnen entsteht.

7. Lassen Sie die Liebe, die uns in einem unerschöpflichen Vorrat umgibt, in Ihr Herz fließen. Schlingen Sie mit der Liebe als Leitmotiv ein Band aus Ihrem Herzen um diejenigen, die Sie am meisten lieben. Schlingen Sie dieses Band nun um die Menschen, denen Sie täglich begegnen, um Ihre Arbeitskollegen und um Ihre Nachbarn. Treten Sie nun in eine liebende Verbindung zu den Menschen in Ihrer Stadt und in Ihrem Land. Umschlingen Sie mit Ihrer Liebe die Menschen in Ihrem Erdteil und dann die Menschen in den Städten und Ländern anderer Erdteile. Verbinden Sie sich über das starke Band der Liebe mit jeder einzelnen Seele, die auf der Erde weilt, so daß Sie zu einer Menschheit, einem Volk verschmelzen. Werden Sie eins mit allem und jedem, und lassen Sie dieses Gefühl auf sich wirken, bis Sie sich rund und vollkommen fühlen. Kommen Sie dann aus Ihrer meditativen Trance zurück.

Mögen die Flügel Ihrer Seele
mit dem Pulsschlag Ihres Herzens
im Einklang schwingen.

Autorin

Petey Stevens hatte ursprünglich eine wissenschaftliche Laufbahn angestrebt. Im Verlauf ihres Studiums geriet sie erstmals in Kontakt mit parapsychologischen Phänomenen und entdeckte nach und nach auch an sich selbst die Fähigkeit zu übersinnlicher Wahrnehmung. Fasziniert von den Möglichkeiten, die sich ihr erschlossen, begann Petey Stevens, zunächst vorsichtig, mit interessierten Freunden daran zu arbeiten, deren Sensitivität zu erschließen. Aus den ersten zaghaften Schritten entwickelte sich schließlich ein in den USA weithin bekanntes Seminarkonzept, das schon bei zahlreichen Menschen Vorurteilsbarrieren abgebaut und den Spaß an den eigenen inneren Kräften geweckt hat.

Petey Stevens hat zu diesem Thema in den USA bereits mehrere Bücher publiziert. Der vorliegende Band ist ihr Hauptwerk.